河北省社会科学基金项目"明代京畿士人家庭研究"（HB18LS007）

河北大学历史学一流学科学术出版基金资助

——河北大学历史学丛书——

明代京畿士人家庭
研 究

THE RESEARCH OF SCHOLAR'S FAMILY AROUND
CAPITAL REGION(JING-JI)
IN THE MING DYNASTY

范喜茹 著

社会科学文献出版社
SOCIAL SCIENCES ACADEMIC PRESS (CHINA)

序

了解家庭是认识社会与文化的基础，家庭史在中国社会史研究中居于重要位置。不过长期以来，中国家庭史的研究成果并不很丰富，家庭史研究比起与之密切相关的婚姻史研究来说，要薄弱很多。中国家庭史研究的真正开展是在20世纪80年代以后，学术成果不断，其中的明清家庭史研究也是如此。

一般而言，家庭史研究的理论多借鉴于社会学，家庭社会学已有成熟的理论体系，家庭社会学的概念与研究框架，有助于家庭史学者发现问题、分析资料并形成思路。然而拘泥于家庭社会学的套路，也会带来一些研究的局限，如将研究对象静态化、均质化、平面化，难以反映社会动态、多元、丰富的内容，从而失去历史学的研究特色。所以借鉴家庭社会学需要活化，需要与历史学有机地融为一体。

社会史的家庭研究，应当放在特定的时空考察，注重文献资料的属性，以人的活动为中心，将人的生命历程与家庭联系起来，既要综合分析，也要个案解剖，以深化对于家庭的认知。如此，在家庭社会学重视结构性分析之外，需要增加生活性的考察，引入以探讨生命维持与再生产的日常生活史就显得十分必要了。

范喜茹博士的《明代京畿士人家庭研究》，就是一部从日常生活史的视野考察明代京畿士人家庭生活的著作。作者以明代京畿士人传记为主体史料，将士人置于日常家庭生活空间进行探讨。传记资料揭示传主生命历程，涉及传主从摇篮至坟墓一生的重要经历。明代士人生活的主轴是科举入仕，参与其中的则是士人的家庭成员，构成家庭生活的基本内容。书里围绕士人科举入仕的生活，讨论家庭生活中士人与父母、兄弟、子女、妻妾的互动，呈现出明代士人的家庭生活特色。

本书的论述点面结合，选取的重点事例引人入胜。书中论述士人齐家的家庭理想，在介绍了明代京畿士人家训概况之后，剖析了名人杨继盛的遗嘱，从中可以认识其居家做人的经验。讨论亲子生活，紧扣童年成长，研讨子嗣的教养问题，充满新意。探讨兄弟相处之道，除了兄弟友爱和睦的伦理追求之外，利用杨继盛《自书年谱》手稿，揭示杨继盛与兄长的矛盾冲突，让我们看到了处在血缘亲情与财产利欲之间、伦理道德与现实生活之间的杨继盛内心的痛苦与挣扎。对于婚姻生活的研究，则选取王崇简夫妇的个案，阐发了明代士人婚姻生活的复杂性。

生活方式即文化，中国古代士人在婚姻、家庭关系、子女教育乃至家庭功能上，形成自身的文化结构，其中也具有内在的矛盾性。作者努力揭示明代京畿士人家庭的结构性矛盾，不仅具有学术价值，而且为我们思考当代中国家庭具有一定的现实意义。

喜茹博士的硕士学位论文讨论汉代家庭教育，博士学位论文研究明代家庭，较多借鉴了教育学、心理学、社会学、社会史暨日常生活史的理论方法，在搜集家庭史资料上颇为勤奋，写出了颇具特色的学术专著。在本书中，作者依据文集以及碑刻、方志、族谱等丰富的资料，对明代京畿士人的家庭生活进行了深入分析，对齐家观念、亲子关系的论述力求创新，特别是以杨继盛、王崇简的家庭为个案，在兄弟关系、妻妾问题等方面与学界已有研究对比，得出新的看法。作者逻辑清晰，分析细致，行文流畅。该书的出版，相信会受到读者的欢迎。

最后对喜茹出版专著表示祝贺，并祝在学术研究方面锲而不舍，更上层楼！

常建华

2022 年 4 月 28 日

目 录

绪 论 …………………………………………………………… 001

第一章 齐家：家庭生活理想
第一节 齐家之道 ………………………………………… 023
第二节 京畿士人的家训 ………………………………… 039

第二章 亲子之间
第一节 子嗣的养育 ……………………………………… 052
第二节 子嗣的教育 ……………………………………… 073
第三节 士人的孝行 ……………………………………… 091

第三章 兄弟相处
第一节 兄弟之友爱相处 ………………………………… 110
第二节 兄弟之矛盾争端 ………………………………… 129

第四章 婚姻生活
第一节 婚姻缔结 ………………………………………… 146
第二节 夫妇生活 ………………………………………… 160
第三节 夫妇之情——以王崇简为例 …………………… 192

结 语 …………………………………………………………… 210

参考文献 ……………………………………………………… 214

后 记 …………………………………………………………… 229

绪　论

一　研究动机与主题

人类社会历史的展开是在每个人的日常生活中开始的。历史研究中学人应具有一个根本的关怀：研究始终要放在"人"的身上，要关注社会中人是怎样生活的，学界对日常生活史的研究要"建立以人为中心的历史学"[①]。在中国传统社会，人们以家庭为立足点来营建社会关系，开展日常生活。

（一）研究取向

常建华教授曾总结道：新时期中国社会史研究的主流是人民大众的社会生活史。[②] 中国现代史学产生于清末民初的社会变革之际，梁启超1902年发表《新史学》一文，掀起"史界革命"，史学家开始将社会、人民群众作为历史研究的对象。20世纪20年代末到40年代，一些学者从风俗、礼俗的角度关心民众生活，出版、发表了一系列研究古代社会生活的论著，社会生活的研究开始进入学者的视野。20世纪50~70年代，中国大陆只有吴晗、谢国桢等史家著文论述了古人生活的一些方面。"文革"结束后，随着思想解放的浪潮，中国史学界展开对既往马克思主义史学研究的反思，将国民生活状况纳入研究视野，将生活方式理论引入史学研究，

[①] 常建华在其《从社会生活到日常生活——中国社会史研究再出发》（《人民日报》2011年3月31日，第7版）、《中国社会生活史上生活的意义》[《历史教学》（下半月刊）2012年第1期]、《日常生活与社会文化史："新文化史"观照下的中国社会文化史研究》（《史学理论研究》2012年第1期）、《生活史给史学研究带来新视角》（《北京日报》2012年6月18日，第23版）等文章里系统阐述了"建立以人为中心的历史学"的理论思想。

[②] 常建华：《中国社会史研究十年》，《历史研究》1997年第1期。

倡导"有血有肉"的社会史研究。自20世纪80年代以来，社会生活史的相关论著纷纷问世。这些著作涉及了历史上社会生活的各个方面，如物质生活的衣、食、住、行，礼仪生活的婚丧嫁娶，精神生活的宗教信仰、节日娱乐等，既有断代性的全面研究，也有针对某一方面、某个群体或某个地域的专题研究，成果丰硕。① 但面对既有的成果，一些学者发现，这些研究"往往比较笼统，不分时代前后、不分阶层高下、不作定量分析，所以常常使人感觉缺乏具体性"，② 而且"这些研究又大多以'物'为中心，其中没有'人'的'生活'痕迹"。③ 20世纪90年代以来，随着西方新文化史理论引入国内，学者们引入"日常生活"的概念，倡导我国生活史的研究应当有意识地、自觉地把"日常生活史"作为一个史学研究的新领域、新视角，日常生活史要自成一脉，走向独立化与多元化。④ 常建华教授指出："中国社会史研究需要从社会生活向日常生活转变……生活史立足于民众的日常活动，从生活方式上把握民众，民众生活镶嵌于社会组织、物质生活、岁时节日、生命周期、聚落形态中才能体现出来，并揭示民众生活与政权的关系以及历史变动带来的影响。注意社会分层，了解不同社会群体的生活也必不可少，重要的是阶级阶层、等级身份通过日常生活体现出来，这是生活史的特色。从而有别于探讨社会关系、社会结构为主的社会史"，希望通过日常生活史研究"建立以人为中心的历史学"。⑤ 进入21世纪，日常生活史研究日益深化，成为史学界的学术研究潮流。

家庭是人类最基本的生活空间，家庭中进行的一系列活动是最基本

---

① 参见常建华《中国社会生活史上生活的意义》一文中"中国社会生活史研究的兴起"一节关于中国社会生活史研究发展脉络的梳理。
② 黄正建：《韩愈日常生活研究——唐贞元长庆间文人型官员日常生活研究之一》，荣新江主编《唐研究》第4卷，北京大学出版社，1998，第251～274页。
③ 黄正建：《关于唐代日常生活史研究现状的思考》，《中国社会科学院院报》2004年9月14日，第3版。
④ 黄正建：《关于唐代日常生活史研究现状的思考》，《中国社会科学院院报》2004年9月14日，第3版；刘新成：《日常生活史：一个新的研究领域》，《光明日报》2006年2月24日，第12版；常利兵：《日常生活研究的理论与方法——对一种社会史研究的再思考》，《山西大学学报》2009年第2期，第67～71页；胡悦晗、谢永栋：《中国日常生活史研究述评》，《史林》2010年第5期，第147～182、191页。
⑤ 常建华：《中国社会生活史上生活的意义》，《历史教学》（下半月刊）2012年第1期，第7页。

的日常生活行为。家庭也是人类终生都须参与的社会组织,人的一生无法离开家庭,个人行为大多是在家庭日常生活中模塑而成的,家庭为塑造人格的重要场所。常建华教授曾撰文强调:"在中国古代,甚至是近代农业社会,人们生活的主要场所是家庭,或者说家族。家也是人生命的起点,人生礼仪得以完成,传统时代家庭是生活单位,也是生产单位,家的研究是生活史的基础。"① 明代社会依然是家国同构的传统社会,不管是在记录社会上层的正史、文集、地方志中,还是在记述普通民众的族谱、档案、笔记小说、律令案牍中,都保存了一些关于明代家庭的记录。尤其在一些文集、族谱、档案、笔记小说、案牍中记载了很多日常生活中的家庭琐事,明代家庭史料较前代大为丰富。"家庭是以同居共财(以共同会计为本质内容)为特征,由婚姻血缘等纽带联结而成的亲属团体。"② 本书以明代家庭为研究对象,以日常生活史的取向来研究家庭生活。家庭不仅仅是社会学意义上的一个基本社会单位,它首先应该是一个生活单位,是家庭成员日常生活的空间。出生、成长、婚嫁、立业、生子、教子、养老、送终、年老、寿终等这些人生的生命事件连接成了人走完一生的生命历程。人从出生到死亡的生命历程中的每个重要环节基本发生在家庭中,家庭成员在家庭日常活动中对这些生命事件的处理过程,是我们要研究的明代家庭的主要内容。在家庭中各家庭成员的情感、策略、行动形成了家庭的权力关系和社会网络。以血缘、婚姻形成的亲属关系是家庭生活渐次展开的人际基础,家庭财产是家庭生活得以开展的物质保障。从日常生活实践的角度来理解家庭,家庭成员是在家庭生活中具有能动性的主体,家庭成员所处的时代、阶层影响其在家庭生活中的情感、策略、行动取向,这使家庭生活呈现出时代性、阶层性特征。

(二) 研究主题

明代家庭研究涉及内容广泛,写作中首先要面对的问题是:如何寻找

---

① 常建华:《中国社会生活史上生活的意义》,《历史教学》(下半月刊)2012 年第 1 期,第 7 页。
② 张国刚主编,余新忠著《中国家庭史》第 4 卷《明清时期》,广东人民出版社,2007,绪论,第 5 页。

到合适的角度来呈现明代家庭生活的样态，进而探讨明代家庭与明代政治、社会、文化的互动面貌。明代历史发展近三百年，疆域辽阔，现存的明代史料浩如烟海，但由于时间和精力有限，进行全国性的研究难度很大。在搜集的史料中，明代史书、文集、地方志中所记载的家庭史料多是对官员、乡贤、士人的描述。普通百姓之家的生活著于史册的多为彰显节烈、孝义的奇异极端行为，其内容过于刻板、程式化，缺少家庭生活的细节。记录明代家庭生活细节的史料最重要的是有文化的士人书写的明代文集、笔记小说、族谱等，其中士人家庭生活的记录尤为丰富。明代是科举鼎盛的时期，士人为掌握文化知识的精英阶层。士人文化是一种强势文化，在明代社会起着主导作用。士人占有知识，是明代文化的承载者和传播者，在明代社会中充当着文化规范者的角色，对于明代社会生活秩序的稳定和延续发挥着重要的作用，他们的家庭生活也因此独具士人的阶层特色。士人有各不相同的人生际遇，其在读书入仕的生命历程中或考中功名步入仕途，或屡举不第困顿场屋，他们的家庭生活因此在具有士人阶层共性的同时也呈现出纷繁复杂的面貌。

国内外学界对明代士人的研究集中在商品经济最发达的江南地区。永乐十九年（1421）明朝正式迁都北京后，北京成为全国的政治中心，京畿地区成为明朝直接统辖下的首善之区，生活于此的士人受社会正统文化的影响最深。同时北京以其特殊的政治地位，使得全国各地的士人向此云集，正如朱彝尊所说，"京师居北辰之所，惟人文之薮"，① 全国各地的著名学者和文人聚集于北京。因此，居于陆路、水路发达之处的京畿士人有机会与全国各地来京的士人进行交流。所以京畿士人更具有明代士人的一般性特点，明代京畿士人的家庭能在一定程度上反映明代士人家庭的基本状况。故笔者以明代京畿士人的家庭为中心，展开明代士人日常生活的研究。

明代京畿士人指籍贯为北直隶的顺天、保定、河间、真定、顺德、广平、大名、永平八府以及隆庆、保安两直隶州辖区（大致相当于今天北京、天津、河北省在内的地区）的士人。本书以明代京畿士人的文集、族谱、年谱、碑传等资料为基础史料，结合明清方志、档案、笔记小说、律

---

① 参见（明）孙承泽《天府广记》，北京古籍出版社，1983，"序"，第1页。

令案牍等资料，引入新文化史、日常生活史的研究视角，研究生活、情感、文化意义上的明代京畿士人家庭。本书不仅深入明代京畿士人家庭内部，在士人的人生历程中展现其家庭生活的复杂面相，还将揭示家庭生活如何塑造了士人的社会行为，进而探究在日常活动中士人对家庭观念的表达与家庭生活秩序的构建，以期呈现明代士人家庭生活与明代政治、社会、文化的互动面貌，以深化对中国传统生活方式、传统文化传衍发展的认识。

二 明代家庭史的研究回顾

家庭是社会最重要、最基本的组织结构，关涉社会历史的方方面面，可以说家庭在中国社会处于真正的中心地位，吸引着一代又一代的学者对其进行不懈的研究，取得了丰硕的成果。学者们从不同的角度不断对中国家庭史研究成果进行梳理、评述，他们大多将中国家庭史研究分成三个阶段，即五四前后至1949年的发端期、20世纪50~70年代末的停滞期和80年代以来的恢复兴盛期，这些成果勾勒出了中国家庭史研究的概貌。[①] 在这些文章中零星介绍了明代家庭史的一些研究成果，根据本书研究主题的需要，现对明代家庭史的研究成果概述如下。

（一）家庭结构与规模的研究

在明代家庭史的研究中，学界一向重视家庭结构与规模的研究。20

---

① 王玉波：《启动·中断·复兴——中国家庭、家族史研究述评》，《历史研究》1993年第2期，第175~184页；郭松义：《八十年代以来中国大陆婚姻、家庭史研究概述》，《中国史学》第6卷，1996年12月；王玉波：《中国家庭史研究刍议》，《历史研究》2000年第3期，第165~172、192页；胡中生、戴洪亮：《20世纪80年代以来中国家庭史研究综述》，李卓主编《家族文化与传统文化——中日比较研究》，天津人民出版社，2000，第288~314页；毛立平：《百年来清代婚姻家庭史研究述评》，《安徽师范大学学报》（人文社会科学版）2002年第1期，第101~105页；邢铁：《二十世纪国内中国家庭史研究述评》，《中国史研究动态》2003年第4期，第16~21页；余华林：《近20年来中国近代家庭史研究评析》，《中州学刊》2005年第2期，第163~167页；马雪、吉成名：《1991年以来宋代家族史研究述略》，《中国史研究动态》2007年第4期，第10~16页；张国刚主编《中国家庭史》5卷，各卷"绪论"，广东人民出版社，2007；潘大礼：《三十年来民国婚姻家庭史研究述评》，《湖北师范学院学报》（哲学社会科学版）2011年第1期，第93~97页。

世纪八九十年代明代家庭结构与规模的研究主要依附于明清家族、宗族的研究，学者们在探讨明清家族、宗族的形成与发展中研究明代的家庭结构与规模。其中以徐扬杰、郑振满、陈支平、唐力行的研究为代表。徐扬杰在《宋明以来的封建家族制度述论》一文中指出，宋代为了重建家族组织，统治者提倡累世同居共财的大家庭制度，但大家庭的发展常常导致其内部经济分化，从而瓦解成若干个小家庭。① 郑振满通过对明清闽台地区的分家文书和族谱的研究，对福建的家庭进行了动态考察，认为明清福建在代代分家析产的条件下形成了大家庭与小家庭平分秋色、保持动态平衡的局面，家庭结构表现为大家庭与小家庭之间的周期性变化，宗族组织的形成和发展正是大家庭解体的必然结果。② 陈支平在《近500年来福建的家族社会与文化》一书中探讨了明清福建小家庭的繁殖裂变与家族的关系。③ 郑振满、陈支平利用碑刻、民间文书、族谱等田野调查的新资料研究福建的宗族问题，他们把中国传统社会中的家庭和宗族纳入同一分析架构，在家庭的动态发展中寻找宗族发展的内在原因，揭示家庭与宗族之间存在的互动关系及宗族的发展机制，极富创见。唐力行通过对方氏家谱资料的抽样分析和量化处理研究明清徽州宗族制度下的家庭结构，认为徽州在明代后期形成了小家庭大宗族格局，而徽商对这一变化起了关键作用。家庭规模的缩小可以避免大家庭中劳逸不均和利益不均所造成的矛盾，利于商业经营。这一结构使徽州社会更富于弹性和流动性。④

进入 21 世纪，专门研究明代家庭结构与规模的成果涌现，研究集中在户口档案等新资料丰富的徽州。周绍泉通过分析祁门县的一个诉讼案件，综合利用诉讼文书、黄册文书、土地文书、承继文书以及族谱等资料探讨明初徽州的家庭结构。⑤ 周绍泉等人还利用明万历年间徽州黄册底

---

① 徐扬杰：《宋明以来的封建家族制度述论》，《中国社会科学》1980 年第 4 期，第 99 ~ 122 页。
② 郑振满：《明清福建的家庭结构及其演变趋势》，《中国社会经济史研究》1988 年第 4 期，第 67 ~ 74 页。
③ 陈支平：《近 500 年来福建的家族社会与文化》，上海三联书店，1991。
④ 唐力行：《明清徽州的家庭与宗族结构》，《历史研究》1991 年第 1 期，第 147 ~ 159 页。
⑤ 周绍泉：《透过明初徽州一桩诉讼案窥探三个家庭的内部结构及其相互关系》，《徽学》2000 年卷，安徽大学出版社，2001，第 96 ~ 115 页。

籍进行计量分析以研究一般民户的人口与家庭情况。①栾成显通过对遗存的明代户帖、黄册、清代保甲烟户册等文书档案的考察，认为明清时期小家庭占当时农村居住人户的绝大多数，一般的农民家庭拥有五口左右的人口。②范红军、贺军妙则探讨了介于大家庭与小家庭之间的析产合户家庭的基本特征、形成原因和历史影响，他们认为析产合户家庭是明代家庭结构中的一种重要类型，析产合户家庭是指业已析产的小家庭在官方户籍上和日常生活中仍然合用一个户名的家庭，其结构特征是在家庭财产上分而在血缘亲情上合，从而暂时缓解了一直困扰中国传统家庭发展的两难矛盾，即血缘亲情产生的向心力和财产私欲产生的离心力。③关于其他地区的研究目前只见到彭勇的研究，他通过对方志中户口资料的整理，以陕西和河南为中心，对边地卫所军户和内地卫所军户的家庭规模及结构进行了统计分析，进而探讨了军户家庭规模与家庭生活的关系，通过明代军户家庭规模的时代变化分析明代国家与社会的互动关系。④

20世纪80年代以来，家庭结构与规模的研究是明代家庭史研究的基础。学者们通过挖掘利用各种新资料，借助人口学的统计分析等方法对明代的家庭规模和结构进行了不同地域、不同阶层的深入研究，揭示了家庭结构的动态变化和明代家庭结构特有的历史个性。但已有的研究成果相对集中于福建、徽州地区，其他地区的研究尚有待展开。

（二）家庭关系的研究

明代家庭关系的研究一直受到学界的关注，学者们从不同的角度进行了研究。王明霞从明代法律的角度讨论家庭中夫妻之间的各种关系，认为明代夫妻的权利、地位和人格绝对不平等，表现为主从关系和尊卑关系以

---

① 周绍泉等：《明代黄册底籍中的人口与家庭——以万历徽州黄册底籍为中心》，张国刚主编《家庭史研究的新视野》，三联书店，2004，第218~261页。
② 栾成显：《明清文书档案反映的农民家庭规模》，《中国人口科学》2006年第1期，第78~85、96页。
③ 范红军、贺军妙：《明代析产合户的家庭结构》，《河北师范大学学报》（哲学社会科学版）2006年第4期，第129~134页。
④ 彭勇：《明代军户家庭规模和结构分析——以陕西、河南地区为中心的考察》，"明代的国家与社会"学术讨论会会议论文，天津，2012年6月13~16日。

及在娶妾、休妻与守节上的不平等。① 徐泓《明代家庭的权力结构及其成员间的关系》一文比较全面地论述了明代家庭的权力结构与家庭成员间关系的法律规定，同时也在个别地方利用小说等资料讨论家庭关系的实态，尤其深入分析了夫与妻及妾在家庭中的地位。他认为家庭中的权力义务关系是相对的，而非绝对的，但妻的权力却是完全依附于夫、来自于夫的。② 熊秉真利用明清的人物传记资料，在明清时代的感情和性别角色的背景下，呈现了明清家庭生活中既亲密又相互依存的母子、母女关系。③ 赵毅、赵轶峰利用文学资料，对夫妻关系中悍妻这一非主流角色进行了探讨，展现了 17 世纪前后中国家庭生活的一个侧面。④ 赵轶峰在《儒家思想与十七世纪中国北方下层社会的家庭伦理实践》一文中进一步探讨了儒家家庭伦理原则与 17 世纪前后中国北方下层社会的家庭生活实态之间的落差，认为在中国北方存在着以下情况：核心家庭在庶民中远较在士绅家庭中普遍，孝在庶民中并没有被认真实践，当时作为文学中的一个热门话题的"悍妻"现象在下层社会中是实际的社会现象，理学对于妇女贞洁的严格要求受到挑战。⑤ 赵世瑜以读史札记的形式，从家庭中的性别关系、婚姻与性、社会生产分工三个方面探讨了明清时期男女两性的关系，认为明清家庭内男女之间的不平等在平辈人那里体现得更为明显；明清时期妇女在社会生产生活各方面起着日益重要的作用，地位相对提高，但并没有改变她们依附于男性、从属于男性的社会地位，男性家长在家庭中仍然具有最高的权威。⑥ 余新忠则从生活实态层面上对明清家庭中的父子、婆媳、夫妻、妻

---

① 王明霞：《从明律看封建家庭的夫妻关系》，《松辽学刊》（社会科学版）1992 年第 4 期，第 74～77 页。
② 徐泓：《明代家庭的权力结构及其成员间的关系》，《辅仁历史学报》第 5 期，1993 年，第 168～202 页。
③ 熊秉真：《明清家庭中的母子关系——情别、感情及其他》，李小江等主编《性别与中国》，三联书店，1994，第 514～544 页；《书写异性谱系：明清士人笔下的母女联系》，熊秉真、张寿安编《情欲明清——达情篇》，台北：麦田出版社，2004，第 193～219 页。
④ 赵毅、赵轶峰：《悍妻与十七世纪前后的中国社会》，《明史研究》第 4 辑，黄山书社，1994，第 197～206 页。
⑤ 赵轶峰：《儒家思想与十七世纪中国北方下层社会的家庭伦理实践》，《明史研究》第 7 辑，黄山书社，2001，第 210～229 页。
⑥ 赵世瑜：《冰山解冻的第一滴水——明清时期家庭与社会中的男女两性》，《清史研究》1995 年第 4 期，第 93～99 页。

妾、兄弟这些主要的家庭伦理关系做了全面的论述。① 陈宝良通过对明代大量出现的"义夫"现象以及明代家庭生活伦理关系中之妻妾关系的研究，指出明代的家庭生活尤其是家庭情感伦理关系出现了一些新的转向，由于情与礼的两分，明代的五伦关系正在逐渐演变为以夫妻一伦为重，而在夫妻一伦中，夫妻之间的情感生活逐渐被夫妾之间的情感生活所取代。② 王雪萍对婢妾这一女性群体在明代的婚姻家庭生活进行了研究。③

明代注重家庭伦理道德，在礼制、法律上形成了一套关于家庭关系的严密秩序和规范。综上所述，明代家庭关系研究的早期成果主要从礼制、法律的角度来探讨明代家庭中各成员的权力地位关系，近年来学界的研究更多则是探讨家庭伦理关系的实践以及家庭成员间的情感。现有明代家庭关系的研究成果多集中于家庭中男女两性的夫妻关系，而父母子女关系、婆媳关系、兄弟关系等则较少。

（三）家庭婚姻的研究

在明代，婚姻是保障家庭繁衍、构建家庭社会网络的重要途径，有学者对明代的婚姻制度进行了研究。如杨绍猷对明代蒙古族婚姻和家庭的特点进行了研究，蒙古族领主为了束缚其属民，在治内实行义务婚、收继婚和寡妇再嫁等婚姻家庭制度，在家庭内实行等级制度，他认为这是封建领主制的产物，封建制度的深化和发展也使其婚姻和家庭制度产生了一些变化。④ 徐泓《明代的婚姻制度》一文从婚配的范围、婚姻的人数、婚姻的形式、婚姻的成立、婚姻的故障与消灭等方面论述了明代婚姻制度。⑤ 许敏从西方传教士笔下的中国婚姻入手，探究了明清之际的婚姻与宗法关系、婚姻缔结方式、娶妾现象等问题。⑥ 余新忠把婚姻作为家庭成立的前

---

① 张国刚主编，余新忠著《中国家庭史》第 4 卷《明清时期》，第 272～332 页。
② 陈宝良：《从"义夫"看明代夫妇情感伦理关系的新转向》，《西南大学学报》（人文社会科学版）2007 年第 1 期，第 48～55 页；《正侧之别：明代家庭生活伦理中之妻妾关系》，《中国史研究》2008 年第 3 期，第 123～144 页。
③ 王雪萍：《明代婢女婚姻特殊性的历史解读》，《社会科学辑刊》2010 年第 3 期，第 195～199 页；《明代婢妾婚姻实态探微》，《济南大学学报》（社会科学版）2010 年第 4 期，第 45～49 页。
④ 杨绍猷：《明代蒙古族婚姻和家庭的特点》，《民族研究》1984 年第 4 期，第 30～38、15 页。
⑤ 徐泓：《明代的婚姻制度》，《大陆杂志》第 78 卷第 1 期，1989 年，第 1～27 页。
⑥ 许敏：《西方传教士对明清之际中国婚姻的论述》，《中国史研究》1994 年第 3 期，第 62～72 页。

提与基础，对与明清家庭密切相关的择偶、婚姻成立、离婚与再婚、特殊婚姻等内容做了探讨。① 阿风将徽州文书与其他文献相结合，从多个角度探讨了明清徽州家庭里的"接脚夫"在实际生活中的地位。② 他还利用明清徽州卖身文书研究了家庭婚姻生活中的典妻、招赘等变例婚。③ 那晓凌撰文对明清时期中上层社会士人拒娶再醮的现象进行了分析，认为其实质是惧娶再醮，这导致了许多理论上的家庭重组无法实现，士绅阶层甚至出现鼓励男子丧妻守鳏的倾向。④ 奇文瑛将碑铭中所见明代达官的婚姻资料与档案和实录的记载结合，揭示了归附达官进入中原后的婚姻关系及其变化，展现了明代达官杂居中原社会生活的一个侧面。⑤ 家庭与婚姻密切相连，从已有研究可见学者们对于明代婚姻中的变例婚对家庭生活影响的研究相对深入。

（四）家庭经济的研究

学者们主要利用徽州丰富的明清契约文书、黄册对徽州的家庭经济进行研究，成果丰硕。周绍泉通过对徽州文书中一户胡姓农民家族从成化二十三年（1487）到崇祯十年（1637）共150年间的36张契约文书的分析，对普通农民家族在明代的生活状况进行了实证性的个案研究。⑥ 栾成显在《明末典业徽商一例——〈崇祯二年休宁程虚宇立分书〉研究》一文中利用分家书与族谱剖析了休宁率东程氏作为典商，其家业经营的发展道路。⑦ 他在《明清庶民地主经济形态剖析》一文中则是利用八十多万字的黄册文书所提供的明末清初一大户地主长达120年土地与人口等方面的资料，分析了其人户构成情况和经济结构，并以此为典型，剖析了中国封建社会地

---

① 张国刚主编，余新忠著《中国家庭史》第4卷《明清时期》，第51~110页。
② 阿风：《试论明清徽州的"接脚夫"》，朱诚如、王天有主编《明清论丛》第1辑，紫禁城出版社，1999，第366~375页。
③ 阿风：《明清时代妇女的地位与权利——以明清契约文书、诉讼档案为中心》，社会科学文献出版社，2009，第135~195页。
④ 那晓凌：《娶失节者如己失节——试析明清"不娶再醮之妇"的深层原因》，《辽宁师范大学学报》（社会科学版）2010年第3期，第111~114页。
⑤ 奇文瑛：《碑铭所见明代达官婚姻关系》，《中国史研究》2011年第3期，第167~181页。
⑥ 周绍泉：《明后期祁门胡姓农民家族生活状况剖析》，《东方学报》（京都）第67册，1995年3月。
⑦ 栾成显：《明末典业徽商一例——〈崇祯二年休宁程虚宇立分书〉研究》，《徽州社会科学》1996年第3期，第30~40页。

主自身经济存在的具体形态,指出其大致可分为累世同居共业、析产而未分户、析产随即分户三种类型。① 在《〈成化二十三年休宁李氏阄书〉研究》一文中,他利用明代休宁李氏的分家阄书研究了李氏家族的家产析分以及家常事例。② 日本学者臼井佐知子在《论徽州的家产分割》一文中通过对分藏于中国社会科学院历史研究所的《徽州千年契约文书》、中国社会科学院经济研究所和北京大学图书馆善本部的 234 件家产分割关系文书的分析,对中国传统社会"家"的概念、立书人的选择、家产分割的原因、家产的内容和分割方法以及共有财产的管理等诸多方面进行了具体的探讨。作者认为,中国的分家是指分割住宅和分别进行家计核算,并不是完全意义上成立新"家",家产分割的管理权属于长辈,但他们也不能随意确定分割的比例,同时寡妇在原则上也拥有对家产的管理权。最后作者认为,至少在徽州,"分家"或家产分割并不是理念性的行为,而是依实际情况灵活进行的。③ 对于家产的"承继"问题,她在《徽州家族的"承继"问题》一文中将承继关系文书分成"承继文书""入赘文书""卖身文书""其它的应役文书"四种类型分别论述,指出继嗣的主要目的与其说是传宗接代,毋宁说是继承家产。"承继"在很大程度上是对一种义务和承担义务之人权利的保证。④ 中岛乐章以徽州祁门凌氏为例考察了明中期小农的家产分割实态,展现了传统中国分家习惯的多样性。⑤ 阿风以徽州契约文书等为基本资料,从法律规定与法律实践之不同层面论述了明清时代妇女对家庭财产的处理情况,深入探讨了明清妇女的地位与权利。⑥ 刘道胜认为,分家析产不断孕育个体家庭,明清徽州民间个体家庭之间只是相对意义上的独立,家户间往往虽分犹合,个体家庭与家族、宗族是一

---

① 栾成显:《明清庶民地主经济形态剖析》,《中国社会科学》1996 年第 4 期,第 175~193 页。
② 栾成显:《〈成化二十三年休宁李氏阄书〉研究》,朱诚如、王天有主编《明清论丛》第 2 辑,紫禁城出版社,2001,第 397~411 页。
③ 〔日〕臼井佐知子:《论徽州的家产分割》,周天游主编《地域社会与传统中国》,西北大学出版社,1995。
④ 〔日〕臼井佐知子:《徽州家族的"承继"问题》,《95 国际徽学学术讨论会论文集》,安徽大学出版社,1997。
⑤ 〔日〕中岛乐章:《明代中期徽州农民的家产分割——以祁门县三都凌氏为例》,《徽学》第 5 卷,安徽大学出版社,2008,第 11~26 页。
⑥ 阿风:《明清时代妇女的地位与权利——以明清契约文书、诉讼档案为中心》,社会科学文献出版社,2009。

对矛盾统一体。①

明代江南地区作为全国经济文化中心，其家庭经济也受到学者们的关注。日本学者滨岛敦俊以《庄忠甫杂著》收录的家规和书简为主要素材，考察了16世纪末的一个登第后迁移到乌程县南浔镇的"乡绅"庄元臣的家庭经济，对个别江南乡绅的家庭生活实态进行了比较深入的分析，并以此来验证日本学术界长期以来的乡绅论。② 李伯重则对江南小农的家庭经济进行了系列考察，认为明代江南小农家庭的生产方式是"夫妇并作"，而到了清代中期才变成了"男耕女织"，江南农家妇女起到了"半边天"的作用，提出"男耕女织"是近代以前江南农家劳动安排的最佳模式。③ 刘晓东以江南地区为中心，对明代塾师的职业收入及其"生计"状况做了梳理与分析。④ 余新忠使用家庭生计的概念，从治家观念、家庭收支、生计安排、家庭消费四个方面来勾勒明清家庭的日常经济生活。⑤

学界对明代家庭经济的研究集中于史料丰富的徽州、江南地区，家产分割与继承是研究的关注点，而且研究成果多是一些个案、点的研究，还有待于对其他区域家庭经济进行比较全面的研究。

（五）家庭生活的研究

妇女是明代家庭生活中的主角，在明代妇女史研究中妇女的家庭生活情况备受关注。高彦颐以明末清初江南城市中的才女为主轴，透过性别体系的分析，开启了明清妇女文化的研究，是近年明清上层社会妇女生活研究最具代表性的著作。她在男女性别互动的大架构中探讨了江南才女如何在内外连续一体的社会交际圈中构建生活空间。她集中关注了明末清初江南的家庭生活和女性观念的变化，认为家庭是中国男性和女性最基本的社

---

① 刘道胜：《明清徽州分家阄书与民间继承关系》，《安徽师范大学学报》（人文社会科学版）2010年第2期，第188~193页。
② 〔日〕滨岛敦俊：《明末江南乡绅的家庭经济——关于南浔庄氏的家规》，《明史研究》第2辑，黄山书社，1992，第83~92页。
③ 李伯重：《"人耕十亩"与明清江南农民的经营规模》，《中国农史》1996年第3期，第1~14页；《从"夫妇并作"到"男耕女织"》，《中国经济史研究》1996年第3期，第101~109页；《"男耕女织"与"妇女半边天"角色的形成》，《中国经济史研究》1997年第3期，第10~22页。
④ 刘晓东：《明代塾师"生计"刍议——以江南地区为中心》，《中国社会经济史研究》2008年第2期，第32~38页。
⑤ 张国刚主编，余新忠著《中国家庭史》第4卷《明清时期》，第126~185页。

会场域,而明末清初的江南伙伴式婚姻不断增加、"女性特质"的改写以及内外界限的重整,都在影响着家庭及社会的基本面貌。① 此后的一些明代妇女社会生活研究主要以女性一生中为女、为妇、为母的家庭角色变化及相夫教子的职责来考察其家庭生活状况,丰富了我们对闺阁妇女生活诸多面相的了解,充实了明代妇女家庭生活史的研究。② 贞节观念与节烈现象一直是学者们讨论明代妇女史的主要焦点,其中具有代表性的一些研究成果主要从文本分析的角度关注贞节烈妇的产生机制,探析贞节烈女为文献所记载的运作过程,及这一社会机制如何影响时代的社会心态与集体实践,对我们理解明代贞节烈妇的家庭生活提供了别样的视角。③

奉亲养老作为一种肇端于天然血脉亲情的家庭伦理活动备受明人重视。明代家庭孝道践行依附于明代的孝文化和政治文化之中。林丽月《孝道与妇道:明代孝妇的文化史考察》一文侧重于从妇道伦理的角度考察明代孝妇所承担的家庭义务和社会对孝妇的道德要求。④ 邱仲麟考察了唐以降民间孝行中"割股疗亲"行为和明清的庆寿文化。⑤ 余新忠解读了明清

---

① Dorothy Ko, *Teachers of the Inner Chambers: Women and Culture in Seventeenth-Century China* (Stanford: Stanford University Press, 1994);〔美〕高彦颐:《闺塾师——明末清初江南的才女文化》,李志生译,江苏人民出版社,2005。
② 台湾学位论文有李媛珍《明代的命妇生活》,硕士学位论文,台湾中正大学,1997;许敏华《明清时代金门传统妇女家庭生活研究》,硕士学位论文,台湾铭传大学,2002;林丝婷《妇道:明清士人家庭生活中的主妇角色》,硕士学位论文,台湾暨南国际大学,2012。大陆学位论文有陈超《明代女性碑传文与品官命妇研究》,博士学位论文,东北大学,2007;赵敏《从〈新中国出土墓志〉中再现明代女子的婚姻家庭生活》,硕士学位论文,陕西师范大学,2007;李丙阳《从"相夫"看明代士大夫阶层妇女的家庭角色》,硕士学位论文,西南大学,2009。已发表论文有张翔凤《从苏州碑刻看女性的家庭与社会生活》,《史林》1999年第3期,第37~43页;王昌宜《明清时期徽州妇女在家庭中的作用》,《合肥教育学院学报》2000年第3期,第33~37页;陈宝良《明代妇女的家庭角色及其地位》,《福建论坛》(人文社会科学版)2009年第7期,第83~89页。
③ 主要代表作有安碧莲《明代妇女贞节观的强化与实践》,博士学位论文,台北:文化大学,1995;费丝言《从典范到规范:从明代贞节烈女的辨识与流传看贞节观念的严格化》,台大出版委员会,1998;林丽月《孝道与妇道:明代孝妇的文化史考察》,《近代中国妇女史研究》第6期,1998年,第11~23页;衣若兰《史学与性别:〈明史·列女传〉与明代女性史之建构》,博士学位论文,台湾师范大学,2003。
④ 林丽月:《孝道与妇道:明代孝妇的文化史考察》,《近代中国妇女史研究》第6期,1998年,第11~23页。
⑤ 邱仲麟:《不孝之孝——唐以来割股疗亲现象的社会史初探》,《新史学》第6卷第1期,1995年,第49~94页;邱仲麟:《诞日称觞——明清社会的庆寿文化》,《新史学》第11卷第3期,2000年,第101~154页。

江南方志中的"孝友传",在梳理呈现明清时期的孝行与家庭生活的基础上,着力探讨了方志"孝友传"之类文本背后所蕴含的政治和社会文化意蕴与编纂者的意图、文本可能的形成过程。① 明人有"送死胜于养生"的孝道思想,学者们对明代父母死亡后丁忧守制、服丧行为进行了考察。② 明代孝道的践行更主要是体现于子女平时晨昏定省、温情探视,病时奉汤送药等家庭日常生活之中。林谦如考察了明代社会中具有政治背景和知识背景的士人群体奉亲怡养的孝道生活实践。③ 赵克生从宦游官员的视角探析明代官吏的养亲问题,指出明代官吏主要采用移亲、分俸、辞官的方式化解"忠孝怎能两全"的矛盾。④ 吕丽萍从日常生活的角度观察分析了明代平民、乡绅、富户以及作为普通家庭成员的官宦的养亲活动。⑤ 学界从"人"的角度出发,把养亲活动还原为自然人的伦理活动,侧重于社会某一阶层或群体甚至个体奉亲养老行为的考察。

明代孩子的生育与教养基本上是在家庭里进行的。熊秉真运用大量医籍、明清传记、训蒙读物等资料,开创性地探讨了中国家庭在育婴、儿童医疗、蒙学教育等方面的生活文化。⑥ 李伯重研究了宋元明清时期江浙地区的节育行为。⑦ 常建华利用地方志、明人文集等资料,对明代溺婴问题进行了全面而系统的考察。⑧ 吴静芳关注明代寻求长年已婚未育的解决之道,对

---

① 余新忠:《明清时期孝行的文本解读——以江南方志记载为中心》,常建华主编《中国社会历史评论》第 7 卷,天津古籍出版社,2006,第 33~59 页。
② 骆芬美:《明代官员的丁忧与夺情》,博士学位论文,台北:文化大学,1997;赵克生:《略论明代文官的夺情起复》,《西南大学学报》(人文社会科学版)2006 年第 5 期,第 48~52 页;赵克生:《明代丁忧制度述论》,《中国史研究》2007 年第 2 期,第 115~128 页;萧琪:《父母等恩:〈孝慈录〉与明代母服的理念及其实践》,硕士学位论文,台湾师范大学,2011。
③ 林谦如:《明人的奉亲怡养——孝道社会生活实践的一个历史侧面》,硕士学位论文,台北:文化大学,2004。
④ 赵克生:《老吾之老:明代官吏养亲问题探论》,《史学月刊》2008 年第 2 期,第 42~47、59 页。
⑤ 吕丽萍:《明代家庭养老研究》,硕士学位论文,东北师范大学,2011。
⑥ 熊秉真:《幼幼:传统中国的襁褓之道》,台北:联经出版事业股份有限公司,1995;《安恙:近世中国儿童的疾病与健康》,台北:联经出版事业股份有限公司,1999;《童年忆往:中国孩子的历史》,台北:麦田出版社,2000。
⑦ 李伯重:《堕胎、避孕与绝育:宋元明清时期江浙地区的节育方法及其运用与传播》,李中清等主编《婚姻家庭与人口行为》,北京大学出版社,2000,第 172~196 页。
⑧ 常建华:《明代溺婴问题初探》,《中国社会历史评论》第 4 卷,商务印书馆,2002,第 121~136 页。

明代求子方法的利用、传播进行了深入研究。① 赵克生考察了明代社会中儿童习礼的普遍性、日常化,并为家庭和社会共同关注的社会现象。② 许淑媛关注明代丈夫早逝的家庭里身兼慈母与严师的寡母,探讨了她们启蒙、督诫、训勉等课子之事。③ 郭英德研究了明清时期成年女子的家庭文学教育形式,认为这是一种兴趣至上的学习活动,是一种纯粹审美化的生活形态。④ 明清家庭家族叙事文学兴盛,一些学者从这些文学作品中研究明清的家庭生活。⑤ 日本学者野村鲇子考察了由其父兄写下的描述出嫁之女受虐而死的明清散文,揭示了明清士大夫家庭生活中的家庭暴力。⑥ 余新忠主要就与家庭直接而密切相关的人情交往、孩子的生养和教育、家庭娱乐以及疾病和医疗等内容,对明清时期的家庭生活做了比较系统全面的考察。⑦

综上所述,明代家庭生活研究的成果主要集中于 20 世纪 90 年代中期以后,这与社会史研究向日常生活史转变的学术潮流同步。家庭不仅仅是社会学意义上的一个基本社会单位,它首先应该是一个生活单位,是家庭成员进行日常生活的空间。生老病死、父母赡养、子女养育这些日常生活基本在家庭中进行。从以上介绍可见学界对家庭日常生活的研究渐趋繁盛,成果渐多。但目前已有的研究成果仍远远不能够揭示出明代家庭生活丰富而复杂的实际面相,而且研究成果多集中于处于社会上层的士大夫官员阶层,明代家庭生活的研究空间还很大。

自 20 世纪 80 年代以来,明代家庭史研究在诸多方面取得了颇具意义的研究成果,为今后的深入研究奠定了坚实的基础,为本书提供了重要的学术支撑。但已有研究成果的研究取向大多并非以展现明代家庭的实态为

---

① 吴静芳:《"积善"与"用药":明代求子方法的传播与应用》,博士学位论文,台湾成功大学,2012。
② 赵克生:《童子习礼:明代社会中的蒙养礼教》,《社会科学辑刊》2011 年第 4 期,第 131~138 页。
③ 许淑媛:《明代寡母教子之研究》,硕士学位论文,台湾"中央"大学,2012。
④ 郭英德:《学而不厌:明清成年女子的家庭文学教育》,《社会科学研究》2009 年第 2 期,第 165~174 页。
⑤ 主要著作有王建科《元明家庭家族叙事文学研究》,中国社会科学出版社,2004;段江丽《礼法与人情:明清家庭小说的家庭主题研究》,中华书局,2006。
⑥ 〔日〕野村鲇子:《明清散文中的女性与家庭暴力书写》,《近代中国妇女史研究》第 16 期,2008 年,第 209~226 页。
⑦ 张国刚主编,余新忠著《中国家庭史》第 4 卷《明清时期》,第 186~271 页。

归宿，这些成果的立足点或是人口史，或是家族史，或是经济史，或是妇女史，或是儿童史，多是不同程度地展现了明代家庭的一些侧面，专门的明代家庭研究成果基本上是一些短篇幅的论文。可以说，明代家庭史的研究还缺少像清代婚姻家庭史研究中郭松义与王跃生两位教授那样的厚重之作。① 虽然余新忠《中国家庭史》第 4 卷《明清时期》是立足于家庭史、以家庭本身为研究对象的研究成果，致力于对明清家庭生活（包括生计）、家庭成员间的伦理关系以及家庭问题的呈现和揭示，而且在此基础上探讨了明清家庭的时代性，但受著作写作体例的限制，该著作着力呈现的是明清时代民众的家庭状况与家庭生活的基本面貌，所用史料以及论述问题更偏重于清代。由于社会政治、经济、文化等环境的差异，明代家庭生活具有明显的阶层性特点。现有研究成果对明代农民、士人、商人等阶层家庭的研究基本为就某一问题的单篇论述，且主要集中于江南、福建等南方地区，北方地区的研究很少。至今学界尚无关于明代士人阶层家庭生活全面而系统的研究成果。本书以明代京畿为中心，希望对明代士人阶层的家庭生活进行深入细致的具体研究。将学界关注较少的明代京畿士人家庭置于"首善之区"的京畿地域中进行深入、系统的研究，以弥补明代家庭史研究的薄弱环节，深化京畿地域社会文化的认识。

三 基础文献资料

（一）文集、年谱

京畿地区作为明代的政治中心，其学术文风远远落后于经济文化发达的南方地区。但成化以后，不少为官从政的士大夫开始编辑刊刻自己的文集，万历以后大量个人文集行世。笔者搜集到现存的明代京畿士人的诗文集六十余部，作为支撑本书的主体史料。陈梧桐先生曾概括明人文集的一个鲜明特点是："大都为当时人记当时事、当地人记当地事、当事人记亲历事，比较真实可靠。"② 明代京畿士人留下的文集同样具备这一特点。

---

① 郭松义：《伦理与生活——清代的婚姻关系》，商务印书馆，2000；王跃生：《十八世纪中国婚姻家庭研究》，法律出版社，2000；王跃生：《清代中期婚姻冲突透析》，社会科学文献出版社，2003。
② 陈梧桐：《明人文集的史学价值》，《明代研究通讯》2000 年第 3 期，第 20 页。

在这些文集中保存了大量京畿士人的传记体文献。按其在文集中的文体主要有以下几类。第一，传状类，包括状、行状、述、行述、行实、事略、传、小传、家传、传略等。第二，墓志类，包括墓志铭、墓表、圹志、墓碣铭等。虽然文字侧重各有不同，但一般是传主一生生活历程的记录，介绍传主的生卒年、配偶、祖先、籍贯、出身、子嗣、人生中的重大事件、才能、品行以及子女婚配状况。传主往往是作者的祖父母、父母亲、妻子、兄弟姐妹或其他亲戚朋友。作者与传主彼此熟悉，关系亲近。这些传记文献往往是作者怀着真情实感撰写的自己亲历亲闻的事情，提供了很多家庭生活的细节资料，这是研究明代京畿士人家庭的其他史料无法替代的。但由于传记文献的作者基本是传主比较亲近的人，因此传记的内容多有对传主的溢美之词，更有作者的主观意识与期望，也有因为感情需要而做的夸张评价。在使用这些资料时，必须要用审慎的眼光，要结合其他史料，把握史料利用的尺度。透过文字，分析传主生活的本来面目，进而了解明代京畿士人家庭生活的面貌。

除了这些全面记述士人一生的传记文献外，文集中还有不少记录士人生活、生存状态的文体，有祭文、记、诗文集序、跋、像赞、哀辞、书函、题记等。这些文献虽然只涉及人物的片段经历，但对其传记有很大的补充作用。尤其贺寿序文、贺生序文、祭文、与家人的往来书函，史料丰富。

现存的明代京畿士人的文集一般为诗文合集。一些诗作也涉及士人的家庭生活，主要有和儿女相唱和的诗及悼亡诗、思亲诗、示儿诗。这些诗作有的对自己、父母、妻子的生命历程做了记载；有的谈到子女的成长过程，提出了对他们今后生活的要求、希望；还有的记述家族门风，典范化先人父祖的形象。这为探究明代京畿士人对家庭观念的表达与家庭生活秩序的构建提供了素材。谢国桢先生说："研究元明以来的历史仰赖于野史笔记和文集。"① 笔者搜集到的明代京畿士人现存文集中的上述史料为本书仰赖的主体史料。

在文集中还收录了一些京畿士人的自撰年谱，此外还有十多部明代京畿士人的单刻年谱。"年谱是史籍中的一种人物传记，但它和一般传记有所不同。它是以谱主为中心，以年月为经纬，比较全面细致地胪述谱主一

---

① 谢国桢：《史料学概论》，福建人民出版社，1985，第214页。

生事迹的一种传记体裁。所谓'叙一人之道德、学问、事业,纤悉无遗而系以年月者,谓之年谱。'(朱士嘉《中国历代名人年谱目录·序》)它杂糅了记传与编年二体,并从谱牒、年表、宗谱、传状等体逐渐发展演变而自成一体。"① 年谱为"一人之史",其家世背景、与其相关的家人和家庭生活自是记载的内容之一。如杨继盛、王崇简等人的年谱对其家庭纷争、夭折子女、家人的婚嫁情况都一一做了记录,这些家庭生活的详细记录,是在墓志铭等传记资料中不能见到的。行述、墓志、家传等传记因为体裁的要求,文字容量有限,对一个人的生平只能择要概述,家庭生活的琐事常被当作次要、无关宏旨而忽略,而年谱则有详细的记载。虽然只有十几个人,谱主范围狭窄,但其补订墓志等传记资料的粗疏与谬误的价值不容忽视。

(二) 族谱

明代的士人,不管他们漂泊到什么地方,编入族谱,死后葬于祖茔,托庇于列祖列宗的福荫之下,总是他们最大的心愿。他们只要有能力就会积极进行族谱的修撰活动。族谱记载了由同一个祖先繁衍下来的一个个家庭的生息、繁衍情况,家族的居住、迁徙情况,以及家族的荣衰和浮沉状况,一部族谱就是一个家族的生命史。常建华教授在《试论中国族谱的社会史资料价值》一文中论述了族谱在人口、社会结构、宗族制度、家庭、社区和个案等方面的重要史料价值。② 族谱最重要的内容是家族世系的记载以及家族人物的各种传记类资料。现存的十余部清朝康乾时期修撰的京畿地区族谱,都来自明代中后期发展起来的京畿士人家族,族谱中收录的很多传记、墓志、行述、序文等内容在现存文集中没有收录,这补充了研究明代京畿士人的资料。③ 大量清朝末年或民国时期续修的族谱,其家族

---

① 来新夏:《清人年谱的初步研究》(代序),《近三百年人物年谱知见录》,上海人民出版社,1983,第1页。
② 常建华:《试论中国族谱的社会史资料价值》,《社会生活的历史学:中国社会史研究新探》,北京师范大学出版社,2004,第306~317页。
③ 笔者搜集到的族谱有:(清)孙奇逢等修《孝友堂家乘》,清初刻本;(清)梁允植纂修《正定梁氏族谱》,清康熙十九年刻本;(清)尹会一修《博陵尹氏家谱》,清乾隆三年刻本;(清)张卿子等纂修《南皮张氏族谱》,清乾隆二十九年刻本;(清)边方晋等纂修《任丘边氏族谱》,清乾隆三十七年笃叙堂刻本;(清)冯埏纂修《涿州冯氏世谱》,清乾隆四十三年快雪堂刻本;(清)孔兴禾等修《直隶保定府新城县孔氏族谱》,清乾隆四十四年刻本;(清)鹿荃纂修《定兴鹿氏家谱》,清乾隆五十六年世德堂刻本;(清)王惺等纂修《宛平王氏宗谱》,清乾隆六十年青箱堂刻本。

也是明后期发展起来的,这些族谱也保存了不少明代京畿士人家庭的资料,重要的如《定兴鹿氏二续谱》《沧州戴氏族谱》《(河北灵寿)傅氏家乘》等。① 这些族谱对家族中士人的功名、生卒年月、妻妾、子女、姻亲等情况记录得很详尽,这为研究京畿士人的家庭构成提供了重要资料。冯尔康先生撰文称:"族谱是研讨人生经验,寻觅发达宗族、光耀门庭的法宝。"② 族谱中的谱序、家训等内容是探究明代士人对家庭、家族观念的表达与家庭、家族生活秩序构建的重要资料。

(三) 方志、碑刻

"认识特定的地域、区域,最直接的历史资料就是地方志。……地方志是认识地方历史的窗口。"③ 京畿地区作为明清两朝的首善之区,响应皇帝诏命,出现了明嘉靖、万历及清康熙、乾隆、光绪五次修志高潮,民国又有续修,因此地方志资料丰富。《中国地方志联合目录》著录了现存的北京地方志55种,天津地方志26种,河北地方志567种,现存京畿地区方志共有648种之多。④《中国地方志总目提要》比《中国地方志联合目录》多著录了15种,现存京畿地区方志达663种。⑤ 这些地方志资料内容繁杂、区域性强,且具有连续性。地方志主要是由当地的地方官与居于社会主流的有名望的地方士绅一起纂修,其中的人物志传主要记载当地的名宦乡贤,这使得地方志成为"连接国家与社会的重要纽带,是透视二者关系的一个窗口"。⑥ 本书爬梳地方志中涉及明代京畿士人家庭生活的记录,希望有助于揭示士人家庭生活与明代国家、地域社会的互动面貌。地方志的艺文、金石卷里收录了不少当地士人的碑铭文献,这些可以和文集、家谱资料相互补证。

---

① (清) 鹿传霖编《定兴鹿氏二续谱》,清光绪二十三年刻本;(清) 戴问善纂修《沧州戴氏族谱》,清咸丰二年赐仙堂刻本;傅思郁等纂修《(河北灵寿)傅氏家乘》八修本,1927年抄本;不著纂者《(河北高阳)孙氏家乘》,1931年刊本。
② 冯尔康:《略述清代人"家谱犹国史"说——释放出"民间有史书"的信息》,《南开学报》(哲学社会科学版) 2009年第4期,第80~87页。
③ 常建华:《试论中国地方志的社会史料价值》,常建华主编《中国社会历史评论》第7卷,第63页。
④ 中国科学院北京天文台主编《中国地方志联合目录》,中华书局,1985。
⑤ 金恩辉、胡述兆主编《中国地方志总目提要》上册,台北:汉美图书有限公司,1996。
⑥ 常建华:《试论中国地方志的社会史料价值》,常建华主编《中国社会历史评论》第7卷,第61页。

明代京畿地区大部分处于华北平原，历经政治动乱与战火的洗劫，保存至今的明代碑刻并不太多，但所幸随着新中国考古工作的全面开展，近年来一部分新出土的碑刻相继整理出版，这为本书的写作提供了新史料。出版的碑刻资料主要有《涿州碑铭墓志》《河北金石辑录》《邯郸碑刻》《景州金石》《新中国出土墓志·河北》《河北柏乡金石录》《沧州出土墓志》《河间金石遗录》《衡水出土墓志》等。①

四　研究思路与结构框架

在中国传统社会，家庭是人生活的中心，家庭生活的研究是解读中国传统社会文化的一把钥匙。本书梳理明代生活于京畿地区士人的文集、年谱、碑传等资料，在家庭关系中重构明代京畿士人家庭日常生活的场景。本书主要以明代京畿士人的传记资料为主体史料，以日常生活史的研究取向，将士人置于其日常所属的家庭生活空间中展开研究。家庭史的史料在现存明代文献中分布零散，明代京畿士人在文集、年谱、族谱等文献中留下家庭记录的详略也深受士人个人书写兴趣、写作目的等主观因素的影响，这使本书在史料引用上会存在对留下家庭记录较多较详尽的士人着墨较多的局限，但本书会尽可能地对京畿士人的家庭史料全面引用，努力做到引用、论证的客观、全面。明代科举鼎盛，科举入仕是明代士人一生生活的主轴，士人的父母、兄弟、子女、妻妾等家人也在其不同生命阶段的家庭生活中参与其中。本书将着重研究明代士人在科举仕进生涯中，家庭日常生活的经营和维系，探讨在家庭生活中士人与父母、兄弟、子女、妻妾等家人的互动情境，以期尽可能全面、丰富地呈现明代京畿士人家庭生活的具体样态，进而探究明代京畿士人家庭生活的时代性、阶层性特点。

本书除绪论和结语外，将围绕以下几个方面的内容对明代京畿士人的家庭进行具体论述。

---

① 杨少山主编《涿州碑铭墓志》，河北教育出版社，1991；石永士等编《河北金石辑录》，河北人民出版社，1993；吴光田、李强编《邯郸碑刻》，天津人民出版社，2003；邓文华编《景州金石》，中国文史出版社，2004；中国文物研究所、河北省文物研究所编《新中国出土墓志·河北》，文物出版社，2004；史云征、史磊主编《河北柏乡金石录》，文物出版社，2006；沧州市文物局编《沧州出土墓志》，科学出版社，2007；田国福：《河间金石遗录》，河北教育出版社，2008；王耀宗、路军秋编《衡水出土墓志》，河北美术出版社，2010。

第一章探讨明代京畿士人的齐家之道与家庭生活理想。明代士人学习儒家经典，通过科举考试获得功名入仕为官，修身、齐家、治国、平天下是儒家的大学之道，也是明代士人的人生发展目标。本章考证"齐家"的源流，分析明代士人齐家之道的具体内容，并探究明代士人观念中齐家与修身、治国、平天下的关系，揭示京畿士人"正伦理、笃恩义""有亲""有别""有序"的家庭生活理想。明代许多士人从其生命历程中的亲身经验、人生经历出发，将人生的阅历与修身、齐家、处世的经验凝聚成各种形式的家训，将齐家的文化通过家训传给子孙后代，教诫子孙，以期家风不坠，家道昌隆。生活于首善之区的明代京畿士人有十余种家训流传下来，其集中体现了明代京畿士人的齐家之道和家庭生活理想。本章将介绍明代京畿士人家训之概况，并对其中最著名、流传最广的杨继盛家训进行深入解读，以探究士人家族世代绵延兴盛、递衍不坠的文化原因。

　　第二章考察明代京畿士人与父母子女之间的亲情生活。中国传统家庭是父权制家庭，男性为家庭之本，父子关系是家庭关系的核心和主干。中国传统社会延续发展的基础就是代代相传的父子家庭结构。稳定的父子关系是传统家庭稳定发展的前提，传统家庭组成的最大目的在于繁衍后代、延续子孙。本章首先考察明代京畿士人的男嗣情节、诞育子嗣的庆贺礼仪、艰嗣时的祈子习俗。家庭乃至家族的兴盛离不开贤良并在科举考试中取得功名的子孙。其次考察士人对子嗣的抚育教养问题，重点呈现士人对子孙为学、为官的教导之道。儒家认为孝是维系社会道德秩序的根本、社会教化的基础，孝行是受儒家经典教养的明代士人最基本的德行。明代京畿士人将孝行深入日常生活的细节之中，在父母生前竭尽所能以使父母衣食无忧、心情愉悦、颐养天年，在父母去世后安葬以礼、哀毁守制、追思悼念。明代士人还移孝为忠，通过科举入仕来显扬双亲、光耀门庭。最后考察明代京畿士人的孝行，展现明代士人亲子之间生活的互动情境与阶层性特点，进而揭示其所体现出来的社会文化。

　　第三章探讨明代京畿士人的兄弟伦理规范与兄弟相处的实际状况。兄弟同胞一体，同受父母血气，是"分形连气"之人，为天然形成的骨肉至亲。在儒家士人建立的家庭伦理体系中"孝悌"并行，友爱兄弟可以成孝，兄友弟恭是明代士人的兄弟伦理规范。在明代京畿士人家庭中，兄弟关系的重要性仅次于父子关系。本章首先梳理明代京畿士人兄弟在家业经营、科举仕进中的分工合作，进而论述遭遇疾病、丧葬及身遭外侮时兄弟之间的相互救恤与扶持。在探讨明代京畿士人兄弟友爱和睦的物质经济生活基础后，分析明代京畿士人兄弟同居共财与分家析产的历史现象。兄弟友爱和睦是士人内心的期盼，但人与人修养不同，品性各异，在面对各自不同的利益之时，兄弟之间的矛盾争端往往不可避免。最后通过杨继盛《自书年谱》手稿中记载的杨继盛与兄长的矛盾冲突，深入探究在血缘亲情与财产利欲之间、伦理道德与现实生活之间明代京畿士人的矛盾与痛苦。

　　第四章研究明代京畿士人的婚姻生活。明代讲究男女婚嫁以时，本章关注明代京畿士人的初婚年龄、婚姻缔结的方式、婚姻存续与变动的状况。本章还将深入探讨婚姻生活中明代京畿士人的夫妻情感、妻妾之间的关系，揭示明代京畿士人婚姻生活的维系在科举仕进中的作用。最后通过王崇简夫妇生活的个案研究，探讨明代士人生命历程中夫妇生活与情感的复杂状况。

　　一个民族的文化产生、生长于本民族的生活模式与生活习惯里。家庭始终是中国传统社会生活的中心。明代士人是儒家文化的传承者与倡导者，也是儒家道德的践行者。本书尽可能深入细致地呈现科举仕进中明代京畿士人的家庭生活面貌，描述生活和情感意义上的明代京畿士人家庭，希望从日常生活的场景中把握传统社会人们的生活方式，以期从中揭开中国传统文化的一个侧面，把握中国传统文化传衍的轨迹。

第一章　齐家：家庭生活理想

中国古代士人多以"修身、齐家、治国、平天下"作为自己的宏图大志。士人要实现"治国、平天下"的宏图大志，必须由小及大，首先从组成人群的最小单元"身"开始，做到"身修"；继而在社会结构的最小单元"家"中做到"家齐"。中国传统社会人们的家庭生活理想是达到"父子笃，兄弟睦，夫妇和"①的"家齐"状态。家庭生活和谐安宁、幸福美满是人类共同的生活追求，明代士人亦不例外。士人是明代社会文化价值的主导阶层，是儒家文化的传承者。明代京畿士人的齐家之道具体有哪些内容，京畿士人如何在家庭生活中落实儒家的伦理思想，家庭成员相处的原则和规范与家中的人伦秩序是如何在日常生活中形成的，是本章要集中回答的问题。家训是明代士人家庭观念、齐家之道的集中体现，它影响和制约着明代士人的日常生活行为，是观察和认识明代士人家庭生活的出发点和基础。

第一节　齐家之道

中国长期处于农耕社会，家庭是社会最基本的生产生活单位，传统社会以家为本位。中国长期处于君主专制社会，君主专制强化秩序和统一，中国古人以礼法作为为人的准则。在传统儒家文化的影响下，中国人形成了含蓄、内敛、忍耐的思维和性格，因此中国文化贵和谐、尚中庸，"和"是中国社会文化最重要的价值取向之一。在天人关系上讲究"和谐"，在待人接物中讲究"和气"，在自我修养上要求"中和"，在家庭生活中则倡

---

① （汉）郑玄注，（唐）孔颖达疏《十三经注疏·礼记正义》卷22《礼运》，李学勤主编，北京大学出版社，1999，第711页。

导家人"和睦"。俗话说"家和万事兴",家人如不能和睦同心,遇事不能和衷共济,再兴旺的家族也会败落。明末大学士孙承宗曾称:"处家要和睦同心……倘家不和,便有不好人易入语言,以致家道衰败。"① "处家要和睦同心"即儒家经典中的"齐家"。

一 "齐家"考源

"齐家"一词,源于《礼记·大学》:"大学之道,在明明德,在亲民,在止于至善。……古之欲明明德于天下者,先治其国;欲治其国者,先齐其家;欲齐其家者,先修其身;欲修其身者,先正其心;欲正其心者,先诚其意;欲诚其意者,先致其知;致知在格物。物格而后知至,知至而后意诚,意诚而后心正,心正而后身修,身修而后家齐,家齐而后国治,国治而后天下平。自天子以至于庶人,壹是皆以修身为本。"② 儒家希望通过"格物""致知""诚意""正心"的步骤和方法来"修身",而"修身"的目的则为"齐家""治国""平天下"。"修身、齐家、治国、平天下"是中国古代士人对自己的人生规划,为了实现"治国、平天下"的宏图大志,必须由小及大,自己做到"身修",自家做到"家齐",从而才有可能达到"国治""天下平"的境界。

"有天地,然后有万物。有万物,然后有男女。有男女,然后有夫妇。有夫妇,然后有父子。有父子,然后有君臣。有君臣,然后有上下。有上下,然后礼义有所错。"③ 儒家认为家庭组成了最初的社会,国家也由此演变而来。家庭既是国家的历史起点,又是社会秩序的逻辑起点,家庭的组建与管理是治国、平天下的关键所在。关于"身修、家齐、国治、天下平"的理想状态,《礼记·礼运》描述为:"四体既正,肤革充盈,人之肥也。父子笃,兄弟睦,夫妇和,家之肥也。大臣法,小臣廉,官职相序,君臣相正,国之肥也。天子以德为车,以乐为御,诸侯以礼相与,大夫以法相序,士以信相考,百姓以睦相守,天下之肥也。是谓大顺。"④ 古人有

---

① (明)孙承宗:《高阳集》卷20《与汤阴家书》,《续修四库全书》集部第1370册,上海古籍出版社,1995年影印本,第516页。
② 参见(汉)郑玄注,(唐)孔颖达疏《十三经注疏·礼记正义》卷60《大学》,第1592页。
③ (清)李道平:《周易集解纂疏》卷10,潘雨廷点校,中华书局,1994,第724页。
④ (汉)郑玄注,(唐)孔颖达疏《十三经注疏·礼记正义》卷22《礼运》,第711页。

大而治国、小而治家、家国相通之说，即"天下之本在国，国之本在家，家之本在身"。①"修身—齐家—治国—平天下"，这种由内而外的层层递进使得"齐家"成为沟通个人与社会的桥梁，家庭成了修身的起源地，以及治国、平天下的一块试验田。正如《礼记·大学》所载："一家仁，一国兴仁；一家让，一国兴让；一人贪戾，一国作乱。其机如此，此谓一言偾事，一人定国。尧、舜率天下以仁，而民从之。桀、纣率天下以暴，而民从之。其所令反其所好，而民不从。是故君子有诸己而后求诸人，无诸己而后非诸人。所藏乎身不恕，而能喻诸人者，未之有也。故治国在齐其家。"② 殷周时期，家国尚未分离。侯者治其家即治其国，王者治其家即治天下，齐家、治国、平天下无分先后。秦汉以后，家国分离，人人有家，家成为国的基础。国家的太平依赖于家庭的繁荣，治理国家必须从治理家庭开始。每个家庭都建立起良好的秩序，整个国家便能随之稳定、繁荣。就连外国学者也深深体会到家庭之于中国文化的重要性，如美国学者欧蒂安（Diane B. Obenchain）基于多年的体验和观察指出："在中国，家庭作为人的生活的中心象征可真不是表面现象。作为家庭成员的中国人从有限的此时伸展到无限的此前此后，他们总是意识到自己是家庭的一员。对自我的认识是对家庭的认识。修身就是齐家。养育家庭就是修炼自己。无论过去还是现在，这种对家庭的养育正是中国文化传统的核心。"③ 人不能齐家就不能修身，家里出了乱子，那就什么也干不成，或者功亏一篑。在中国传统社会，家是生命的堡垒，是幸福的庇护所。

儒学是讲人自身的修养和处世的学问，重道德、重关系、重秩序。在儒家思想中，人之所以为人，是因人在社会中是以特定的身份与角色而存在的，人与人之间总是处于某种关系之中。人要遵循与特定身份和角色相适应的伦理规范与道德准则，才能达到"身修、家齐、国治、天下平"的理想状态。儒家认为"父子""兄弟""夫妇"是家庭中最重要的人伦关系。传统文化认为圣人制礼作乐，平治天下，首先是从别男女、正夫妇、

---

① （清）焦循注《孟子正义》卷14《离娄上》，沈文倬点校，中华书局，1987，第493页。
② （汉）郑玄注，（唐）孔颖达疏《十三经注疏·礼记正义》卷60《大学》，第1600页。
③ 转引自李晨阳《道与西方的相遇——中西比较哲学重要问题研究》，中国人民大学出版社，2005，第116页。

定父子,即从治理家庭开始的。《周易》有言:"家人,女正位乎内,男正位乎外,男女正,天地之大义也。家人,有严君焉,父母之谓也。父父、子子、兄兄、弟弟、夫夫、妇妇,而家道正。正家而天下定矣。"① 人是社会性生物,家庭作为最基本的社会生活单位,它所包含的关系是人最普遍的关系,这种关系既是自然的关系,又是社会的关系,典型地反映了人的本性。在家国一体观念的孕育下,家在传统道德中有着极其重要的地位。中国传统社会的全部伦理道德是在家庭伦常的基础上展开的,"仁之实,事亲是也。义之实,从兄是也。智之实,知斯二者弗去是也。礼之实,节文斯二者是也"。② 家庭伦常是我国传统伦理道德的基础和核心。《礼记·大学》曰:"为人君止于仁,为人臣止于敬,为人子止于孝,为人父止于慈……孝者,所以事君也;悌者,所以事长也;慈者,所以使众也。"③ 可见儒家的道德伦理准则,是希望用自然的血缘关系、亲属情谊来调剂社会阶级关系、君臣等级制度,这对中国传统社会产生了深远影响。《礼记·大学》是最全面、最系统申述"修身、齐家、治国、平天下"思想的儒家经典文本。宋代时朱熹将《大学》从《礼记》中抽出,列为四书之首,并对其进行整理阐释,使其系统化、完整化、模式化,使得本来《礼记》中一篇普普通通的文章变成了宋以后儒家思想的核心。思想只有深入民心才能真正发挥支配作用,否则仅是上层的意识形态,不能产生实际效应。明代科举鼎盛,且以阐发儒家思想的经典四书五经为科举考试用书,科举成为传播儒学的最有力途径,科举的覆盖面则代表了修齐治平思想为人所接受的范围。在明代,只要家中稍有资财之人就可读书业举,作为四书之首的《大学》被明代读书士人奉为修身从政的圭臬。如明末京师忠烈之士金铉就称:"文莫尚于六经,非身心是图,则家国天下是究,舍是二者而欲求圣人一辞不可得。……先民云文所以载道。呜呼,其所载者何道哉?夫道者则身心家国天下之道是也。"④

---

① (清) 李道平:《周易集解纂疏》卷5,第350~351页。
② (清) 焦循注《孟子正义》卷15《离娄上》,第532~533页。
③ (汉) 郑玄注,(唐) 孔颖达疏《十三经注疏·礼记正义》卷60《大学》,第1594、1599页。
④ (明) 金铉:《金忠节公文集》卷2《文雅序》,《四库未收书辑刊》陆辑第26册,北京出版社,2000年影印本,第442页。

二　齐家之道

儒家宣扬"家国同构",治国与治家具有一致性。"所谓治国必先齐其家者,其家不可教,而能教人者,无之。故君子不出家而成教于国。"① 家是缩小了的国,国是放大了的家,社会的和谐稳定是从最小的社会细胞"家"抓起的。士人是明代社会文化价值的主导阶层,是儒家文化的传承者。明代士人都十分重视建立和管理好家,并把家视为仕途政治的基础。士人在日常生活中落实儒家的伦理思想,以加强自身修养为起点,以调节和规范父子兄弟关系的孝悌之道为核心,制定家中成员相处的基本原则和规范,希望维护家中的人伦秩序,培养家人的仁爱之情,使家庭成员"有亲""有别""有序"地和谐生活,从而形成了明代士人的齐家之道。

(一) 修身为始

儒家认为,在传统中国伦理社会中,人的社会性源于家庭。正如冯友兰所说:"一切道德,皆以家为出发点,为集中点。"② 家庭是个体德性的生长地,也是社会接纳个体的集散地。在明代士人心目中,个人的品德修养决定着家庭、家族的兴衰。因此"齐家必自一身始"。③ 明清之际学者孙奇逢强调个人的修养关系着家运之兴衰:"家运之盛衰,天不能操其权,人不能操其权,而己实自操之。父慈子孝,兄友弟恭,男正乎外,女正于内,即贫窭终身,而身型家范,为古今所仰,盛莫盛于此。如身无可型,而家不足范,当兴隆之时,而识者已早窥其必败矣!"④ 明末张履祥亦在《训子语》中强调:"人家不论大小,总看此身起。此身正,贫贱也成个人家,富贵也成个人家,即不能大好,也站立得住。若是此身不正,贫贱固不成人家,富贵越不成人家。无论悖常逆理,祸败立至,即幸而未败,种种丑恶为人羞耻,不可言矣。所以修身为急,教子孙为最重。然未有不能

---

① (汉)郑玄注,(唐)孔颖达疏《十三经注疏·礼记正义》卷60《大学》,第1599页。
② 冯友兰:《三松堂全集》第4卷,河南人民出版社,2000,第235页。
③ (清)戴翊清:《治家格言绎义》,《丛书集成续编》第60册,台北:新文丰出版公司,1989,第614页。
④ (清)孙奇逢:《夏峰先生集》卷2《语录》,《续修四库全书》集部第1392册,上海古籍出版社,1995年影印本,第13~14页。

修身，而能教其子孙者。"① 明代社会是一个以血缘原理构建的伦理社会，家庭要靠子孙繁衍来传承和延续，光靠自己一人身正行修还不能确保家庭、家族的兴旺，教育家中子弟修身、成人自立是齐家的第一紧要事，因此明代士人修身不仅关系家庭的兴衰，还影响子孙的教导。孙奇逢在《孝友堂家训》中称："士大夫教训子弟是第一紧要事。子弟不成人，富贵适以益其恶；子弟能自立，贫贱益以因其节。"② 这是因为祖父的贤圣之名要借衍于子孙："窃闻古来贤人辈出，人重其贤，并重其先为贤者之祖。圣人辈出，人尊为圣，并尊其先为圣人之祖。是所谓守身不辱，光及祖考。彼大奸大凶，不独身为戮民，而且令人追恨其所自出。则先世之或荣或辱，只在子孙之猛为修耳。虽有祖德，不能庇不肖之子孙。即无前功，岂能掩拔俗之后嗣？是子孙之托荫于祖父者关犹浅，而祖父之借衍于子孙者权更大耳。仁人孝子，宜何以为情耶？"③ 虽然子孙贤能可使父祖显扬，但仍然不如自己修身而自显。赵南星就称："昔孔子论孝终于显亲扬名。夫子之显亲不若亲之自显也，子扬之名不若亲之自为名也。因子而名不若俱有名之祎也。奉之名而后扬之，不若自为名而扬之之易也。且匪独此也。亲之贤，子化之扬之，报也。于道顺，故易。故孝火德也。木生火，火养木。若乔侍御之父乐天翁者，远迩胥知其贤，寿考而殁，有司以祀于社，士大夫能诗者皆为诗赞述之，岂非其自为名也乎哉？然翁抱道而隐，侍御迪其教以仕立朝甚忠，居身甚洁，处乡甚谦，人皆知乐天翁忘其侍御之父，知乔侍御忘其贵倨有德，故知之不害，故忘之翁诚贤得侍御而益彰，是故诵士大夫之诗可以观父道焉，可以观子道焉，可以观臣道焉。"④

在儒家的修齐治平思想体系中，修身是一项个人进步成长的系统工程。一方面要不断向内探求。孙奇逢主张以学来修身："人孰为重？身为重。前有千古，以身为承；后有千古，以身为垂，而可轻视之乎？不轻视其身，则莫大于学。学可令吾身通天地万物为一体，千古上下皆联属于呼

---

① （清）张履祥：《杨园先生全集》卷48《训子语》，陈祖武点校，中华书局，2002，第1385页。
② 张显清主编《孙奇逢集》（下），中州古籍出版社，2003，第1041页。
③ （清）孙奇逢：《夏峰先生集》卷8《韩氏二世祖传》，第162页。
④ （明）赵南星：《赵忠毅公诗文集》卷17《世德流芳卷引》，《四库禁毁书丛刊》集部第68册，北京出版社，2000年影印本，第523页。

吸一气之中。故学者,圣人所以助乎天也;不学,则身亦夷于物耳,何以仰答天地父母之生我?"① 金铉认为应通过自省、慎独来修身,他在给陈几亭的书信中称:"数月来家君居北,家母寓南,途次兵荒所在见告两地,悬悬此心殊欠宁贴。又米盐琐屑之务,皆弟躬自料理,亦不得静坐读书,以见日新之益,只得随时随事警省,提撕在纷扰中,不敢忘迁善改过工夫。遇行有不得处,一意自反,颇觉得力。乃悟:千圣之学只在修身,修身之要只在慎独,千变万化无不始终于此,此亦是学问尝谈。"②

另一方面还要向外扩展。"欲去病则正本,本固则病可以攻,药石可以效。欲齐家则正身,身端则家可理,号令可行。固其本,端其身,非一朝一夕一事也。"③ 修身只是手段,齐家、治国、平天下才是目的。修身是无止境的,齐家、治国、平天下的过程中也要加强自身修养。家庭并不是完全封闭的小圈子,而是以自身为核心,辐射到家族、姻亲乃至整个社会和国家的。士人自身的人格修养与家门是否清吉、德望是否高重密切相关。明末大学士孙承宗在给二哥的信中,就劝其要修养德行,给子侄做榜样,为家门积善养德:

> 弟前因李家偏词,遂极意劝二哥,诚恐有累一向养重之德。且念他为铉侄亲家,此敬其亲则彼亦敬其亲,子侄等乃可联属成一家。愿二哥念想数年来家门何等安静,德望何等隆重。又想数年前横遭人辱,岂皆它人不是。总之,我静人自静,我重人自重。我原无过,人即疑我辱我,久当自明自消,且省事省心,养自家德福,积子孙善祥,亦可教子侄相和相厚。至于闲事必不可管,闲气必不可生,子侄有不合道理者而教之,教有不从亦当如天地含容草木,夫天地岂与草木校多寡哉?愿二哥清心寡气,看诸子诸孙读书,闲暇时同老友说今道古,有客到便随意菜酒笑语。即诸侄过活亦不必替它经营。古云心闲即是仙,弟所望于二哥者如此。夫兄弟如手足,岂有手好而足不愿,足好而手恼者哉?弟于兄弟子侄间苦口苦心,正不欲外好里差,

---

① (清)孙奇逢:《夏峰先生集》卷1《语录》,第612页。
② (明)金铉:《金忠节公文集》卷4《与陈几亭书》,第472页。
③ (宋)李邦献:《省心杂言》,中华书局,1991,第6页。

正不欲此好彼歹也。①

明代士人把家庭看作个体养性的道德基地，也是个体德性外延的必备场所。每个人都有家，家和万事兴，修身是齐家的前提条件。"齐家者，使家之人改恶以就美也。然家人之手足视吾身之好恶以为措。家中那得全美的人，亦那得全恶的人。所恃以提挈而齐一者，政凭主人好恶不偏。美中恶、恶中美都一一不使相掩，则家之心志自一，耳目不乱而齐。"② 家齐是身修的重要标志，也是国家、社会安定繁荣的基础。"教国者，教一国之人。承上接下都相爱相敬，一团和气，全不因财动念，以气相加也。使教民的勾当，民皆有而我偏无，则便只以号令硬使他有何不可，然人有上下，理无异同，我所教民的此身桩桩皆备，我但说他，他就看我，不言之中其心全不难见。他大众一齐，睁眼瞅住一人，仁让贪戾如形之于影，尧舜之民仁，桀纣之民暴，皆一人为帅而天下从之也。上之教民虽以令，而民之从上则以好令。与好反，虽令不从。是故君子求非也不能废而无先考诸己，知道藏身不恕断无喻人之理也。治国者安得不在齐家乎？古来治国的作家风雅具在，历数三诗他那个不是要教国的人，而只于自家夫妇兄弟父子兢兢求宜政为教了家而后可以教国。经文所谓治国在齐家以此耳。"③ 在此文化背景下，传统家庭便产生了注重家教家风的传统。通过治理家庭以规范个人行为与道德，实现家和万事兴、国泰民安的理想。个体并不会停留于家庭，而是要逐渐进入社会，"君子生世间，须使天下平"。④ 国、天下才是士人的目的地，家只是士人存在的核心环节，因此《礼记·大学》修齐治平的思想侧重强调修身是齐家、治国、平天下的基础，最为重要。刁包将一身、一家放于天地万物中来理解："尝试反之一己。心者身之天也，身者心之地也。心载身，身载心，一己之天地也。心正而身修，一己之天地位也。五脏六腑、四肢百骸，一己之万物也。内而七情各当其则，外而九窍各举其职，一己之万物育也。尝试近观一家，有严君

---

① （明）孙承宗：《高阳集》卷20《家书》，第509～510页。
② （明）鹿善继：《四书说约·大学》卷2《所谓齐家章》，《续修四库全书》经部第162册，上海古籍出版社，1995年影印本，第508～509页。
③ （明）鹿善继：《四书说约·大学》卷2《所谓治国章》，第509页。
④ （明）赵南星：《赵忠毅公诗文集》卷2《君子行》，第62页。

焉，有慈母焉，一家之天地也。膝下承欢，父母其顺，一家之天地位也。自兄弟、妻子、奴婢以及堂室、田园、禽兽、花木诸般器用之类，一家之万物也。一切偕之大道，莫不有以尽其性，协其情，而时措咸宜，一家之万物育也。我辈有志圣贤之道，正从此处见得。"①

（二）孝悌为本

《论语》有言："孝弟也者，其为仁之本与！"② 孝悌本于血缘关系及血缘原理，是儒家伦理的基本原则。元代的陈天祥称："古之明王，教民以孝弟为先。孝弟举，则三纲五常之道通，而国家天下之风正。故其治道相承至于累世数百年不坏，非后世能及也，此可见孝弟功用之大，有子之合，可谓得王道为治之本矣。"③ 这是从正面阐释孝悌之道在道德伦理、社会观念、国家政治文化建构中的基础性作用。明代士人依然秉承儒家孝悌为仁之本的观念。1636年春，孙奇逢与鹿善继一起拜访孙承宗，三人讨论孝友之行，孙承宗称："论人各随其分量。以诸侯王之孝律士庶人，士庶人何敢望？以士庶人之孝律诸侯王，诸侯王岂屑顾哉？孝友之行，不以银黄钟鼎而加丰，不以说礼敦诗而始有。愚夫愚妇行格神明，则庭中之爱，膝下之欢，视移情于少艾妻子得君者，此中正千里耳。人人亲长，而天下可平，既无烦借取，又无庸等待。长世作人者，无非启之以兴孝兴悌之良，各触其事亲从兄之实。风俗人心，以此称美；诗歌文赋，以此兴思。即忠臣义士，亦婉转而达其孝悌之念；烈女贞妇，皆笃挚而坚其孝悌之心。所谓为仁之本、百行之原，意在斯乎！"④ 在孙承宗看来，孝悌是为仁之本、百行之原，不管是愚夫愚妇，还是忠臣义士、烈女贞妇，孝悌都是其品行的根本。

孙奇逢认为孝悌可以淳人心、厚风俗："人心何以淳？淳于孝弟。风俗何以厚？厚于兴孝兴弟。夫孰是当不孝不弟者？而人心之浇也日甚一日，风俗之薄也日甚一日，此何以故？盖族谱废，而士大夫不讲明孝弟之义，于庶民何望焉？古帝王以孝治天下，上老老，而民兴孝；上长长，而

---

① （清）刁包：《潜室札记》卷上，（清）王灏辑《畿辅丛书》，定州王氏谦德堂校刊本。
② （宋）朱熹：《四书章句集注·论语集注》卷1《学而》，中华书局，1983，第48页。
③ （元）陈天祥：《四书辨疑》卷2《论语·学而》，《景印文渊阁四库全书》第202册，台北：台湾商务印书馆，1986年影印本，第357~358页。
④ （清）孙奇逢：《夏峰先生集》卷4《新安县志序》，第53~54页。

民兴弟。汉近古，孝弟力行之士多举于朝。迨唐传孝友，以风不孝不友者，孝弟之实已微。今则并其名亦不存矣。以人人不可少，家家不可少，又非有甚艰难重大犯时触忌之事，而恬然安之，可为浩叹。"① 他还称孝弟乃尧舜之道："大道废，而后有仁义；六亲不和，而后有孝慈。所谓孝子悌弟者，间亦有遗议焉。乃知人人亲长，而天下平。尧天舜日，亦不过九族亲睦。即昭明于变，亦只是无不亲不睦之人。所谓尧舜之道，孝弟而已矣。从古帝王以孝治天下，孟子以衣帛食肉不负戴，为王道之始，可见外此别无平治之法。"②

孝悌之道是中国传统社会伦理文化体系的基础。从明代京畿士人的论述可见，孝悌是一种扩展性和伸缩性极大，层次性、适应性和开放性颇强的伦理规范，它始于家庭而扩向社会，是平治天下之法。明代京畿士人认为，"国与天下之大顺"都归于"一家笃与睦之间"。③ 中国传统家庭是父权制家庭，父子、兄弟是天和的血缘关系，是家庭中最主要的人伦关系，调节这两伦关系的孝悌是血缘亲情的根本，是家庭道德的根基。"仁道取数多，孝行居其先。"④ 孝是子女尽其所能地敬爱父母。悌是弟要尊敬兄长，兄弟间要友爱，"孝乎惟孝友于兄弟，夫友于兄弟乃所以成其孝也"。⑤ 孝是核心，悌是补充，孝悌二者本质相同、价值相连、关系互动。孝悌承担了家庭中"下"对"上"的伦理义务，其相互承接使家庭成为和谐的微观世界，形成了道德示范模式。赵南星教育儿子清岖："典籍皆常言，周孔无奇绝。念念在孝友，众妙会昭晢。"⑥ 正所谓"孝友人家，一室雍睦，草木欣荣；不孝不友之家，忿睦乖戾，骨肉贼伤"。⑦ 因此齐家以孝悌为本，而且要将"孝""悌"细化到家庭的日常生活中。王余佑就强调：

> 子舆氏云："尧舜之道，孝弟而已。"人但求入门以内，雍雍睦睦，不争不兢，子孝弟恭，手舞足蹈，皆是天和，则唐虞在一家矣。

---

① （清）孙奇逢：《夏峰先生集》卷11《修谱》，第231~232页。
② （清）孙奇逢：《夏峰先生集》卷1《语录》，第614~615页。
③ （明）金铉：《金忠节公文集》卷2《余摺明诗序》，第446页。
④ （明）赵南星：《赵忠毅公诗文集》卷2《示首孙》，第67页。
⑤ （明）赵南星：《赵忠毅公诗文集》卷12《大友堂记》，第336~337页。
⑥ （明）赵南星：《赵忠毅公诗文集》卷2《示清岖》，第73页。
⑦ （清）孙奇逢：《夏峰先生集》卷2《语录》，第611页。

繇此推之，老安少怀，国与天下其理一也，岂待讲哉！若不从实体用工，讲得天花乱坠，终是一步行不去。①

在明代士人观念中，人最根本的德行为孝悌，人能敬爱自己之父母兄弟，可以齐家，使家内雍睦。再扩而充之，家、国、天下一理，孝悌也是平治天下之法。孝悌是个人道德、家庭美德和社会伦理之本。

（三）笃恩义、正伦理

在中国传统社会，家庭不仅是人类繁衍、生产生活的地方，更是人类情感发端、培养的地方。血缘产生天然的父子之情、母子之情、兄弟之情，姻缘产生了夫妇、男女之情。这些情感都是人类最真切、最能体现人性美善的情感。明清之际理学家孙奇逢就强调骨肉之情："骨肉之间，多一分浑厚，便多留一分天性，是非正不必太明。"② 这强调了骨肉间的情出于天性，亲人间情胜于理。在实际的家庭生活中，通常情况下，情可以化解无理带来的困扰，而讲理、明是非却不一定能或难以带来情的理想效应，即在家庭生活中"以理服人"往往没有"以情感人"效果好、效率高。

荀子曰："性之好、恶、喜、怒、哀、乐谓之情。"③ 韩愈曰："性也者，与生俱生也；情也者，接于物而生也。……情之品有三，而其所以为情者七，曰喜、曰怒、曰哀、曰爱、曰惧、曰恶、曰欲。"④ 儒家将所谓的"情"的产生归于人性与事物的互动，情在人的生活中产生，又影响着人的生活。不管在家庭里还是在社会中，情向来都是人与人相处的重要文化纽带。"人之处家，在骨肉父子之间，大率以情胜礼，以恩笃义，惟刚立之人，则能不以私爱失其正理。"⑤ "正伦理，笃恩义，家人之道也。"⑥ 可以说，家庭以"情"为纽带是中国传统文化的重要特色。

---

① （清）王余佑：《五公山人集》卷8《答容斋》，张京华点校，华东师范大学出版社，2011，第178页。
② （清）孙奇逢：《夏峰先生集》卷1《语录》，第613页。
③ （清）王先谦：《荀子集解》卷16《正名篇》，中华书局，1988，第412页。
④ 屈守元、常思春主编《韩愈全集校注·原性》，四川大学出版社，1996，第2686页。
⑤ （宋）朱熹编《近思录》卷6《家道》，中华书局，1985，第189页。
⑥ （宋）朱熹编《近思录》卷6《家道》，第189页。

人与人之间的情如何维护？中国传统文化以人际五伦为核心，《孟子·滕文公上》中提出五伦："使契为司徒，教以人伦：父子有亲，君臣有义，夫妇有别，长幼有叙，朋友有信。"① 五伦中有父子、夫妇、长幼三种家庭关系，而"君子之事亲孝，故忠可移于君；事兄悌，故顺可移于长；居家理，故治可移于官"。② 君臣、上下、朋友关系可由家庭关系传衍而来。因此中国传统家庭伦理规范是中国传统文化最重要的内容。家庭是人情感产生之地，在家庭生活中人最容易为情所蔽。赵南星有言：

> 盖修身之道不越审好恶、理情性，而好恶之所首被者，家是也。人之处家内或蔽于爱憎之意，遂胶固而不移；外或怵于毁誉之言，遂冥迷而不悟。故之其所亲爱而偏焉，之其所贱恶而偏焉，之其所畏敬而偏焉，之其所哀矜而偏焉，之其所傲惰而偏焉。夫偏于亲爱、畏敬、哀矜者，是好而不知其恶也；偏于贱恶、傲惰者，是恶而不知其美也。故好而知其恶，恶而知其美，则情之所发各当乎天，而求之天下盖亦鲜其人矣。故谚有之曰："知子莫若父。"然溺爱者不明，有莫知其子之恶者焉。犹知苗莫若农，然贪得者无厌，有莫知其苗之硕者焉。谚之所言如此，正谓人情之好恶易偏也。夫好恶徇于一偏，则吾之所以自处者已不得其理，是谓身不修也。以之处家，必不能使一家之人恩义笃、伦理正而归于齐，此谓身不修不可以齐其家也。夫家且不可得而齐，况国与天下乎？明德之功既疏，新民之机遂窒，此大学之道必以修身为本也。《易·家人》一卦，大要以刚为善，盖刚则能克己，克己则能不偏，而终之曰：威如之吉，反身之谓也，即大学修齐之旨。③

孙奇逢曾与子弟讨论为何齐家难于治国、平天下：

---

① （清）焦循注《孟子正义》卷 11《滕文公上》，第 386 页。
② （汉）孔安国传《古文孝经孔氏传·广扬名章》，《景印文渊阁四库全书》第 182 册，台北：台湾商务印书馆，1986 年影印本，第 15~16 页。
③ （明）赵南星：《学庸正说》卷上，《景印文渊阁四库全书》第 207 册，台北：台湾商务印书馆，1986 年影印本，第 369~373 页。

> 问：齐家之难，难于治国平天下。家迩天下远，家亲天下疏，何以难？曰：正惟迩则情易辟，正惟亲则法难用。夫家之所以齐者，父曰慈，子曰孝，兄曰友，弟曰恭，夫曰健，妇曰顺。①

可见明代士人认为正是由于齐家很难，要齐家就需要家中成员根据自己在家中的角色，各安本分，各司其道，各尽其职。即如明代蔡清所言："齐家之道，必笃恩义，使父子、兄弟、夫妇皆欢然有恩以相爱；必正伦理，使父子、兄弟、夫妇皆灿然有文以相接；男正位乎外，女正位乎内，是之谓齐。"② 其实"笃恩义、正伦理"是儒家在处理家庭关系中的一贯之道。《周易·家人传》有言："父父、子子、兄兄、弟弟、夫夫、妇妇，而家道正。"《礼记·礼运》曰："父慈子孝，兄良弟悌，夫义妇听。"现代学者梁漱溟认为：中国以伦理组织社会，最初是有眼光的人看出人类真切美善的感情发端在家庭、培养在家庭。一方面，它时刻提醒人们注意孝悌、慈爱、友恭；另一方面，则取义于家庭结构，以制作社会结构。其设计理念在于：人在情感中，恒见对方而忘了自己；反之，人在欲望中，却只知为我而顾不到对方。所谓因情有义，正是从与对方的关系演变而来，不从自己立场出发的效应。古人看到了此点，知道孝悌等敦厚的情感要提倡。更要者是把社会中的人各就其关系，排定其彼此之名分地位，而指明相互间应有之情与义，要他们时时顾名思义。所以，伦理社会"所贵者"就是"尊重对方"。何谓好父亲，常以儿子为重就是好父亲；何谓好儿子，常以父亲为重就是好儿子；何谓好哥哥，常以弟弟为重就是好哥哥。其他类推。因此，"伦理者无他义，就是要人认清楚人生相关系之理，而于彼此相关系中，互以对方为重而已"。而"伦理关系，即表示一种义务关系；一个人似不为其自己而存在，乃仿佛互为他人而存在者"。就是说，人生活在世界上必须尽一种责任和义务，差不多是为了这种责任和义务而活着。这正是家庭之情在其中发挥着重要的作用。③ 中国传统的家庭在强调

---

① （清）孙奇逢：《夏峰先生集补遗》卷下《孝友堂家训》，第325~333页。
② （明）蔡清：《四书蒙引》卷1，《景印文渊阁四库全书》第206册，台北：台湾商务印书馆，1986年影印本，第37页。
③ 梁漱溟：《中国文化要义》，徐洪兴主编《二十世纪哲学经典文本·中国哲学卷》，复旦大学出版社，1999，第494~495页。

要处理好家庭内的人际关系时，要求家庭成员各安本分，各司其道，严以律己，宽以待人，注重向内探求，自我反省，从自我修身开始。明代士人也强调父子之情靠"亲"维护、夫妇之情靠"别"维护、兄弟之情靠"序"维护。简言之，家庭中的感情关系靠"笃恩义、正伦理"的规则来调节与规范，以此可达到"仁者之家，父子愉愉如也，夫妇雍雍如也，兄弟怡怡如也，童仆欣欣如也，一家之气象融融如也"。①

明代京畿士人的齐家之道以人伦为本位，是士人为贯彻和落实"大学之道"而设计的用于家庭治理环节中的实践原理，是士人家庭中的每个成员相处的基本原理。它以家庭各个成员的修身为基点，以调节和规范父权家庭中最主要人伦关系的"孝悌之道"为本，以"正伦理、笃恩义"的规则来调节与规范家庭成员的感情关系，以实现家庭人际和谐、达到人伦中和的齐家境界为目标。齐家是明代京畿士人修身、齐家、治国、平天下之儒学理想的重要一环，所谓"父父、子子、兄兄、弟弟、夫夫、妇妇，而家道正。正家而天下定矣"。② 在齐家、治国、平天下三者中，齐家是基础，它不仅是检验修身成功与否的第一步，而且是修身向治国、平天下扩展的必由之路。在儒家的传统观念中，只有善于齐家者才有可能善于治国、平天下。"国之本在家"，"室家之道修，则天下之理得"。即《礼记·大学》所言："其家不可教，而能教人者无之，故君子不出家而成教于国。"③ 家庭虽小，但齐家与治国同理，明朝开国皇帝朱元璋就曾说："齐家治国，其理无二。使一家之间长幼内外，各尽其分，事事循理，则一家治矣。一家既治，达之一国，以至天下，亦举而措之耳。朕观其要，只在诚实而有威严，诚则笃亲爱之恩，严则无闺门之失。"④ 晚明赵南星则对齐家、治国、平天下三者的统一性用近两千字做了更为详尽的解释：

> 经文所谓治国在齐其家者何谓也？盖身修则家可教，家可教而后

---

① （明）吕坤：《呻吟语》卷1《内篇·伦理》，《四库全书存目丛书》子部第13册，齐鲁书社，1997年影印本，第117页。
② （清）李道平：《周易集解纂疏》卷5，第350~351页。
③ （汉）郑玄注，（唐）孔颖达疏《十三经注疏·礼记正义》卷60《大学》，第1599页。
④ 《明太祖实录》卷175，洪武十八年九月庚午条，上海书店出版社，1982，第2657~2658页。

国可治，苟身不修而家不可教，而能教国人者无是理也。故治国君子惟修身以教于家，其身初不出乎家而其化自行于国，所以然者何哉？盖家国同一理，齐治无二机。是故孝者所以事亲也，然国之有君犹家之有亲，所以事君之道宁有外于孝乎？弟者所以事兄也，然国之有长亦犹家之有兄，所以事长之道宁有外于弟乎？慈者所以畜幼也，然国之有众亦犹家之有幼，所以使众之道宁有外于慈乎？然是孝弟慈也者，根诸人心之固有，而非由外铄发诸天理之自然而不假强为。故康诰曰：如保赤子。诚以赤子有欲不能自言，为之母者惟其中爱之，是以心诚求之，虽或不中亦不远矣。然此皆自然而能，世岂有学养子而后嫁者哉？慈幼之道既不待于强为，则孝弟亦岂待于强为哉？施之国者取之家而有余，施之家者取之心而自足，此君子所以不出家而成教于国也。是故君子尽孝弟慈之道以教于家，使一家之中蔼乎有恩以相爱而仁矣，则一国之人莫不兴起而为仁；一家之中灿然有礼以相接而让矣，则一国之人莫不兴起而为让。家与家相习，人与人相观，自有不期而然者。向使一人贪戾无仁让之德，则一国作乱无仁让之风矣，是则一国之仁让由于一家，一国之作乱由于一人，握于此曾不越毫芒而其感甚神若省括而释也。触于彼曾不逾瞬息而其肖甚速若应弦而中也。其机如此。此所谓一言之失足以败事，一人之正足以定国者也。君子安得不戒贪戾以绝祸乱之阶，而行孝弟慈以为定国之本哉？稽之于古，尧舜躬行孝弟慈之德而帅天下以仁，民亦观感而从其仁；桀纣不孝不弟不慈而帅天下以暴，民亦效尤而从其暴。尧舜桀纣之民所从不同，其从好一也。若所好者暴而所令者仁，是所令反其所好而欲民之从，得乎？是故君子必有善于己，而后出令以求人之善，以为我之所求乎人，即人之所求乎我也；无恶于己，而后出令以禁人之恶，以为我之所非乎人，即人之所非乎我也。此乃推己及人所谓恕也。是以民乐君子之恕，自协于极，而忘其求之也。自易其恶而忘其非之也。此君子之所以藏其身也。若未能有善而无恶而责民以为善而去恶，则是显然以其不肖之身使人指而议之，不藏其身于恕而欲人之晓，然知善之当为，恶之当去，宁有此理哉？合而言之，可见国观于家，家观于身，故欲治国者在乎修身以齐其家也。是道也，诗人盖详言之矣。《桃夭》之诗云，"桃之夭夭，其叶蓁蓁。之子于归，宜其家人"，美贤女之被化则然也。夫家国一理也，必能宜其家人而后可以教国人，妇顺之章明则刑于之化也。《蓼萧》之诗云，"宜兄宜弟"，美诸侯之令德则然也。夫齐治一机也，必能宜兄宜弟而后可以教国人，恺悌之四达则友于之风也。《鸤鸠》之篇云，"其仪不忒，正是四国"，美诸侯之有常度则然也。夫教国不异于教家也。吾之为父为子为兄为弟，皆能尽其道而足以取法于人，然后国之为父子兄弟，皆有所观感而是则是效矣。彝伦之攸叙孰非一人之建极哉。由三诗之言观之，或言家而已，该乎国或言国而必溯于家。所谓治国在齐其家者其此之谓欤。

罗近溪曰：孔子此书却被孟子一句道尽。所云大人者不失其赤子之心者也。夫孝弟慈原人人不虑而自知，人人不学而自能，亦天下万世人人不约而自同者也。今只以所自知者而为知，以所自能者而为能，则其为父子兄弟足法而人自法之，便叫做明明德于天下。此三件事从造化中流出，从母胎中带来，遍天遍地，亘古亘今。试看此时薄海内外风俗气候万万不齐，而家家户户谁不是以此三件事过日子也。只尧舜禹汤文武便皆晓的以此三件事，修诸己而率乎人。以后却尽乱做不晓的以此修己率人，故纵有作为亦是小道，纵有治平亦是小康，却不知天下原有此三件大道理，而古先帝王原有此三件大学术也。……盖孝弟慈之道非特家国之所同，亦天下之所同也。观于君子之所以教国，则天下可知矣。今夫上能老吾之老而尽孝之道，以教于家，则一国之人亦观感而兴起于孝；上能长吾之长而尽弟之道，以教于家，则一国之人亦观感而兴起于弟；上能恤孤而尽慈之道，以教于家，则一国之人亦观感而兴起于慈，而无悖戾者矣。此所谓家齐而国治者也。①

可见在明代京畿士人的观念中，修齐治平的大学之道，不仅着眼于个人的发展和家庭的需要，更重要的是要将修身、齐家纳入国与天下需要的轨道，是关系到国与天下盛衰的大事。一切事务皆可由家推向国与天下，修身、齐家与治国、平天下的关系是和谐统一的。

---

① （明）赵南星：《学庸正说》卷上，第369~373页。

第二节 京畿士人的家训

明代士人学习儒家经典，通过科举考试获得功名或入仕为官，将修身、齐家、治国有机地结合起来以实现儒家修齐治平的人生发展目标。明代士人在道德、智力、文化上处于社会精英阶层，士人的阶层优势和文化优势，使他们希望将这种优势代代传承下去。因此明代许多士人从其生命历程中的亲身体验、真实经历出发，将其人生的阅历与修身、齐家、处世的经验凝结成各种形式的家训。家训主要是父祖对子孙、家长对家人、族长对族人的训示教诲，也有夫妻间的嘱托及兄弟姊妹间的诫勉。中国家训传统源远流长。到明代和清代（前期），中国家训发展达到鼎盛。[1] 明代家训多是"父祖等长辈教育子孙如何修身、读书、齐家、居官的劝勉训诫之辞，与规范家人的行为准则"。[2] 明代士人通过家训教诫子孙后代，希望把符合社会主流意识形态的伦理道德观念、社会生活规范、生存的基本知识与技能等传授给自己的子孙，以期家风不坠，家道昌隆，使家族世代绵延兴盛下去。家训集中体现了士人的齐家之道与家庭生活理想。明代京畿士人的家训亦有不少流传于世。兹就笔者所见对明代京畿家训之概况做一介绍，进而探讨其反映的明代士人的齐家之道与家庭生活理想。

一 家训概况

通过整理明代文集与明清京畿地方志、族谱中对明代京畿士人家训的记载，可知见诸记载的明代京畿家训至少有十余种。

（一）家训类型

现存明代京畿地区家训类文献大致可分为以下四种类型。

---

[1] 陈延斌：《中国古代家训论要》，《徐州师范学院学报》1995年第3期，第125～128页；陈延斌：《试论明清家训的发展及其教化实践》，《齐鲁学刊》2003年第1期，第115～120页。

[2] 钟艳攸：《明代家训类文献简介》，《明代研究通讯》（台北）第2期，1999年，第41～68页。

1. 长辈自订条目式家训

明代士人往往本着自家实际需要，作为家中长辈明订家训。这些家训根据作者关切的问题详分条目，纲举目张，让人一目了然。其中有简短明了只数语者，如高阳孙承宗的父亲就以先人训言"曰朴实清廉，曰无欲害人，曰精神休使尽，而尝以无欲害人为要"，训诫孙承宗兄弟。① 也有篇幅较长、细分类目，成系统之家训，巨细靡遗。如任丘边同于天启四年（1624）"作家训二十八条，刊之家塾，俾子孙世为圭臬"。② 又如孙奇遇的《仲氏家训》分列十六条。③

2. 遗言家训

有些士人为了谋求自家永续发展，往往在去世前总结自己一生之经验，立遗言详述立身、齐家之法以训诫子孙，是为遗言家训。如嘉万间曲周举人赵愈光，字子焕，别号述南。天性孝慈朴茂，颖慧出人，十六岁为诸生，每试辄冠多士，癸酉中顺天乡试，在去世前著遗训十则训诲子孙："曰仅调摄，曰肃阃内，曰勤学业，曰戒嬉游，曰慎交与，曰理家务，曰节财用，曰谨门户，曰择使令，曰广储畜。"④ 保定府容城县杨继盛因上疏弹劾严嵩而被下狱，在狱中饱受摧残。嘉靖三十四年（1555）十月二十六日，杨继盛在被杀前夕，将一生体悟到的居家做人之道写成了给妻儿的遗嘱《愚夫谕贤妻张贞》《父椒山谕应尾应箕两儿》，总计三千多字。⑤

3. 子孙汇集先人家书之家训

士人科举入仕后在外地为官，而子孙等家人多居故乡，分居两地，家书成为士人寄训子孙后辈的一种重要形式，后世子孙会结集先人所撰家书而成家训。如定兴鹿尽心的高祖、祖父均以进士为官。在明崇祯九年（1636）祖父鹿善继守定兴殉难后，鹿尽心于崇祯十一年（1638）"顾念祖

---

① （明）孙承宗：《高阳集》卷11《家乘序》，第205~206页；不著纂者《（河北高阳）孙氏家乘·家乘序》，1931年刊本。
② （清）边东晋等纂修《任丘边氏族谱》卷11《传下》，清乾隆三十七年笃叙堂刻本。
③ （清）张师载辑《课子随笔钞》卷5《仲氏家训》，《丛书集成续编》第61册，台北：新文丰出版公司，1989，第87页。
④ （明）刘荣嗣：《简斋先生集·文选》卷4《乡进士述南赵公墓志铭》，《四库禁毁书丛刊》集部第46册，北京出版社，2000年影印本，第459~460页。
⑤ （明）杨继盛：《杨忠愍集》卷3《赴义前一夕遗属·愚夫谕贤妻张贞》《赴义前一夕遗属·父椒山谕应尾应箕两儿》，《景印文渊阁四库全书》第1278册，台北：台湾商务印书馆，1986年影印本，第675~679页。

父,身殉忠孝;高祖侍御实用直谏导昆仑;至曾大父凤敦孝友,尤以拼躯急左魏诸君子之难,谊高千古,渊源懿烈。萃于茕疚,何得痛而忘惧。暇则手纂高曾以下往还家信,聿当耳提,题曰《家训》"。① 定兴杜越高祖杜希圣曾以太学生任德平令,但其"文采不传于后",杜越"从敝簏得遗笔数则,仅告诫子孙,不敢公世。然大概言勤俭而不失为厚,言阴骘而不涉于诞。或亦达人长者所乐闻耶。兹欲勒册昭家训"。惧其失传,杜越还请茅止生写序。②

4. 辑录先祖或先贤嘉言善行之家训

在中国传统家庭生活中注重对子孙的言传身教,有些家训乃追述、述录先祖或先贤嘉言善行而成。如《孝友堂家训》就是孙奇逢的子孙辑录孙奇逢对其训诫之言而成。南皮张氏家训乃是汇集高、曾、祖、父母警示子孙的训言而成。③ 还有的家训是先引述古人嘉言善行,其后列作者按语而成,孙奇逢所作《孝友堂家规》就是如此。又如蠡县的闫公度于仕优之暇,博文好古,"采集先贤遗范,立为家训"。④

陈捷先认为:"到了明朝,随着谱学的进步与发展,家训成为谱书中重要的部份,好的谱书必有家训。"⑤ 宋光宇亦称:"明清两代,家谱与家训一起昌盛,而且两者有合而为一的趋势。"⑥ 明代京畿士人的家训也有此趋势。崇祯三年九月,孙承宗修家乘,将家训记载于《家乘序》中,要求家族子孙共同遵守:"平天下大道,先少师殆以数言该之。凡我子姓,尚其共为遵守,无令致辱祖先不以为子孙,将世世子孙以我为祖先。予特以此书之世系册端,告我子孙以仰绍我祖先。"⑦ 王余佑也称蠡县闫公度所立家训"勒之族谱,振刷力行,不独模楷一姓,兼可倡率一方,甚盛举也。

---

① (清)孙奇逢:《夏峰先生集》卷4《鹿氏家训序》,第52~53页。
② (清)杜越:《紫峰集》卷13《与茅止生求叙先训》,《四库全书存目丛书补编》第52册,齐鲁书社,2001年影印本,第233页。
③ (清)张卿子等纂修《南皮张氏族谱》卷10《家训》,清乾隆二十九年刻本。
④ (清)王余佑:《五公山人集》卷9《蠡吾闫氏族谱序》,第205页。
⑤ 陈捷先:《清代族谱家训与儒家伦理》,联合报文化基金会国学文献馆主编《第二届亚洲族谱学术研讨会会议记录》,台北:联经出版事业股份有限公司,1985,第161~162页。
⑥ 宋光宇:《试论明清家训所蕴含的成就评价与经济伦理》,《汉学研究》第7卷第1期,1989年,第200页。
⑦ (明)孙承宗:《高阳集》卷11《家乘序》,第205~206页。

如此则族谱之不为虚文矣。"① 任丘边同所作家训,在清代乾隆年间重修边氏族谱时被收入家谱,称《一经堂家训》。② 定兴鹿氏家训、南皮张氏家训也均收录在清代修撰的族谱中。③

(二) 家训与齐家

明代京畿士人中的家训作者,有未做过官的诸生、举人,如孙奇遇为诸生,赵愈光、孙奇逢、鹿尽心为举人,边同为武举;也有科举中第、入仕的官员,如杨继盛、杜希圣。他们都饱受儒家思想的浸润,冀望积极利用家训来规范子孙的生活,谋求自家的永续经营与发展。如孙承宗家族的家训只有"朴实清廉、无欲害人、精神休使尽"短短十几个字,但孙承宗称这短短数言包含"平天下大道","凡人清廉乃不好货财,乃不私妻子,乃和兄弟,乃顺父母。夫无欲害人而室家妻孥间可思也"。④ 这是孙氏家族齐家的要诀,训诫子孙要共同遵守。任丘边氏自明前期就科第不绝,是任丘第一大家族,家大人众,边同所作的《一经堂家训》有二十八条,其内容包括谒祠堂、坟前祭扫、周旋官长、禁谈县官得失、禁谈朝廷政事、尊卑有序、和兄弟、慎行、爱惜钱粮、勿自大、积阴德、读书、禁泛交、简朴、学吃亏、谨言、禁好名、禁听妇言、肃闺门、勿久恋富客、回避恶少、遇贫贱人之做法、禁下人生事、禁吃酒、禁赌钱、禁养妓等。⑤ 可见其内容极为丰富广泛,既有家族、家政管理的具体经验方法,也有子弟、家人进德修身、待人处世的规范,涉及修身、治学、齐家、处世等诸多方面。曲周赵愈光以"仅调摄""肃闺内"等遗训十则训诲子孙。定兴的鹿氏家训汇集前后四代人的往还家信,此家训"盖一家精神流注……罔不于伦常大义洗发","是纂也,可以教慈,可以教孝,可以教忠,可以教义"。⑥ 定兴杜氏家训虽"从敝箧得遗笔数则",但"言勤俭而不失为厚,言阴骘而不涉于诞。或亦达人长者所乐闻耶"。⑦

---

① (清) 王余佑:《五公山人集》卷9《蠡吾闫氏族谱序》,第205页。
② (清) 边方晋等纂修《任丘边氏族谱》卷19《家训》,清乾隆三十七年笃叙堂刻本。
③ (清) 鹿传霖编《定兴鹿氏二续谱》卷10《安邑公手纂家训》,清光绪二十三年刻本;(清) 张卿子等纂修《南皮张氏族谱》卷10《家训》,清乾隆二十九年刻本。
④ (明) 孙承宗:《高阳集》卷11《家乘序》,第205~206页。
⑤ (清) 边方晋等纂修《任丘边氏族谱》卷19《家训》,清乾隆三十七年笃叙堂刻本。
⑥ (清) 孙奇逢:《夏峰先生集》卷4《鹿氏家训序》,第52~53页。
⑦ (清) 杜越:《紫峰集》卷13《与茅止生求叙先训》,第233页。

明代京畿士人的家训，不管是以单篇文章形态呈现的，还是附于族谱或文集的，都侧重宣讲士人日常生活的行为准则，提示子孙生活中应遵守的事项。无论何种形式的家训，多简约易懂。孙奇逢曾评价定兴杜氏家训："今读其训辞，质以信后，慎以谋始，简以导从，恳以布诫。凡垂之训者，皆其迪之躬。迪之躬，罔不行之家者也。夫自《大学》教衰，士不能修而求之齐，不由齐而求之治。是故仕也有不知为政者矣，矧家之能政之。德平公以身范家，以家范治，以范家邦者范子孙，其心宁有穷耶？是在子若孙因言以见心，因心以见其色笑起居，点点滴滴，血诚相贯，即百世岂有隔焉？"① 孙奇逢的评价概括了定兴杜氏家训的特点，也指出了家训内容的主旨。士人秉持着修身、齐家、治国的理念撰写家训，内容始终围绕教子立身、睦亲治家、处世之道等方面展开，教导子孙及族众应有的生活态度与修身、治家、处世的传世智慧。孙奇逢的评价不光适用于杜氏家训，也适用于明代京畿士人的所有家训。这些深谋远虑、有责任感的家长，通过家训将其毕生积累之丰富经验传授给子孙后代，期许子弟能够借此惕厉，把握现在、洞悉未来，学会做人、处世。同时家训也寄寓了士人的齐家之道与儒家修齐治平的人生理想。

二　杨继盛家训

杨继盛（1516~1555），字仲芳，号椒山，明代保定府容城县人，嘉靖二十六年（1547）中进士，授南京吏部主事。嘉靖三十年（1551），杨继盛向明世宗上《请罢马市疏》弹劾大将军仇鸾，被贬谪狄道典史。嘉靖三十二年（1553）又上《请诛贼臣疏》，历数严嵩五奸十大罪，被下狱，狱中饱受摧残，慷慨赴死。杨继盛死后十多年，严嵩败亡，杨继盛才获昭雪，被列为八位直谏大臣之首，追谥忠愍。杨继盛直谏的品格与精神让清朝的顺治皇帝颇为称道，"有明二百七十余年，忠谏之臣往往而有，至于不畏强御，披膈犯颜，则无如杨继盛；而被祸惨烈，杀身成仁者，亦无如继盛云"，称赞杨继盛为"凛凛乎烈丈夫"。② 杨继盛可说是明代京畿士人

---

① （清）孙奇逢：《夏峰先生集》卷5《杜氏家训跋》，第91~92页。
② （明）杨继盛：《杨忠愍公集》卷首《世祖章皇帝御制表忠录论》，清光绪二十二年顺德龙氏知服斋刊本。

中刚正不阿、气节高尚的代表。今人对杨继盛的研究主要集中在他的政治活动上，如弹劾仇鸾、严嵩事件，在狄道的政绩，忠烈谏臣身后之名的建构。① 还有学者研究杨继盛墨迹流传的情况。② 冯尔康先生注意到了杨继盛的家庭生活，以《学海类编》丛书中收录的杨继盛的遗嘱以及《明史》《明书》中的传记为史料依据，用近三千字勾勒了杨继盛的家庭生活情况。③ 近年高朝英、张金栋两位学者又将杨继盛《自书年谱》手稿全文刊布，并做了详尽的考证。④ 但杨继盛作为一个普通人，自明及今最为人熟知的还是他临刑前给妻儿的遗嘱。

嘉靖三十四年十月二十六日，杨继盛赴义之前夕，其时杨继盛的长子应尾年仅十一岁、次子应箕才七岁，杨继盛放心不下，遂将一生体悟到的居家做人之道写成了《愚夫谕贤妻张贞》《父椒山谕应尾应箕两儿》两篇遗嘱留给妻儿。这两篇遗嘱也成了容城杨氏家族的传家宝训，被后世子孙世代相传。已有一些学者解读了其中的家教思想。⑤ 两篇遗嘱浓缩了杨继盛丰富的人生经验，饱含了深厚的爱子之情，其中传达的士人修身、齐家、为人处世的思想仍值得深入研究。为了便于对杨继盛所著家训进行深入分析，现将其全部内容引录如下：

---

① 陈隽如：《杨忠愍公劾仇鸾严嵩始末》，《国学月刊》第 1 卷第 4 期，1937 年，第 37~40 页；张显清：《严嵩传》，黄山书社，1992，第十六章第二、三节，第 231~243 页；王树民：《铁肩担道义　辣手著文章——明代名臣杨继盛小记》，《文史知识》1998 年第 3 期，第 100~102 页；王效勤：《简论杨继盛对临洮的贡献》，《甘肃高师学报》2001 年第 1 期，第 74~76 页；Kenneth J. Hammond, *Pepper Mountain*: *The Life*, *Death and Posthumous Career of Yang Jisheng* (London, New York and Bahrain: Kegan Paul, 2007)。
② 陆九皋：《介绍明杨继盛、周宗建墨迹手卷》，《文物》1963 年第 3 期，第 18~23、5~7 页；王英智、赵河清：《〈杨忠愍公墨刻〉的源流与价值》，《保定师范专科学校学报》2006 年第 1 期，第 91~92 页；陈智超：《杨继盛〈请诛严嵩疏〉稿本考》，《紫禁城》2007 年第 8 期，第 50~63 页。
③ 冯尔康：《古人社会生活琐谈》，湖南出版社，1991，第 128~132 页。
④ 高朝英、张金栋：《杨继盛〈自书年谱〉卷考略》（上、中、下），《文物春秋》2011 年第 2、3、4 期，第 61~72、65~74、47~58 页。
⑤ 徐梓：《中华文化通志·教化与礼仪典·家范志》，上海人民出版社，1998，第 220~223 页；陈瑛珣：《由明代家训探讨当代家庭教育的重振之道——以〈杨忠愍公遗书〉和〈庞氏家训〉为对象》，杜英贤主编《当前社会之道德重整与心灵改革论文集》，高雄：财团法人亚太综合研究院，1999，第 47~81 页；杨三寿：《杨继盛及其〈杨忠愍公遗笔〉》，《云南师范大学学报》（哲学社会科学版）1999 年第 5 期，第 35~38 页。

赴义前一夕遗属

愚夫谕贤妻张贞

古人云：死有重于泰山，有轻于鸿毛。盖当死而死，则死比泰山尤重；不当死而死，则死无益于事，比鸿毛尤轻。死生之际，不可不揆之于道也。我一时间死在你前头，你是一个激烈粗暴的性子，只怕你不晓得死比鸿毛尤轻的道理，我心甚忧，故将这话劝你。妇人家有夫死同死者，盖以夫主无儿女可守，活着无用，故随夫亦死，这才谓之当死而死，死有重于泰山，才谓之贞节。若夫主虽死，尚有幼女孤儿无人收养，则妇人一身乃夫主宗祀命脉一生事业所系，于此若死，则弃夫主之宗祀，隳夫主之事业，负夫主之重托，贻夫主身后无穷之虑，则死不但轻于鸿毛，且为众人之唾骂，便是不知道理的妇人。我打一百四十棍不死，是天保佑我。那时不死，如今岂有死的道理？万一要死也是重于泰山了。所惜者只是两个儿子尚幼，读书俱有进益，将来都成的，只怕误了他。一个女儿尚未出嫁，无人教导看管，怕惹人嗤笑。我就死了，留的你在，教导我的儿女成人长大，各自成家立计，就合我活着的一般，我在九泉之下也放心，也欢喜，也知感你。如今咱一家儿无有我也罢了，无有你一时成不的，便人亡家破，称了人家的愿，惹人家的笑。你是一个最聪明、知道理的，何须我说千万。只是要你戒激烈的性子，以我的儿女为重方可。二贞年幼，又无儿女，我死后就着他嫁人，衣服首饰都打发他。我在监三年，他发心吃斋诵经，是他报我的恩了，不可着他在家守寡。咱哥虽无道理，也无别意，不过只是要便宜心肠，凡事让他些，与他便宜他就欢喜了，不可与他争竞。二姐、四姐要你常看顾他，五姐、六姐庶母死后也要亲近他。应民自幼养活他一场，也须分与他些地土。其余家事谅你能善处，我又说在后面，故不须多言。

父椒山谕应尾应箕两儿

人须要立志。初时立志为君子，后来多有变为小人的。若初时不先立下一个定志，则中无定向便无所不为，便为天下之小人，众人皆贱恶你。你发愤立志要做个君子，则不拘做官不做官，人人都敬重你。故我要你第一先立起志气来。

心为人一身之主，如树之根，如果之蒂，最不可先坏了心。心里若是存天理，存公道，则行出来便都是好事，便是君子这边的人。心里若存的是人欲，是私意，虽欲行好事也有始无终，虽欲外面做好人也被人看破你，如根衰则树枯，蒂坏则果落。故我要你休把心坏了。

心以思为职，或独坐时，或夜深时，念头一起则自思曰：这是好念，是恶念。若是好念，便扩充起来，必见之行；若是恶念，便禁止勿思。方行一事则思之，以为此事合天理不合天理。若是合天理，便行；若是不合天理，便止而勿行。不可为分毫违心害理之事，则上天必保护你，鬼神必加佑你，否则天地鬼神必不容你。

你读书若中举、中进士，思我之苦，不做官也是。若是做官必须正直忠厚，赤心随分报国。固不可效我之狂愚，亦不可因我为忠受祸遂改心易行，僻了为善之志，惹人父贤子不肖之诮。

我若不在，你母是个最正直不偏心的人，你两个要孝顺他，凡事依他，不可说你母向那个儿子，不向那个儿子，向那个媳妇，不向那个媳妇，要着他生一些儿气，便是不孝。不但天诛你，我在九泉之下也摆布你。

你两个是一母同胞的兄弟，当和好到老，不可各积私财，致起争端，不可因言语差错、小事差池便面红面赤。应箕性暴些，应尾自幼晓得他性儿的，看我面皮，若有些冲撞，担待他罢。应箕敬你哥哥要十分小心，合敬我一般的敬才是。若你哥计较你些儿，你便自家跪拜，与他陪礼。他若十分恼不解你，便央及你哥相好的朋友劝他。不可他恼了你就不让他。你大伯这样无情的摆布我，我还敬他，是你眼见的。你待你哥要学我才好。

应尾媳妇是儒家女，应箕媳妇是官家女，此最难处。应尾要教导你媳妇爱弟妻如亲妹，不可因他是官宦人家女便气不过，生猜忌之心。应箕要教导你媳妇敬嫂嫂如亲姐，衣服首饰休穿戴十分好的，你嫂嫂见了，口虽不言，心里便有几分不耐烦，嫌隙自此生矣。四季衣服，每遇出入，妯娌两个是一样的，兄弟两个也是一样的。每吃饭，你两个同你母一处吃，两个媳妇一处吃，不可各人合各人媳妇自己房里吃，久则就生恶了。

你两个不拘有天来大恼，要私下请众亲戚讲和，切记不可告之于官。若是一人先告，后告者把这手卷送至于官，先告者即是不孝，官府必重治他。央及你两个，好歹与我长些志气。再预告问官老先生，若见此卷，幸谅我苦情，教我二子，再三劝诱，使争而复和，则我九泉之下必有衔结之报。

你堂兄燕雄、燕豪、燕杰、燕贤都是知好歹的人，虽在我身上冷淡，却不干他事。俗语云：好时是他人，恶时是家人。你两个要敬他让他，祖产分有未均处，他若是爱便宜也让他罢，切记休要争竞，自有旁人话短长也。

你两个年幼，恐油滑人见了便要哄诱你，或请你吃饭，或诱你赌博，或以心爱之物送你，或以美色诱你，一入他圈套便吃他亏，不惟荡尽家业，且弄你成不的人。若是有这样人哄你，便想我的话，来识破他合你好是不好的意思，便远了他，拣着老成忠厚、肯读书、肯学好的人，你就与他肝胆相交，语言必信，逐日与他相处，你自然成个好人，不入下流也。

读书，见一件好事则便思量我将来必定要行，见一件不好的事则便思量我将来必定要戒，见一个好人则思量我将来必要合他一般，见一个不好的人则思量我将来切休要学他，则心地自然光明正大，行事自然不会苟且，便为天下第一等人矣。

习举业只是要多记多作，四书本经记文一千篇，读论一百篇，策一百问，表五十道，判语八十条。有余功则读五经白文，好古文读一百篇。每日作文一篇，每月作论三篇，策二问。切记不可一日无师傅，无师傅则无严惮、无稽考，虽十分用功终是疏散，以自在故也。又必须择好师，如一师不惬意，即辞了另寻，不可因循迁延致误学业。又必择好朋友日日会讲切磋，则举业不患其不成矣。

居家之要，第一要内外界限严谨。女子十岁以上不可使出中门，男子十岁以上不可使入中门。外面妇人虽至亲不可使其常来行走，恐说谈是非，致一家不和，又防其为奸盗之媒也。只照依我行便是。院墙要极高，上面必以棘针缘的周密，少有缺坏务要追究来历。如夏间零雨，院墙倒塌，必实时修起。如雨天不便，亦实时加上寨篱，不可迁延日月，庶止奸盗之原。酒肉面果油盐酱菜必总收一库房，五谷粮食必总收一仓房，当家之人掌其锁钥，家人不得偷盗。衣服要朴素，房屋休高大，饮食使用要俭约。休要见人家穿好衣服便要做，住好房屋便要盖，使好家活便要买，此致穷之道也。若用度少有不足，便算计可费多少，即卖田产补完，切记不可揭债，若揭债则日日行利，累的债深，穷的便快，戒之、戒之。田地四项有余，够你两个种了，不可贪心见好田土又买。盖地多则门必高，粮差必多，恐至负累，受县官之气也。

与人相处之道，第一要谦下诚实。同干事则勿避劳苦，同饮食则勿贪甘美，同行走则勿择好路，同睡寝则勿占床席。宁让人勿使人让我，宁容人勿使人容我，宁吃人亏勿使人吃我亏，宁受人气勿使人受我气。人有恩于我则终身不忘，人有怨于我则实时丢过。见人之善则对人称扬不已，闻人之过则绝口不对人言。人有向你说某人感你之恩，则云他有恩于我，我无恩于他，则感恩者闻之其感益深。有人向你说某人恼你谤你，则云他与我平日最相好，岂有恼我谤我之理，则恼我谤我者闻之其怨即解。人之胜似你则敬重之，不可有傲忌之心。人之不如你则谦待之，不可有轻贱之意。又与人相交久而益密，则行之邦家可无怨矣。

我一母同胞见在者四人，你大伯、二姑、四姑及我。大伯有四个好子，且家道富实，不必你忧。你二姑、四姑俱贫穷，要你时常看顾他，你敬他合敬我一般。至于你五姑、六姑，亦不可视之如路人也。户族中人有饥寒者、不能葬者、不能嫁娶者，要你量力周济，不可忘一本之念，漠然不关于心。我们系诗礼士夫之家，冠婚丧祭必照家礼行，你若不知，当问之于人，不可随俗苟且，庶子孙有所观法。你姐是你同胞的人，他日后若富贵便罢，若是穷，你两个要老实供给照顾他。你娘要与他东西，你两个休要违阻，若是有些违阻，不但失兄弟之情，且使你娘生气，又为不友又为不孝，记之，记之。

杨应民是我自幼抚养他成人，你日后与他村里庄窠一所，坟左近地与他五十亩。他若公道便与他，若有分毫私心，私积钱财，房子地土都休要与他。曲钺他若守分，到日后亦与他地二十亩，村宅一小所，若是生事心里要回去，你就合你两个丈人商议，告着他原是四两银子买的，他放债一年银一两得利六钱，按着年问他要，不可饶他，恐怕小厮们照样儿行，你就难管。福寿儿、甲首儿、杨爱儿都是监中伏侍我的人，日后都与他地二十亩、房一小所。以上各人地都与他坟左近的，着他看守坟墓，许他种不许他卖。

　　复奏本已上，恐本下急，仓卒之间灯下写此，殊欠伦序，然居家做人之道，尽在是矣。拿去你娘看后，做一个布袋装盛，放在我灵前桌上，每月初一、十五合家大小灵前拜祭了，把这手卷从头至尾念一遍，合家听着，虽有紧事，也休废了。①

　　因两子都是孩童，杨继盛遗嘱全文用当时的白话写成，句句明白易懂，内容详尽。杨继盛对妻儿的拳拳之心、深深之情，令人不胜感怀。杨继盛在遗嘱中既交代了自己就义后妻子的职责，又规划了两个儿子的人生，集中反映了他的齐家之道与家庭生活理想。

　　在《愚夫谕贤妻张贞》中，杨继盛告诫妻子"死生之际，不可不揆之于道"，要戒激烈的性子，以儿女为重，坚强地活下来，教导儿女成家立计。杨继盛指出，夫主死后，尚有幼女孤儿无人收养，那么妇人一身乃夫主宗祀命脉一生事业所系，支撑整个家庭延续下去的人就是妻子，妻子不能以死殉夫，而是要代替丈夫主持家政，教导儿女长大成人，各自成家立计。可见在杨继盛心目中，妻子在丈夫死后最重要的职责就是教养儿女，维持家庭的延续、保护家业。在士人家庭，妇女为夫守节是明代士人大力倡导的，杨继盛将其落实在自己妻子的身上，还将其上升到道的高度。

　　在《父椒山谕应尾应箕两儿》中，杨继盛详尽地指出了两个儿子在成长过程中要注意的事项，纤悉毕至。杨继盛叮嘱两子的第一件事情就是要他们发愤立志做个君子。两子都还是孩童，杨继盛详细地给他们讲述了立志的重要性，存心、复性、行事时的注意事项。杨继盛教导两子要不断探求自己的内心世界，使自己的行事合乎天理，如若将来做官也必须正直忠厚。杨继盛将两子的立志修身摆在人生的第一位，强调君子人格的修养最重要。杨继盛对儿子的这一教育与明朝中叶以后政治腐败、奸臣当道的社会大环境以及杨继盛自己同邪恶势力作不屈斗争的人生经历密切相关。他希望儿子如自己一样，为人行事要保持节操，做个君子。应尾、应箕作为士人家子弟，读书业举是本业，杨继盛不仅告诉儿子业举之法，还要求儿

---

① （明）杨继盛：《杨忠愍集》卷3《赴义前一夕遗属》，第675~679页。

子要将读书与做人结合起来,教育儿子要效法书中的好人好事,通过读书学会做人。择友和读书一样重要,杨继盛要儿子远恶人,与老成忠厚、肯读书、肯学好的人肝胆相交,提高自己的学业德行。杨继盛还教导儿子与人相处要谦下诚实,保持与人之间的融洽关系。

杨继盛还谆谆教导两个儿子在以后的家庭生活中要以孝悌为本,孝顺母亲,友爱兄弟。从具体内容来看,首先他要两子孝顺母亲,凡事要依着母亲,若惹母亲生气,就是不孝。其次他要求两个儿子要和睦到老,还告诉他们如何避免兄弟纠纷,以何种方式来维持兄弟、妯娌间和睦亲密的关系,以确保家庭的和睦。不仅一母同胞的亲兄弟要友爱,同一祖父的堂兄弟间也要敬让如一家。杨继盛对两个儿子的相处防患于未然,苦口婆心地再三慎重叮嘱兄弟两人,用心良苦。这源于杨继盛和兄长间不睦的生活经历。杨继盛还教育儿子要有情有义,处理好与亲戚、族人的关系,周济帮助贫者。杨继盛还为儿子定下居家严谨、持家勤俭的家庭生活准则,预设了管理家业、奴仆的治家措施。这些都是杨继盛对未成年儿子的具体家庭生活指引,希望以此保持家门不坠。

杨继盛称其遗嘱"居家做人之道尽在是矣"。为了子孙能够遵行,杨继盛要儿子"做一个布袋装盛,放在我灵前桌上,每月初一、十五合家大小灵前拜祭了,把这手卷从头至尾念一遍,合家听着,虽有紧事,也休废了"。① 从此杨继盛的遗嘱成为容城杨氏子孙的家训。明清时期杨氏子孙"俱能世其德,递衍于不坠"。② 其中刁包称,杨继盛的孙子"讳远条,字蓍升,英年称选士,克世其家"。③ 杜越也称,杨氏子孙"昆纵子姓翩翩粲粲,发祥未艾"。④

杨继盛家训的内容俱为人情世事须知,修身、齐家要法,处处可见他对两子的良苦用心,殷切叮咛。他不仅为儿子提供了自己的人生经验,也为他们的生活建立起理想的行为模式。这虽是杨继盛教导儿子的训言,但

---

① (明)杨继盛:《杨忠愍集》卷3《赴义前一夕遗属·父椒山谕应尾应箕两儿》,第676~679页。
② (清)孙奇逢:《夏峰先生集》卷5《赠杨郎念祖序》,第73~74页。
③ (清)刁包:《用六集》卷5《杨忠愍先生家训序》,《四库全书存目丛书》集部第196册,齐鲁书社,1997年影印本,第295页。
④ (清)杜越:《紫峰集》卷8《举人杨公朝阳暨配张孺人行状》,第187~188页。

更是杨继盛心灵深处对齐家处世、生活应有态度的最直接表现。

* * *

　　明代京畿士人秉持着儒家修身、齐家、治国、平天下的人生理想，追求"父子笃，兄弟睦，夫妇和"的理想家庭生活。家人要和睦同心，需要在生活中遵循一定的规则。士人作为明代社会拥有知识文化的精英阶层，传承儒家文化，在家庭生活中落实儒家的伦理道德，从而形成了士人的齐家之道。修身是齐家的前提条件。京畿士人一方面不断向内探求，加强自身的伦理道德修养以成为家中子孙的表率，另一方面也不断向外扩展，在齐家、治国、平天下的过程中不断完善自我，提高伦理道德水平。明代京畿士人家庭为父系血缘的父权家长制家庭，孝悌之道是齐家的核心，在孝悌为本的基础上，家庭成员间各守本分，"正伦理、笃恩义"，从而"有亲""有别""有序"地和谐生活。明代京畿士人的十余部家训是士人齐家之道的集中体现。明代京畿士人希望通过家训教诫子孙后代，以期家风不坠，家道昌隆。杨继盛赴义前留给妻儿的遗嘱是明代京畿士人家训中最著名、在后世流传最广的。杨继盛希望把自己一生居家做人的经验传授给子孙，使家族世代绵延兴盛下去，杨氏子孙在家训教导下也的确继承祖德，递衍不坠。

第二章　亲子之间

亲子关系是传统家庭关系的核心和主干。中国传统家庭是父权制家庭，男性为家庭之本，中国传统社会延续发展的基础是代代相传的父子家庭结构。稳定的父子关系是传统家庭稳定发展的前提，只要父子关系不被中断，家庭便能持续存在。稳定的父子关系使传统的家庭生活模式代代传衍，同时也创造了中国的传统社会结构体系。中国传统社会父系血缘世系的传承是最根本的社会传承，几乎所有的文化事项及其观念形态，无不以这种传承为轴心而存在。传统家庭组成的最大目的在于繁衍后代、延续子嗣。人们把子嗣看作自己生命的延续和理想的承续者，子嗣的养育、父母的赡养是中国传统家庭永恒的话题，更是家庭生活中不可或缺的生命活动。本章主要探讨明代士人亲子之间亲情生活的阶层性特点，内容涉及士人对子嗣的抚育与教养问题，以及士人奉养父母的孝行。

第一节　子嗣的养育

人类生存和发展的最基础要素为物质资料生产和人类自身的生产即人类生育。前者是人类社会赖以存在和发展的物质基础，是人类获取衣、食、住、行等生活资料的手段，从而使人类最终摆脱对自然的依附，发展成为真正的人；后者则是保证人作为一个物种得以延续下去的手段，也是一种创造崭新的生产力的物质力量。二者相互作用，相互补充，维持着人类的生存，推动着人类社会向前发展。中国传统的父权家庭中，父子为天和之血缘至亲，是一切血缘关系的基础，诞育男嗣是中国传统家庭最重要的任务。明代士人是父系血缘世系传承链条中上下相关的一环，生育子嗣是明代京畿士人家庭生活的重要内容。

一 男嗣情结

在中国传统社会,家庭是一个兼具多种功能的特殊社会单元,也是各种经济、政治制度发挥作用的微观平台。作为人口再生产和社会延续的最小单位,家庭首要的功能就是保持家族的延续。明代的家庭依然是传统的父权家庭,士人延续家业、科第的愿望异常强烈,家族完全是以男性来续系的,延续家族香火的责任由男性子孙承担,男嗣是士人家业、科举事业的继承者,这形成了明代士人的"男嗣情结"。嘉靖年间保定府唐县人刘乾对此做了系统总结:

> 人之钟爱于子者,以言乎迩则身之二,以言乎远则万世之始也,大焉。宗祧木祏之羞向于是乎承□焉;书器、田庐、百需之物于是乎托,又其次焉。□戴之劳于是乎服,晨昏之问、菽水之养、家庭之诤于是乎俱,待不亦重乎。夫如是,则无而求,望之深,有而鞠育之过者,固也。①

可见人们把子嗣作为"万世之始",但子嗣直接影响的还是个人与家庭、家族的关系。对于个人来说,子嗣是"身之二",家族血脉得以延续,祖宗祭祀活动得以传承,现实的家业有人可以托付,父母的奉养等家庭日常生活的维系也有人来经营。刘乾姐姐的儿子"年半百而始有子",其特向刘乾报喜,刘乾对外甥说:

> 今而有子,甥之万事足矣。盖有之则身后之事有所付焉,而不忧。无之则身亡而家亦亡矣。岂宁惟是哉?尔父之灵将曰:"生孙矣,吾之伏腊绵矣。"尔母吾姊之灵将曰:"生孙矣,是为吾之依凭矣。"不但为身之二,家之传。②

---

① (明)刘乾:《鸡土集》卷2《贺李公辅得子序》,《四库全书存目丛书》集部第106册,齐鲁书社,1997年影印本,第465~466页。
② (明)刘乾:《鸡土集》卷2《贺李甥生子序》,第452页。

在明代，有谚语曰儿女有命，又曰有子万事足。明代士人生有子嗣，则"志之得而心适，肆于外而悦于中，喜之可庆此焉而已"。人生有子嗣而如此身心愉悦，最重要的原因是有子则祖庙有主，家族可以"传衍昌炽"，"喜而庆自倍常品"。① 从这个角度看，明代士人对男嗣的特殊偏好，在很大程度上基于家族长远延续的考虑，子孙是父祖生命之流的延续。生育子嗣是明代京畿士人家庭生活的重中之重。在明代京畿士人家庭生活的展开与延续中，生儿育女、传宗接代、延续血缘是士人首先关心的问题。

早生贵子、多子多福是明代士人子孙生殖繁衍的理想。在明代士人心目中，十五六岁生子、四十岁左右举孙是较早得子孙的年龄，这样有可能使家中出现五世一堂的盛况，时人认为这是享天地间之奇福。保定府定兴县鹿正在 1631 年 9 月举玄孙，"称觞者冠履阗门"，各致其喜庆之辞。有曰："静观年十六，先举得雄，且适当论秀时，此吉祥善事也。宜贺！"有曰："仁卿以海内名士，年未四十，而即抱孙。宜贺！"有曰："伯顺以社稷臣，暂请休沐，左提孙、右挈曾，戏彩灵椿膝下。宜贺！"有曰："太公年逾古稀，铄善饭，拥子孙曾玄于一堂。宜贺！"孙奇逢则认为："太公又合子、孙、曾、玄之福，而汇为一人之福，更奇之奇也。就耳目睹记，五世一堂，间亦有之，或逮萱不建椿，或备兰未备桂，即庶几逮且备矣，然不事诗书，未免有伧父气。事诗书矣，使不敦品行，犹华士之浅浅者耳。若五世而多贵显，五世而皆贤黼，则天地间一人也。"② 可见能享五世同堂之奇福的人毕竟是少数，而像鹿正这样五世同堂的士大夫之家更是少之又少。明代京畿士人认为二十四五岁生子正得其时。明末高邑赵南星在赵虞言孝廉举子时称："人生有子诚乐事，为人父亦何容易。吾昔三八正其时，君过一岁亦不迟。"③ 士人为了家族的延续，希望子孙绵延不绝，子子孙孙代代相传，繁衍不息直到永远。如赵南星就有诗云："承家愿有子，子大复望孙。子孙纷在眼，青云望飞骞。"④ 孟思也为文称："遗孙之谋，而子

---

① （明）孟思：《孟龙川文集》卷 9《赠松岩王君得子序》，《四库未收书辑刊》陆辑第 21 册，北京出版社，2000 年影印本，第 173 页。
② （清）孙奇逢：《夏峰先生集》卷 5《鹿太公举玄孙序》，第 71～72 页。
③ （明）赵南星：《赵忠毅公诗文集》卷 3《赵虞言孝廉举子歌》，第 78 页。
④ （明）赵南星：《赵忠毅公诗文集》卷 2《示清岖》，第 65 页。

乃得以安于无事，是又孙重于子，而绵绵瓜瓞则益又见子之有后于无穷，为可重矣。乃吾浚有上舍侯子，嘉靖某年少而壮有子矣，是其为不晚者也。已而子某于嘉靖甲子年少而壮又有子焉，是其抱孙之早者也。是其贻谋有孙，而其子翼以安者也。是其瓜瓞之绵绵而有后于无穷者也。"①

多子多福的观念渗透到每一个士人心灵深处。赵南星认为："天之将兴人家也，则其子孙必多，而且贤。"② 柏乡吕氏家族"生子又多且早"，吕氏兄弟四人，桓伯、辅季为进士，鸎叔、元仲皆青衿高等。赵南星作文描写了吕氏子孙众多且贤能的鼎盛景象：

四君者，其容貌皆瑰琦，宇度皆恢卓，言论皆慷慨，而又皆恺悌坦率，居乡谦退，待亲友克惇和好，夫选之众士之中而求四人者犹难焉。有四人者而同父母为兄弟乎，岂不盛哉？而四君者生子又多且早。辅季之二子最先入学，就督学试为诸生，冠食廪。次则元仲之子，鸎叔之子。经美年十六，翩翩乎文哉，矣而遂举子。鸎叔才四十二，遽有孙矣，譬之大江之皋，泰华之崖，灵气之所孕毓，膏露之所渗润，琪树瑶芝晔晔秭秭，固其所乘之地，盖亦时之所值焉。③

吕母甲子寿辰，又因长子为官而受封，子孙满堂的幸福情景更被世人羡慕。赵南星曾作诗：

人家俱愿有子好，禄相天生难可保。吕母四乳生四子，伯兮弱冠躩苍颢。仲叔文学季孝廉，龙鳞凤羽敌文藻。磊落魁梧惊一时，慈闱恋恋如婴儿。母氏中年颇善病，仲氏学医遂能医。旧疴平愈倍强壮，孝心精理兼有之。姜肱友爱今再见，娶妇娈如影响随。屋上常栖反哺鸟，庭前竞茂连理枝。珠冠象服寻常事，母是天人母不知。日晏风恬天宇晴，轻轩共舁家园行。鸾刀竹里银丝鲙，神鼎花间锦带羹。彩衣起舞四名士，诸孙罗列俱长成。昨日绣衣选士子，同胞两人同列名。

---

① （明）孟思：《孟龙川文集》卷8《叙贺侯生得孙》，第146~147页。
② （明）赵南星：《赵忠毅公诗文集》卷10《贺吕鸎叔举孙序》，第276页。
③ （明）赵南星：《赵忠毅公诗文集》卷10《贺吕鸎叔举孙序》，第276页。

小者一一眉目秀，孝友人人似父兄。谁家全福有如此，谁能见之不欢喜。王母麻姑在何处，金膏玉液徒为尔。母年甲子才一周，甫受一封于伯子。诸子诸孙次第兴，重荣貤贵从兹始。①

吕母六十岁，有子四人，均科第有成，诸孙也次第长成，子孙孝顺，是为人羡慕的全福之家。可见士人的家庭生活幸福，家庭富贵、子孙绕膝是很重要的。又如长垣人李化龙（1555~1611），字于田，少以神童著称，万历甲戌年（1574）进士。李化龙祝贺内弟王子柔连举二子的诗也称："只求案有肉尊有酒，秋有菊春有韭。清歌妙舞无不有，酒浚一倾仍百斗。大郎左二郎右，群从如云绕膝走。君送柴门一挥手，亦知此事在他年，汤饼且召呼庐友。"②再如浚县杨后葵"以笃慎俭勤，本富兴家，卫郊千亩田，千足马，赢僮千指"，有"汉千户侯素封业"。在其八十岁时仍然"体强气充，足健履康，时出入屡屡不休，病不疢以身，心不婴以戚"，是"怡怡然太平长乐老"。杨后葵享有世人恒言的"富寿康宁"之全福，是古人之罕、今人亦不多见的。但是更让人感叹的是杨后葵在寿辰时子孙众多，有的为官，有的从学，儿子、孙子、曾孙先后罗拜于前，其盛况孟思有文记载：

> 子坤候选于吏部者崇堂具宴，毂戴鱼脍、潞潞膏脂、食左羹右，备该水陆，捧觞跪进，上千万寿，翁喜尝而退。孙一中、一德以浚士为国学生，受觞并进，青衿儒服肃心雍色，与与如也，粥粥如也。翁喜尝而退。一贯就文选事归，率众孙一宁、一元、一乐群趋竞进，觥儿迭奉。而曾孙之幼者云衢、云程舞拜几下，洗洗兮既多且仪。翁性少饮，及是酣然畅，陶然乐，欣欣然悦以和。咸谓翁也为福之全而世之罕者欤。所谓富得其长也，寿得其养也，而康而宁又得其享也，全哉。于是乡间咸党冠履士夫充门溢席，或彩而币，或文而颂，乐喧堂疱，欢腾远近，以为翁贺。③

---

① （明）赵南星：《赵忠毅公诗文集》卷3《奉寿吕母赵太夫人》，第81~82页。
② （明）李化龙：《李于田诗集·田居稿·内弟王子柔连举二子诗以贺之》，《四库全书存目丛书》集部第163册，齐鲁书社，1997年影印本，第563~564页。
③ （明）孟思：《孟龙川文集》卷9《寿后葵杨翁八十全福序》，第172~173页。

从孟思的描写看，杨后葵的全福之盛，最重要的是四世一堂，有一子、六孙、二曾孙，且其子孙有入仕为官者，有入庠读书者，人数不仅多且因科举有成而贵。可见在"父权至上"的士人家庭中，子孙众多、科举有成是家庭兴盛的重要标志。士人庞大繁杂的家业要延续，必须依靠绵延不断的后人继承和发扬，明代士人家庭讲究子嗣多多益善。明代京畿士人甚至希望"一年一举子"，家有"五龙三凤"是理想的子女数。李化龙在祝贺其内弟王惟慎生子时就称："但愿一年一举子，五龙三凤，何必衮衮生公侯。"① 在一个家族中如果一代人各有一两个子孙，会被明代士人认为这个家族正在衰落。如孟思记载浚县望族王氏，在江阴公时有五子，为"参政公，通政公，坦然公，上舍其公。乃参政公有子为乡进士，通政公有子为国子生，然各有一孙。惟上舍子孙盖诜诜兮。坦然公有二子，一为阳曲丞，一为典膳。阳曲公、典膳公各一子。王氏于兹代子孙若为少者，天地之气、人之流通将又翕而显、精以光耶？"② 可见明代士人多子多福观念之普及。正如杨懋春所指出的那样："人和土地（一般来说就是财产）是中国的农业家族的两根支柱。"财产和家族人数同时逐渐增多是家的荣耀，而其反面即是"家破人亡"所导致的家的败落。③

男性子嗣是明代士人家族血统、祭祀延续的保证。家族香火的永恒延续和生命的无限传承就是子孙的再生，子孙就是父母及祖宗生命的延续，有了生命的延续，才能尊祖敬宗、善事父母，进而家业兴旺，这是明代传统社会组织原则的根本需要。男嗣情结在京畿士人中十分突出，在士人留下的文献中，"有子万事足"的观念体现得淋漓尽致。儒家"不孝有三，无后为大"的思想将"孝"的重要实践行为从善事父母具体到家族的延续，把生育子嗣、传宗接代摆到了家庭生活的首位。它要求每个士人把组织家庭、生育子女当作义不容辞的义务，否则就为不孝，会受到社会的歧视和惩罚。明代京畿士人有着"祖宗崇拜—延续血脉—拓展生命"的基本生育信仰，每个士人都只是家族发展过程中的一个环节，士人的存在主要不是为了自身的生存和发展，而是在于完成从前辈到后辈的自然传递。可

---

① （明）李化龙：《李于田诗集·田居稿·内弟王惟慎生子》，第 424 页。
② （明）孟思：《孟龙川文集》卷 9《代贺王伯寅得子序》，第 182～183 页。
③ 转引自〔日〕滋贺秀三《中国家族法原理》，张建国、李力译，法律出版社，2003，第 42 页。

以说明代京畿士人最为根本的本体性价值是传宗接代、延续生命，把个体有限的生命寓于血脉传递的无限意义当中。所以士人生活的根本点就是保有后裔，这成为一个人活着的基本动力，甚至成为生活的追求或社会的伦理性要求。在明代京畿士人家庭中只有男嗣构成传递血亲的纽带，这就使士人的生育观念具有浓厚的男嗣情结。

二 男嗣诞生之喜

新生命的孕育是家族繁衍和人类社会发展的基础。生儿育女、传宗接代，仍然是明代京畿士人家庭的头等大事。十月怀胎，一朝分娩。由于新生命孕育时间的漫长，生命在母亲腹中孕育成熟来到世间的第一年尤为士人重视，婴儿出生后，全家人喜悦无比。为庆祝婴儿的出生，士人家里会举办一系列富有寓意的小儿诞生庆祝活动。明代婴儿诞生后的庆祝活动大概包括报喜、贺喜、洗三、踩生、宴请和祈祝等基本内容。

首先生子要向亲戚、乡党邻里、至交好友报喜。如京城人岳正第二子应元出生在岳正会试之时，儿子出生后岳正首先向岳父归德守宋公报喜。[①] 嘉靖戊戌年（1538），刘乾年半百始生子的外甥来向刘乾报喜。[②] 外家亲戚、同族中人、朋友故旧、左邻右舍会按约定时间带着羊酒等礼物来贺喜。如嘉靖甲寅岁秋七月，松岩王君载生载育，得令子，"里中咸持羊酒往贺松岩家"。孟思是姻亲，也以羊酒往贺，并写文祝贺。[③] 产家为答谢亲朋好友，通常会大摆宴席。宴席上"豪客集门为称觞"，[④] 有酒肉，有歌舞，喜气满门庭。能文善诗的明代京畿士人留下了不少祝贺生子的诗文，记录下了贺生宴的喜庆情景和对新生儿与生子之家的祝福。林大参生子时，王越写诗祝贺："林君喜气满门庭，但写俚语三致祝。一祝曰多寿，二祝曰多福，三祝早读圣贤书。少年便享千钟禄，敢以汉水为之酒，岘山为之肉，楚云为之席，湘月为之烛，黄鹤之楼为矮屋。我劝林君大嚼饮，

---

① （明）岳正：《类博稿》卷9《瘗应元儿铭》，《景印文渊阁四库全书》第1246册，台北：台湾商务印书馆，1986年影印本，第436～437页。
② （明）刘乾：《鸡土集》卷2《贺李甥生子序》，第452页。
③ （明）孟思：《孟龙川文集》卷9《赠松岩王君得子序》，第173页。
④ （明）穆文熙：《穆考功逍遥园集选》卷3《赠刘侍御诞子》，《四库全书存目丛书》集部第137册，齐鲁书社，1997年影印本，第23页。

欢复欢。楼下江声以为曲,酣歌惊落弧矢星,陆地莲花香万斛。"① 孙克让年过四十生子,王越也写诗描述了其欢庆的场景:"今年生子欢情多。箫鼓谩催汤饼客,筵前听我洗儿歌。一洗福,余庆绵绵家道足,盖从累叶积将来,莫道富而能润屋。二洗禄,少年便享千钟粟,虽然荣贵在聪明,大本圣贤书要读。三洗寿,秋水精神冒止秀,春风岁岁咏南山,禀得太和元气厚。洗儿歌,歌声长,惊落一天星斗光。笔端绣作凤毛香,准备明年歌季方。祖康强,父贤良,伯叔兄弟皆轩昂。人生忠孝不可忘,丈夫百岁当流芳。"② 柏乡魏允和中岁举子,赵南星作诗称:"今年果协熊罴兆,喜气洋洋动一时。奏笛考鼓铺绮席,三千剩客飞瑶卮。出门入门望弧矢,耳听呱泣神熙怡。人家俱愿生儿早,年少生儿不解好。常言仙果子生迟,丈夫当户从褦襶。君不见掀天事业代不乏,九棘三槐何足道。有子方可舒怀抱。"③ 当李化龙内弟王惟慎生子时,"尔姊忽闻喜欲狂,乍如汤饼涎其口。与尔共住朱陈村,吾舅德宇春风温。堂上灵椿映萱草,阶前众子罗诸孙。谢氏由来多宝树,于公自合起高门。我来携二客,娅弟杨与刘。抱儿出堂前,其气欲食牛。酌酒与君饮,此外复何求。富贵福泽各有命,巧非鹦鹉拙非鸠。但愿一年一举子,五龙三凤何必衮衮生公侯。尔时我曹岁岁携酒来称贺,烂醉君家柳风梧月之高楼"。④ 通过这些描述可见士人生育子嗣后心情异常喜悦,贺生的宴会喜庆热闹,来祝贺的亲朋好友不仅分享主人得子的喜悦,同时也会送上礼物,表达对婴孩未来美好生活的祝愿。

　　生子人之常,一般士人尚如此庆贺,孤弱之家如果生子就更是值得庆贺的喜事。浚县有文士王津,其父与其均为遗孤。因"王生之先盖历世终鲜兄弟,再遗孤如线焉",在其生子后,里中人"咸持羊酒贺",来庆贺的客人,文武兼备者十有六人。⑤ 对于人丁稀少鲜见之姓氏且有德之家生子,乡党庆贺更为隆重。浚县只有一户的艾氏,在艾子绍得子后按繁复的士礼

---

① (明)王越:《黎阳王太傅诗文集》卷下《贺林大参生子》,《四库全书存目丛书》集部第36册,齐鲁书社,1997年影印本,第493页。
② (明)王越:《黎阳王太傅诗文集》卷下《贺孙克让得子》,第495页。
③ (明)赵南星:《赵忠毅公诗文集》卷3《魏允和举子》,第84页。
④ (明)李化龙:《李于田诗集·田居稿·内弟王惟慎生子》,第424页。
⑤ (明)孟思:《孟龙川文集》卷8《贺王生序》,第152~153页。

仪式隆重庆贺：

> 子之始生，设弧于门之左，三日之后择日之吉，接以特豕，士礼也。三月之后又择吉日翦髮为鬌角于男左。是日也，賈乃以子见于子绍。子绍执子之右手，歆而名之，乡人闻之愈益欣欣然喜以抃，且张具而为贺矣。酒行有酳而作者曰："若恒虞艾之鲜也，今而后将不复鲜矣。"应之者曰："郁而必扬，幽而必昌，故天之生物也。其始也微，及其终也必巨。今夫江其源滥觞其流也滔天，今夫火其光炎炎其炽也燎原。豫章之木、徂徕之松、新甫之柏，其始也萌芽，其成也拂云天干青霄。柱建章梁明堂者皆自微而臣者也。人氏之有后也，其亦木之长，火之光，江流之汤汤，郁之扬而幽之昌始鲜者庆必长天之道也。"已于是姆抱孺子以见诸宾，乃有儒而听啼声者，有冠而异形状者，爰有老宿厥身维孔白颠，种种言笑哱哱望门而来，外入而摩其顶曰："异哉河朔精英也，而炽而昌必然矣。宜有文为后之订。"①

一些文人雅士庆贺生子，甚至用五经之辞向生子的主人祝禧，在友人说完祝词后，主人要在礼赞者的引导下向客人拜谢。孟思在《贺曹崇高得子序》中详细记录了曹崇高晚年得子后他的五个好友龙川子（孟思）、东厓子、紫山子、璧野子、九山子庆贺的情景：

> 黎之阳曹氏居之。曹雅好士，有友五人焉。乃曹氏晚克有子，而五人者为之贺金，崇酒以饮乎？曹将祝禧焉，属龙川子有一日之长，而东厓、紫山、璧野、九山以齿为序。龙川子扬觯于天，醉酒于地，而属辞于曹曰："《易》称震为长，男为主器，盖承祖先修祀事，器有主矣。今君一索而得男，永贞之吉，敢以易之义为君贺。"东厓子曰："《诗》称维熊维罴，男子之祥，载寝之床，衣之裳，而弄之璋，贵之也。螽斯之羽，而子孙之振振绳绳，繁之衍也。今君获梦熊罴，而子孙亦螽斯若矣。亚爵之贺，吾以诗为颂为祷。"紫山子曰："《书》称禹之治水也，启呱呱而泣，虽圣人不皇于家之恤，亦见其它不足计，

---

① （明）孟思：《孟龙川文集》卷9《贺艾生子绍得子序》，第168～169页。

而子之重也。若夫作室之肯堂肯构，治田之肯播肯获，必皆子之攸赖今日之呱呱者，他时堂构播获在是矣。吾之贺在尚书之益稷大诰云。"璧野子曰："《礼》云子生男子，设弧于门之左，夫告宰名。《书》曰某年某月某日某生，而藏之间州史府，盖名辨以示众，府藏以传久。今君之子可辨其名则传之久也，必矣。贺之称礼为大。"九山子曰："《春秋》书丁卯子同生，《公羊传》曰何言乎子同生，喜之也。今君乃晚旦有子，喜可知已。吾以《春秋》之喜喜。"曹君有礼赞于侧者，曰：复贵其拜。曹君拜。已赞者曰："龙川以永吉承祀祈吾曹氏，善之至也，敢不下拜；东厓以子孙无穷为望，曹氏其炽昌矣，敢不再拜；紫山堂构之义，期曹之基业咸终有庆也，敢不三拜；璧野之礼敬，拜首以谢；九山之春秋以志喜，敢不顿首。"以领五友者佥曰："俞哉，愿是子终如所望矣。"①

明代京畿士人处于社会的上层，一般有庞大繁杂的家业要管理，这需要依靠多个后嗣继承发扬，所以士人家庭再举子时，家人依然非常喜悦，庆贺活动依然热闹。如岳正第二子应元出生在岳正会试之时，岳正会试第一，岳正的岳父归德守宋公为其起名应元，双喜临门，"内外忾然腾喜"。岳正也认为此儿面相富贵，"儿方面阔辅，星眸月眉，神完而气清，玉雪莹而河岳轩轾者也"。而且找日者、相工相看都为富贵贤能之相，这让岳正的母亲很高兴，"惟旦夕致儿坐太夫人膝上弄之愉悦其意"。② 刘贻哲再举子时，庆贺活动热闹得竟然"歌舞遥闻满路衢"。③ 子孙生生不息乃是士人欢喜之事，举孙时的仪式也非常隆重。王义华少壮举孙："素交三径似求羊，林下连年有吉祥。作祖如君还少壮，抱孙与我共徜徉。竹栖翠凤亭亭直，桂映明蟾冉冉香。最羡慈闱欢喜甚，云仍天为助平康。"④ 定兴鹿正在1631年9月举玄孙，"称觞者冠履阗门"，各致喜庆之辞。⑤ 孙奇逢得曾

---

① （明）孟思：《孟龙川文集》卷8《贺曹崇高得子序》，第154~155页。
② （明）岳正：《类博稿》卷9《瘗应元儿铭》，第436~437页。
③ （明）赵南星：《赵忠毅公诗文集》卷5《贺刘贻哲再举子》诗为："卢家阿侯生但早，徐卿二子岁原殊。一麾典郡新分竹，五月悬弧再见弧。雏凤联翩非足异，掌珠辉映自堪娱。从知天意通民欲，歌舞遥闻满路衢。"第130页。
④ （明）赵南星：《赵忠毅公诗文集》卷5《王义华举孙》，第113页。
⑤ （清）孙奇逢：《夏峰先生集》卷5《鹿太公举玄孙序》，第71~72页。

孙时也欢喜异常："称翁久矣愧无能，接得家书喜抱曾。漫问此儿灵与蠢，拜祠班次几多层。"①

从明代京畿士人的贺生诗文可见，生子添丁是明代京畿士人家庭的大事、喜庆之事，因为在"父权至上"的明代，男子是家之本，子孙的出生代表着家族血脉的延续和家族的兴旺，正是子孙的诞生使家族生生不息。家里添丁进口是件值得庆贺的喜事。新生命出生后，产子之家会举办一系列富有文化寓意的活动，其主要目的是为新儿纳吉招喜，避恶赶鬼，祝愿婴孩在哺乳期、幼儿期这段生命最为脆弱、最易受到病魔侵害的时间里，无病无灾，健康成长，集中体现了士人对子嗣的重视。办酒席，宴请亲朋好友、邻里乡党，不仅增添了喜庆热闹的气氛，也是新生儿人生的开端，是个体生命走向社会化的开始。因为庆典是个社会性的仪式。首先襁褓中的婴儿在这诞生的吉庆仪式上在父祖辈的人际关系网络中得到认可。亲朋好友、邻里乡党不仅携羊酒来贺，其中能文善诗、德高望重、学业有成的士人还作诗文祈祝婴孩及其家族，虽然襁褓中的婴儿并不知晓这一切，但这一切活动已将其置于儒家士人社会结构的某一支点，从而开启了对他的文化模塑，社会性别、阶层、血缘的规范、观念开始构筑和展现。

三 求子祈嗣

在明代，由于科学技术条件有限，人们对生育行为没有明确的了解和认识，生育子女的有无、多寡更不能以人力来控制，即所谓"子生之多与寡，蚤之与暮也者，有非厚资之可得，巧仕名贵、聪明敏学者之可致也"。②当时流传着关于生子的各种说法：

> 天地生齿其说种种，有以天道言者，若汉宋之多、魏晋之少之类；有以气化言者，若周礼职方氏冀州多男、扬州多女，又山气多男、泽气多女之类；有以祷祠言者，若祈于郊禖、祷于尼丘、祷于西门豹之类；有以象纬言者，若作俑者无后、积善生公侯之类。或以面

---

① （清）孙奇逢：《夏峰先生集》卷14《得曾孙》，第305页。
② （明）孟思：《孟龙川文集》卷9《赠松岩王君得子序》，第173页。

部，或以星卜，或以兆感，不尽诬也。独于德行感召之说有取焉。然而文王之圣百男固宜，田文之奸雄亦且五十九子，则其理有不可终诘也者。①

明代京畿士人对生子的观点也各异。唐县刘乾结婚十几年无子，他"祷之于神无得也，试之以方书无得也。问之于相，卜曰'当有子焉'，又数年而无得也"。因此在生育子嗣问题上他持人无能为力的观念："夫白玉丹砂空青水碧，乃世外希奇之宝。苟心之所甚欲者，则必力求计取而终必得之。至于生子，乃男女之常、衽席之近，虽若有为而实无为于其间。"他认为生子有关气数，"盖精气之物，恒舛而不齐，虽造物者之无心而实气数之有制"。② 甚至将生育子嗣归为天地之事："大气之流行如水漾沙，横斜曲直，起伏断续，随其所遇而已，天下之事皆然，不独此耳。人生之有子、无子与多子，是天地之所事，非吾责也。"③ 孟思则将生育子嗣之事归于命："善而有子者常也。贤、不肖、多寡、迟速，命也。常者力于善者，人也。然而不尽然者，命之变也。"④

虽然明代京畿士人将生育子嗣归于神秘的气数、天地、命，但在明代京畿士人家庭只有男性子嗣才能继承家族的香火，生育子嗣关系家族血脉的延续。此外，生育子嗣还直接影响士人的家庭生活，影响家庭经济发展、财产和身份的继承、年老后的赡养等多方面问题的处理。已婚夫妇长年未能生育子嗣，士人会哀叹、焦虑。李化龙内弟王惟慎在没有儿子时，"无儿汝心叹伶仃"。⑤ 浚县文士王津，其父与其均为遗孤，王津"恒以无子为戚"。⑥ 家中长时间没有添丁进口，士人心中会惴惴不安。赵南星就曾描述自家二十余年未生育子孙的心情："昔虞升卿以二十余年家门不增一口，恐获罪于天。余亦垂二十年无所出，不胜恐惧，极身修德幸举一孙，余心稍安，然此加慎之时也。"⑦

---

① （明）刘乾：《鸡土集》卷2《贺李公辅得子序》，第466页。
② （明）刘乾：《鸡土集》卷2《贺李甥生子序》，第452页。
③ （明）刘乾：《鸡土集》卷2《贺李公辅得子序》，第466页。
④ （明）孟思：《孟龙川文集》卷8《叙贺李君得子》，第151~152页。
⑤ （明）李化龙：《李于田诗集·田居稿·内弟王惟慎生子》，第424页。
⑥ （明）孟思：《孟龙川文集》卷8《贺王生序》，第152~153页。
⑦ （明）赵南星：《赵忠毅公诗文集》卷10《贺吕鬻叔举孙序》，第276页。

男性子嗣关系家庭生活各方面的开展，关系家族的延续、兴旺，因此士人艰于子嗣，家中亲人也会一起着急、忧虑。如京师李镜玉，讳本緟，字君写，镜玉是其别号。其父生三子，李镜玉居长。因其"天性沉笃而好学，年四十尚未育子"，其弟"恐其劳费心神，讽以稍就燕乐，又讽以置侧室"。① 永年县申佳胤的父亲申化，年六十四仍然"艰于嗣"。申化有一女嫁于路氏，在"病且死"之时，仍然担忧父亲无子，闭目自语："我固愿往，奈吾父无子何？"②

没有子嗣还会引起朋友故旧、邻里乡党的忧虑。穆文熙记载其好友少保石公长年无子的情况称："少保公居长安里六岁，凡诞女公子者三而独不诞男，其一时与少保公交游者无不重为公忧之，而余之忧亦甚。及昨之孟春之月乃诞一子，少保驰书报余，以为平生之事已足，无复他望。"③ 张北海婚后数载无子，蔡瑷写诗云："几载为兄怀后虑，一朝报我得贤郎。从今万事真皆足，一写新诗喜欲狂。"④ 艾姓在历史上就人丁稀少，孟思称："大河之北，齐鲁燕赵晋魏之墟，郡国州邑列壤百数而艾姓仅三四耳，则艾族为加鲜矣。浚于古为州，今为名邑，齿版籍者民余数万，而艾之家一，艾于浚又加鲜焉。"明代浚县只有一户艾氏且人丁稀少，"至弘治正德间所有伯仲叔季之四人，族于艾氏者又益加鲜矣。乃四人者，伯仲与叔皆又早世，而其季者又未有子也，惟伯遗一子为艾生子绍，则艾氏之人鲜蔑加焉"。"然艾氏素有德于乡人"，乡党对人丁单薄的艾氏有无子嗣很关心："乡之人于艾生之未有子也，恒祝焉，而为之望。及其久未之有也，又惴焉，而为之虞。"在艾子绍之妻贾氏举一子后，"乡之人望者慊，虞者释，闻之者欣欣然抃以喜也"。⑤

从以上记载可见，如果男性子嗣空缺就会是京畿士人之最大不幸，是家庭的一大遗憾，甚至是家族乃至其生活的社会最大的忧虑。子嗣的有无

---

① （明）张邦纪：《张文悫公遗集》卷8《明文林郎河南开封府尉氏县知县镜玉李公墓志铭》，《四库禁毁书丛刊》集部第104册，北京出版社，2000年影印本，第86~88页。
② （清）申涵光：《申端愍公年谱》，《北京图书馆藏珍本年谱丛刊》第63册，北京图书馆出版社，1999年影印本，第143~145页。
③ （明）穆文熙：《穆考功道遥园集选》卷13《贺少保石公诞震器序》，第146~148页。
④ （明）蔡瑷：《洨滨蔡先生文集》卷8《贺张北海生子》，《四库全书存目丛书》集部第93册，齐鲁书社，1997年影印本，第609页。
⑤ （明）孟思：《孟龙川文集》卷9《贺艾生子绍得子序》，第168~169页。

攸关年迈父母的奉养、家族血脉的延续、祭祀活动的举行，因此不仅是夫妻自身，就连双方家族成员、乡党故旧都对其生育男嗣问题投注相当程度的关心。在京畿士人家庭中，即便生有女儿，且开明的人士认为"休将男女分轻重，且看乾坤有两仪"，也仍然希望"仁者定知昌厥后，明年再写弄璋诗"。①

被不能生育男嗣问题困扰的京畿士人夫妇，他们面对自身的疑惑与家族的期待，如何寻求解决之道呢？明代京畿士人多将生育子嗣归于天地、命运，在无子时，带有神秘色彩的祈祷、占卜是最先采用的祈嗣之法。嘉靖年间，张西淇无子时，命其友孟华平以焦贡易林筮之。②藁城张家庄的杨西泉颇习养生之术，能为人却病生子，名动公卿间，在其丧子无后时，兵使者宣城蔡公亦"为问诸日者"。③吴桥王禀诚以辛卯乡荐为山东武城县令，娶张侍御女，久无子，至四十裸于神。④在保定新安县，士民向白衣大士祈祷以求子。万历乙丑年，新安士民在静岙禅寺山门左侧建一祠，特奉白衣大士，乡耆马某又率众重修于顺治乙亥年。孙奇逢在清初流徙于新安，仍然见到县中士民认为白衣大士司孕育之柄，前来求嗣。⑤祈祷、占卜一般并不能使京畿士人达成求子愿望，他们或许只是在祈祷、占卜过程中获得精神上的慰藉，抚慰急于得子的心理而已。如嘉靖戊戌年（1538）进士刘乾结婚十几年而无子，在这期间刘乾"祷之于神无得也，试之以方书无得也。问之于相，卜曰：'当有子焉。'又数年而无得也"。其实刘乾婚后常年无子实因妻子身体瘦弱、血气不足不可受精，在其妻死后，"聘新妇，一索而得男，长目、大口，额有奇骨，神气强实，涉大寒大暑亦且少疾"。⑥

杨联陞曾作文论述"交互报偿"是长久存在于中国传统社会的重要观念，"报"可以看作人与人之间的报答、报偿、报仇关系，也可视为人与超自然之间的报应关系。因此当某人有所行动时，是出于对方也会同样有

---

① （明）蔡叆：《洨滨蔡先生文集》卷8《贺王槐亭生女》，第606页。
② （明）孟思：《孟龙川文集》卷8《叙张生始有子》，第139~140页。
③ （明）赵南星：《赵忠毅公诗文集》卷10《贺杨西泉生子序》，第276~278页。
④ （明）范景文：《文忠集》卷7《文学王德启墓志铭》，《景印文渊阁四库全书》第1295册，台北：台湾商务印书馆，1986年影印本，第547~548页。
⑤ （清）孙奇逢：《重修大士庵记》，张显清主编《孙奇逢集》（中），第579~580页。
⑥ （明）刘乾：《鸡土集》卷2《贺李甥生子序》，第452页。

所回馈或回报的预期，亦即将帮助他人、救济危难视为一种对未来的"投资"，如果用在因果报应与轮回转世的观念里，则行为者所期望的是将今生的善行与修为当作对来世的投资，以期来世能享有善报。① 明代京畿士人认为，"积德厚而不食其报，必在其子孙"，② 因此往往在日常生活中更注重自身修德积善以求改变艰嗣的命运，实现生育子嗣、延续家族香火的愿望。孟思针对一般人认为"子女有命，不可必得"的观念，以孔子称商瞿四十后当有五丈夫，后果得五子之事，论述修德积善对生育子嗣之重要性：

> 商瞿积德也厚，而信道也笃，养气之淳，而尊性之善，厚则必发其祥，笃则必培其祜，淳而善必衍其传。易曰："积善之家，必有余庆。"庆可必于积善者也。诗曰："宜尔子孙，诜诜兮。"诜诜子孙可必于有德之福也。③

京畿士人多将仁善之心及于他人万物，喜欢把日常生活中的各种道德实践行为与其最终能喜获子嗣联结起来。如穆文熙记载其师长好友少保石公在为政与生活中有各种德行：上疏六事批逆鳞被笞，放逐为民；后被起用为大司空造宫室；丁亥秋河决瓠子口，石公上疏请修堤堰数百里而保民；丙戌、戊子之间畿南灾荒，石公捐俸赈邑里戚族，又联合当地官员发义仓积粟及内帑金银赈济灾民；平日无私，利人济物；乐引后学，见人才子弟辄视为己子，诲之不倦，里中士皆出其门下。穆文熙及子光胤从石公学，穆文熙有子并连举二孙，石公极为喜悦。穆文熙认为"夫人情有子则喜，无子则感，以无子临人之有子则又大感。遑能爱人子教之诲之以至终始不倦乎？用是以想见公之心盖宽如大造，燠如阳春，润如沧海，阔如大泽。其生生之气固已不待其子之诞生而始知矣"。在少保石公生三女终于诞子后，穆文熙认为是"仁人之报"。④ 王子柔年四十六，十天之内连举两子，"一朝忽报珠生蚌，十日又见牛舐犊。伯仲之间能几许，浃旬两迕充

---

① 杨联陞：《报——中国社会关系的一个基础》，《中国思想与制度论集》，段昌国等译，台北：联经出版事业股份有限公司，1981，第350~364页。
② （明）孟思：《孟龙川文集》卷8《贺侍御王大侲先生得曾孙序》，第134~135页。
③ （明）孟思：《孟龙川文集》卷8《叙贺谢定庵司训得子》，第135页。
④ （明）穆文熙：《穆考功道遥园集选》卷13《贺少保石公诞震器序》，第146~148页。

间福"。李化龙认为此是王子柔在战争中不杀之德所报,作诗称:"忆君随我下蜀江,但祝行间多受降。不杀由来有天报,逆知有子必成双。里居近复传高谊,腴产都归仲与季。孔释抱送岂无因,振振公姓原天意。"① 以乡荐为山东武城县令的吴桥王禀诚,至四十而生子王德启(1603~1624),虽曾禋于神,范景文却认为是"以阴德增积,人以为天之报善人不爽也"。② 唐县的李公辅"年长而始有子",刘乾认为"李君公辅自大父以来积德感召者至矣"。③ 藁城张家庄的杨西泉颇习养生之术,"病者得杨君辄起霉鳖成冰雪之姿,尫羸变金石之骨,无子者往往有子"。邢州、赵州、中州的公卿缙绅"皆欲识杨西泉学养生"。杨西泉能为人"却病生子",赵南星认为"却病则可以建功,生子则可以成孝,此功德之大者也。而况为世之伟人却病生子,助天心之所福辅,苍生之攸赖其为功德,孰大于是?"在其丧子后,六十岁而生子。④ 可见在日常生活中,士人通过积极地投入俗世事业积累功德,赈灾济贫,扶危济困,善待他人等。但是行善积德也并不一定能获得子嗣。如王命生于真定饶阳著姓,字钦甫,别号鹤程,王命只有一子王亮芳,因劝王命娶继室不要宠幸小妾,被王命之妾赵氏毒害而死。后来王命所举三孙也皆相继夭亡。有人对没有后嗣的王命说:"惟积德可以育子,惟仕宦可以积德。"王命于嘉靖甲子举于乡,但久淹公车,因此无意仕进。但听到此言后,王命欣然投牒铨曹,除凤翔令,还搜其家余金橐而之官。比履任,王命一主于节爱,尽减诸供应,不以烦民;为官廉洁,且视官事如家事,靡利弗兴,靡害弗除。薄于为身而劳于为民,苦于厚下而俭于奉上,且三载如一日。关以西语循良者必举王命为高第。但戊戌入计,王命却因不能善事上官而镌秩一等。王命最终拮据病困而归,余继登称赞王命为官时的德行,并对王命说:"君心如是当有佳儿。"但王命并未因此而生子,却在归家不久后,因胸中意忽忽不乐生病,于嘉靖癸巳八月六日卒。⑤

---

① (明)李化龙:《李于田诗集·田居稿·内弟王子柔连举二子诗以贺之》,第563~564页。
② (明)范景文:《文忠集》卷5《贺王甥申之首入泮宫序》,第503~504页。
③ (明)刘乾:《鸡土集》卷2《贺李公辅得子序》,第466页。
④ (明)赵南星:《赵忠毅公诗文集》卷10《贺杨西泉生子序》,第276~278页。
⑤ (明)余继登:《淡然轩集》卷6《凤翔令王君墓志铭》,《景印文渊阁四库全书》第1291册,台北:台湾商务印书馆,1986年影印本,第909~912页。

四 子嗣的抚养

士人的个体生命维系着家族血缘、香火、家业的传衍。诞育新生命后，随即进入的是漫长的子嗣养育过程。生儿容易育儿难，将子嗣抚养长大，父母需要付出很多。照顾婴儿、抚养子女在传统社会一般认为是母亲的职责，但细读明代京畿士人留下的文献，我们会发现其实父亲并不是完全置身事外，对照料子女之事漠不关心。为了确保新生儿能平安健康地成长，有些京畿士人还会总结日常生活中养育幼儿的经验。如唐县刘乾就根据自己的育儿经验，总结了使子"安而寿"的养子之法："衣之勿过暖，恐其汗而虚也；乳之勿甚饱，恐其胃气满而伤也；勿早与之甘酸，虑其坏齿也；勿哺之厚味，虑痰火之作也。禁乳母薄五辛而勿食邪味，恐伤儿正气之和也。每遇风日之良则抱出之，欲其筋骨之坚而不脆也。"① 有些士人家境贫寒，会出现士人抱子读书、妻子纺织的情景。如赵州张时泰，字道行，别号活泉，七岁父卒，家日益贫。张时泰娶妻滑氏后，岳父滑翁怜其单子，使之同居。后来张时泰从故县令王公栋学易。在长子伯简出生三个月时，家遭火灾，资用皆尽，为了使妻滑氏专纺绩以给衣食，张时泰抱子读书。②

在子嗣身患疾病时，父母及其他家人会不安忧虑，除了悉心照顾外，还会积极地想各种办法去救治。幼儿患病严重，请医到家医治是重要的措施。元末明初的蓟丘刘明善，父母妻孥先后死于元末战乱。在"中原甫定"后，刘明善"北归乡里，再娶，以有家室。年四十，始生一男"。孩子尚在哺乳时，因"天大暑疹气方炽，儿右腋间疮忽垒起，儿瞋乱不帖席者数晨夕，其势危甚。明善与其家人惊悸莫知所为。邻里来相视，亦莫知所为计"。这时东浙娄传道"以医士侍直燕邸"，"明善于其休沐之暇，礼延于家，乃诊视儿"。娄传道曰："此医所谓丹毒也。盖小儿为阳火乱攻，气不得上，由是蒸而为毒，乘虚而傍出。"传道取药一匕使之饮，食顷而愈。刘明善"举家欢然若更生"。明善乃卜之日吉，具酒馔赍楮币以致礼、

---

① （明）刘乾：《鸡土集》卷2《贺李甥生子序》，第452页。
② （明）赵南星：《赵忠毅公诗文集》卷15《明赠奉直大夫知州张公暨配滑太宜人墓志铭》，第442~445页。

酬其德，感谢娄传道说："吾之子始虽遘疾而终于勿药，是先生之俾吾有子，绵吾宗祀也。"① 痘疹在明代严重威胁着幼儿的生命，有子嗣出痘时，父母多会一起悉心照顾孩子。如宛平王崇简与妻子梁氏对子女疼爱有加，王熙刚刚出生后，梁氏"珍惜倍笃，虽有乳媪，恒亲自抱持不释也"。到其学走路时，梁氏"恐致颠仆，戒无置之地"。王熙四岁时出痘，王崇简与梁氏"怜惜护视，不遑寝食"。② 在幼儿病笃，医药无疗效时，家人也会向上天祈祷，求助于神灵。金铉，字伯玉，顺天大兴人。万历四十二年（1614）甲寅，金铉五岁，发痘，得逆症，百药罔效，勺水不入者数日，气垂绝。金铉忽见有异僧围绕层列，若百千万者，咸袈裟诵佛，还隔窗而呼。金铉的父亲说："诸僧来，儿可不死。"金铉既而渐食，痘渐起，月余乃愈。③ 崇祯元年，金铉的四弟金铉有遘疾，金铉忧悫甚。一夕谓弟籥曰："四弟危矣。为我裁黄笺来，吾为请命于天。"遂挑灯草表再拜焚之。翌日弟铉渐有起色，不数日而愈。④

明代由于受生活条件和医疗条件的限制，婴幼儿较多受到疾病的威胁或不能得到有效的医治，子嗣夭折的现象普遍发生。在明代京畿士人留下的文献中新生儿因痘疹、风疾而死者最多。如岳正仲子应元"生几五月病痘，历十有四日风搐不治乃死"。⑤ 崇祯二年（1629）夏六月金铉生长子，十一月就以痘殇；二十二岁生第二子，十月又殇。⑥ 嘉靖二十五年（1546）冬十二月，杨继盛生一子，得风疾，因杨继盛不在家，无人延医，未及数日遂死。⑦ 这样的记载在文献中可说比比皆是，足见当时婴幼儿夭折之普遍。明代京畿士人家庭如无特殊原因，一般会生育多个子女，但是子女的夭折率很高。如据杨继盛《自书年谱》手稿记载，妻子张氏为杨继盛生四

---

① （明）李延兴：《一山文集》卷4《赠医士娄传道序》，《景印文渊阁四库全书》第1217册，台北：台湾商务印书馆，1986年影印本，第671页。
② （清）王熙：《王文靖公集·年谱》，《四库全书存目丛书》集部第214册，齐鲁书社，1997年影印本，第738~739页。
③ （清）金镜：《金忠洁年谱》，《北京图书馆藏珍本年谱丛刊》第64册，北京图书馆出版社，1999，第7页。
④ （清）金镜：《金忠洁年谱》，第10页。
⑤ （明）岳正：《类博稿》卷9《瘗应元儿铭》，第436~437页。
⑥ （清）金镜：《金忠洁年谱》，第8~33页。
⑦ 高朝英、张金栋：《杨继盛〈自书年谱〉卷考略（上）》，《文物春秋》2011年第2期，第66页。

子一女。其中长子生于嘉靖十九年（1540）冬十二月，于嘉靖二十五年二月殇；是年冬十二月，张氏生一子，得风疾，数日内夭折。杨继盛在1555年临刑时有二子一女。女生于1542年，时十四岁；子应尾，乳名解霖，生于1545年，时十一岁；子应箕，乳名应麟，生于1549年，时七岁。① 五个孩子有两子夭折，这在京畿士人家庭中算是夭折率低的。有的士人家庭子女夭折率较高。如唐县刘汝教"苦心于文"，却"七试七黜于有司"，五十二岁卒。② 刘汝教生前与其妻左氏共生子女十人，有四子、一女成人，有五人都在幼儿时夭折。刘汝教之子刘乾记载了五殇的情况："生子繁者则其神气枯。早年之子多秀美者，气盛故也。吾父吾母……初生……三岁而死。又三年而生孟……三岁而卒。又五年而生……四岁而殂。又八年而生女……十二岁而亡。又七年而生……不六岁而游。是吾父母之秀亡其半矣。今之存者四人皆其秀□余散者也。父已物故，而母之气无几矣。"③ 又如赵南星记载其弟孺卿生二子八女，其中九个子女为侧室李氏出。孺卿夫妇在时，有二子五女相次夭折，孺卿夫妇相继而卒后，不久第六女亦亡。④ 王崇简年谱记载，梁氏于1617年嫁给王崇简后，分别在1618年、1619年、1620年、1621年、1624年、1626年、1628年、1633年、1634年生育了九个孩子，"生四男子，存者熙。生五女子，一以痘殇，三适人，一将聘卒"。⑤ 子女如此高的夭折率使一些父母多求助于神灵来保佑孩子健康成长。如沧州戴明说的母亲"以男女艰所育"，为了让戴明说"易养以有成"，自幼就命他礼佛门东父祖修建的禅院。⑥ 有些士人遭遇婴幼儿因染病而夭折时，虽知导致子嗣夭折的是疾病，但也会将幼子的夭折归咎于自己日常生活中的不善行为而受到神明降下的惩罚。如岳正仲子应元"生几五月病痘，历十有四日风搐不治乃死"。此儿的死让岳正很悲痛，但他更认

---

① 高朝英、张金栋：《杨继盛〈自书年谱〉卷考略（上）》，《文物春秋》2011年第2期，第61~72页。
② （明）刘乾：《鸡土集》卷4《明处士刘育樵墓碑铭》，第487页。
③ （明）刘乾：《鸡土集》卷4《五殇志铭》，第486页。
④ （明）赵南星：《赵忠毅公诗文集》卷16《明文学刘公墓志铭》，第483~485页。
⑤ （清）王崇简：《青箱堂文集》卷12《家谱·内传》《年谱》，《四库全书存目丛书》集部第203册，齐鲁书社，1997年影印本，第541~542、553~563页。
⑥ （清）戴明说：《定园文集·重修门东禅院疏》，《四库未收书辑刊》柒辑第18册，北京出版社，2000年影印本，第81~82页。

为这是对自己的惩罚:"星者云不宜死,相者云不宜死,先君之有阴德不宜死,卒死之。岂正日所为多大不善,人诛鬼责,强夺儿性命,以阴示殛罚也邪?何不得以儿慰太夫人之心,益以彰正之不孝如是也。"①

父母与子女之间有着不能割断的血缘之亲。父母生育子女并倾注所有精力加以养育,丧子之痛最令人痛不欲生。大名府浚县人王越(1423~1498),字世昌,景泰辛未(1451)进士,官至兵部尚书,以边塞战功封威宁伯,以军功加少保兼太子太傅。久经沙场的王越在一女一子先后夭殇时,心如刀绞,作诗道:"一女先亡子又亡,前生业帐老来偿。愁深似海流成泪,痛急如刀割断肠。姐未三旬真是夭,弟方十九正为殇。汝爹还有伤心处,同日何堪送二丧。"② 父母与子女之间的骨肉亲情既源于天然的血缘,更源于日夜相伴的生活。新生命的诞生能够给家庭带来快乐和希望,而子女出生不久就夭折,士人多满怀对子女匆匆消逝的怜惜和怅然若失。但是在父母长辈的细心呵护下慢慢长大的孩子夭折,父母的悲痛是难以言喻的。如杨继盛于嘉靖二十五年痛失两子,其情感有着明显的差异。长子于二月先殇,杨继盛记载:"此子方七岁,甚聪敏,且知孝道,若成人然。死之日,予甚哀之。"而对于是年冬十二月刚出生得风疾未及数日而死的儿子,称:"以予不在家,无人延医,遂死之。以未及数日,且予未见,故不入排行之列。"③ 子女年龄越长,夭折后父母越哀痛。如万历二十八年(1600)余继登二十七岁之子夭折,余继登描述丧子后的悲痛:"情关骨肉,宁不痛心,尪羸病躯堪此摧剥,因而神思恍惚,语音失常,委顿床帷,时觉昏愦。"④ 士人的独子在成年后去世,甚至会让家人痛心不已,生病而卒。如赵州周长卿唯有一子溥,在其为朝城令时,二十六岁的溥病甚,于是其祖母徐孺人与之归家,归未月而卒。祖母徐孺人不胜痛,而又念长卿只一子而忽夭折,想魂异乡不知作何状,徐孺人就以九月之望促驾东行,六日而抵朝城,周长卿母子相见益不胜痛,徐孺人六日而病,病四

---

① (明)岳正:《类博稿》卷9《瘗应元儿铭》,第436~437页。
② (明)王越:《黎阳王太傅诗文集二卷》卷上《哭丧子女诗》,第476页。
③ 参见高朝英、张金栋《杨继盛〈自书年谱〉卷考略(上)》,《文物春秋》2011年第2期,第66页。
④ (明)余继登:《淡然轩集》卷2《告病疏》,第807~810页。

日而卒。周长卿面对独子与母亲相继而卒,"踊号若不欲生"。① 有些士人接受不了接连丧子的悲痛,往往也会得疾而卒。如岳正生四子六女。长子增十九岁夭,仲子应元"生几五月病痘,历十有四日风搐不治乃死",② 祖授"五岁而夭"。③ 留下唯一的儿子堂,在岳正五十四岁时又殇。在堂殇后,岳正很悲痛,写诗道:"我年五十四,四次举儿子。阿增十九龄,志业总可喜。岂不恸其夭,谓有堂儿恃。应元与祖授,孩殇且勿齿。仁者必有后,古贤范世语。我讵敢为恶,堂儿竟童死。失明固可讥,不忧亦去理。悲哉呜咽声,惧成不孝尔。"④ 岳正不久就"恸而成疾,壬辰九月十一日卒,年五十五"。⑤ 父母悉心养护子女长大成人,希望自己年老之时得到赡养,死后能得到安葬和祭祀,如果子嗣均夭折,这些事情就只能依靠兄弟子侄和亲戚了。如岳正四子均夭折,在其成化八年九月十一日疾卒时,"兄端、府军千户祥,哀君无子,率其犹子坪、培、均、垣、埔长号"葬于祖茔。⑥ 岳正妻宋夫人在其去世二十年后,七十二岁才卒。"无一息之胤,其伯氏处士公亦已寿终,从子许又客于外,病且革,家具萧然无以供后事者。自脱簪制棺为月制,制甫毕,而纩属决。于是伯陆氏为治丧,从子均、垣、埔,从孙子户林及标、格、楫、梁、桂、集相与奔走,扶柩归漷县,相于公墓。"⑦ 岳正侧室周氏在岳正去世三十三年后,七十三岁才卒。子早夭,却还有两女,"一适监察御史李经,夫妇皆早世;一适尚宝司卿李珫"。岳正去世后,周氏"常依其女以居,起居出入更相为命。越三十余年,病且笃"。从子坪迓之归,珫留弗释。坪遣其子梁日再至。孺人幡然曰:"归葬于家,礼也。"乃强舁,至家一日而属纩。周氏卒后由年九十的伯姒陆孺人及从子坪安葬。⑧ 真定饶阳的王命病时,一子、二女、

---

① (明)赵南星:《赵忠毅公诗文集》卷16《明敕封周母徐孺人墓志铭》,第492~493页。
② (明)岳正:《类博稿》卷9《瘗应元儿铭》,第436~437页。
③ (明)李东阳:《怀麓堂集》卷85《岳孺人氏墓志铭》,《景印文渊阁四库全书》第1250册,台北:台湾商务印书馆,1986年影印本,第906~907页。
④ (明)岳正:《类博稿》卷1《哭堂儿》,第360页。
⑤ (明)岳正:《类博稿》附录李东阳撰《蒙泉公补传》,第462~465页。
⑥ (明)岳正:《类博稿》附录叶盛撰《故中宪大夫兴化府知府致仕岳君墓志铭》,第455~457页。
⑦ (明)李东阳:《怀麓堂集》卷49《外姑宋夫人墓志铭》,第528页。
⑧ (明)李东阳:《怀麓堂集》卷85《岳孺人周氏墓志铭》,第906~907页。

三孙皆先死,其侄亮芬日侍汤药,并在其卒后营葬。① 可见子嗣夭折会给士人的身心与家庭生活带来很大的影响。

第二节　子嗣的教育

家庭是人开始人生历程的第一所学校。人要身心健康地成长需要物质方面的抚养与精神方面的教育有机结合。士人的文化修养及品行修为,与家庭的文化氛围和父母长辈的教育有着直接关系。在明代,士人得到的社会地位不再是由出身决定的社会等级,而是基于自身在科举上取得的功名以及在社会上取得的成就。因此明代士人家庭对子孙的教育是非常重视的。

一　寄寓期望

明代士人普遍认为,"天之将兴人家也,则其子孙必多而且贤"。② 子孙贤良才能兴家,人自呱呱坠地的那一刻起,家庭、社会的各种期许就会不断加诸身上。世人将刚诞生的子嗣称为英物、名驹、石麟儿、丹凤雏、蓝田玉、沧海珠,③ 还有"龙角凤毛、球璎琳琅之说",④ 这些都是世间稀有的珍贵之物,从而寄托士人希望子孙异于常人、贤能兴家的美好期望。孟思则认为世间的杰出人物乃是感天地之气而生:"若其清淑淳粹之尤者,神气钟毓之所感而生人焉,尤异于常。奇魁特达,文英雄隽,鸿儒才士,名世之贤,为公为卿,为国家之所宝,而贵者出焉,然必有所感而后生。苏子曰凡人之异于常者其取天地之气,常多故有异其地者矣。"⑤

在明代士人的碑传铭文中常有人在出生时往往出现各种异象的记载,婴童之时就颖悟异于常人,被父祖寄予科举中第、光耀门楣的厚望。京师的李镜玉"未诞时,母淑人梦三白蛇飞绕庭树",其母言于其父,其父大

---

① （明）余继登:《淡然轩集》卷6《凤翔令王君墓志铭》,第909~912页。
② （明）赵南星:《赵忠毅公诗文集》卷10《贺吕鬻叔举孙序》,第276页。
③ （明）王越:《黎阳王太傅诗文集》卷下《贺林大参生子》一诗云:"世间汤饼客,每写弄璋书。不尔则添丁,不尔则充闾。不尔则英物,不尔则名驹。或云石麟儿,或云丹凤雏,或云蓝田玉,或云沧海珠。前人书此已烂熟,后人之书那可续。"第493页。
④ （明）穆文熙:《穆考功逍遥园集选》卷12《春兰说赠郑竹亭得孙》,第134~135页。
⑤ （明）孟思:《孟龙川文集》卷9《贺解州守陈公得子序》,第181~182页。

奇谓："是必大吾门。"李镜玉"生而颖悟，书史寓目悉成诵，举动不类常儿"。李镜玉季父"雅好诗书，顾独奇公舞象之年辄摘吐凤之藻"，于是延师教其兄弟三人。李镜玉"未冠，补弟子员，蔚有时名"，在辛卯年与季弟"同举于乡，且同师门，士林美之"，甲辰以屡上公车不第，谒选天官，授峰县县令。① 颜元字浑然，号习斋。母亲王氏怀孕十四个月，明崇祯八年三月十一日卯时生颜元。年谱中记载颜元出生时的异象为："乡人望其宅，有气如麟，忽如凤，遂产先生。啼声甚高，七日能翻身。"② 万历三十八年（1610）七月十九日，金铉出生于北京崇文门内总捕胡同寓邸。其弟金镜在金铉的年谱中详细记载了其出生之日的异象与幼年的与众不同之处：

> 生之日与祖父同。是日昧爽，先大母隐几卧，梦一罗汉入室，惊寤汗如雨。辰时伯兄生。移刻，进士夏公嘉遇来。先大夫喜曰："夏公来为吾儿兆耶！"因命乳名曰甲兆，命名曰绳第。知交中以生辰同祖共相贺曰："其绳祖武乎！"伯兄六岁，出就外傅，一目数行下，师大奇之。③

金铉出生前其祖母"梦一罗汉入室"，"生辰同祖"，出生后移刻进士夏公嘉遇又来，这些事或许都是真实的，但明显纯为偶然的巧合，金镜将这些偶然巧合之事附会为神秘异象，是因异象非人人身上都会发生，或许意在说明金铉出生非同一般。金铉生于仕宦之家，祖父汝升为南京户部郎中，父显名为汀州知府，金铉为家中长子，其父将进士夏公嘉遇来视为金铉将来科举中第的先兆，还命乳名曰甲兆，命名曰绳第。知交中以生辰同祖共相贺曰"其绳祖武乎！"这些都是父祖及其知交对金铉以后能科第显名、光大家族的期望。有些人则是因面相气度上的不凡而被父母寄予厚望。如河间献县陈钺在童卯时，母张氏即异之曰："是儿步瞻不凡，远大

---

① （明）张邦纪：《张文悫公遗集》卷8《明文林郎河南开封府尉氏县知县镜玉李公墓志铭》，第86~88页。

② （清）李塨：《颜习斋先生年谱》，《北京图书馆藏珍本年谱丛刊》第83册，北京图书馆出版社，1999年影印本，第21~23页。

③ （清）金镜：《金忠洁年谱》，第6~24页。

器也。"乃劝其父遣就学，而躬自资给之。陈钺于天顺丁丑（1457）举进士，且官至兵部尚书。① 又如杨继盛在刚刚降生时，其父喜而谓人曰："卜者、相者以予有阴德，当生异子。今观此孩，首、身、股三停，此必不凡也。改换门闾，大吾宗族，在是子矣。"②

　　士人家庭在为子孙起名命字时也寄予期望。如上文所记金铉就被父亲命乳名曰甲兆，命名曰绳第。岳正的第二子，"始生值正试三场于礼部"，报其外祖前归德守宋公，公曰："乃父奇士，今应举必魁天下，宜曰应元。"比揭晓正果第一，内外忔然腾喜，遂定名应元。③ 茂才王槐征，幼时祖父太仆公奇之曰："此子神情雅亮，当是后来之俊。"因名曰亮芳，字以槐征，盖取王氏槐堂之意。④ 给子孙起名寄托父祖对新生子孙的美好祝福，从甲兆、绳第、应元、亮芳等与科举中第密切相关的名字中我们能体会到，士人为了保持家庭的科举传统对子孙科第不绝、光大家门的殷殷期望。对于长久期盼才得到的子嗣，士人在起名时更加慎重。如保定府唐县刘乾，二十岁娶王氏为妻，但王氏"独以形貌枯瘠，血不受精，用是十年而不孕"。⑤ 其间刘乾祷之于神、试之以方书、问之于相卜，都未得子，在王氏去世后，续娶徐氏才生两子。刘乾根据两子各自的性格、资质来给他们命名："长曰迟，次曰迈。何以乎？迟也，气峻质灵，吾恐其锋芒太早而缺也，故名之迟。迈也，朴钝完厚，或曰此子奇而郁秀而藏焉，吾恐其固且塞也，故名之迈。"名字的寓意是两子能取长补短，"图其将各有造"，希望两子能兴刘氏而成其志。⑥

　　父祖长辈对子孙贤良的期望，在士人的成人礼——加冠命字仪式上体现得更为充分。在子孙齿及既冠、三加礼成后，要给子孙命字，同时还会请当时有社会声望、有名气的人来写字说，申说所命字的含义以训诫子弟，希望子孙能成人为学、亢宗克家。如岳正曾为蓟之望族邵氏四子写

---

① 《新中国出土墓志·河北》（壹），一七七《明赠都察院右副都御史陈公（钺）配封太淑人张氏墓志铭》。
② 参见高朝英、张金栋《杨继盛〈自书年谱〉卷考略（上）》，《文物春秋》2011年第2期，第62页。
③ （明）岳正：《类博稿》卷9《瘗应元儿铭》，第436页。
④ （明）余继登：《淡然轩集》卷6《茂才槐征王生墓志铭》，第888～889页。
⑤ （明）刘乾：《鸡土集》卷4《妻王氏墓志铭》，第486页。
⑥ （明）刘乾：《鸡土集》卷4《名二子说》，第494页。

字说：

> 希贤三子曰端、曰整、曰贞，而希哲一子曰宁。此四子者亢宗克家，所谓兰芽玉树，称其家儿者焉。齿及既冠，三加礼成，将以尊名筮宾命字。端曰从正，整曰从敬，贞曰从吉，宁曰从道，所以重其成人者，至矣。希贤甫犹为未备，假予以伸其辞而致勉焉。夫端之于义为直为正，正重而直轻，舍轻以就重者学者之志，端曰从正者此欤。整之于义为齐、为敬，敬体而齐用，明体以适用者，学者之业，整曰从敬者此欤。《易》以前民之用书，实致治之本，用莫甚于吉凶，本莫要于言志。《易》具贞凶、贞吉之卦，而贞当从吉。《书》示道、接道，宁之文，而宁必从道。此其立言之旨，不既深乎，盖亦足以称其所以筮，所以宾矣。为四子者宜何如哉？生非贤圣，善必资学，顾名思义，由义达道，端非正不为也，整非敬不存也，贞非吉不趋也，宁非道不履也。岂惟不昧于所从，不负其名与字以称成人乎？或出或处，立德立功，虽曰跻域贤圣、都位公卿，使天下后世知有其名，乐闻其字，将亦无不宜者矣。抑吾闻之汉有两孟公而陈遵独能惊座，唐有两韩翃制诰之命必与能诗，使或身之不立，虽有佳名美字不足以扬休一时，又况乎垂播于千百世之远乎？希贤甫曰："足以训矣！"是为说。①

从字说中可以看到，在士人既冠之年就是其成人之时，通过加冠命字的仪式让其明白成人为学之道，此后能立身扬名、光大祖姓，才是父祖们真正的希望。又如杨继盛以忠谏而被害，其好友王世贞字其长子应尾以锡类，希望他继承父亲的忠孝美德，以昌其家。② 孙奇逢在路过保定时，魏莲陆请其为子命字。孙奇逢见魏莲陆之子"服庭训，能读书，知亲有道"，乃命字为汝器，并作字说阐发其义：

---

① （明）岳正：《类博稿》卷8《邵氏四子字说》，第423~424页。
② （明）王世贞：《弇州四部稿》卷111《杨子应尾字锡类说》，《景印文渊阁四库全书》第1280册，台北：台湾商务印书馆，1986年影印本，第753页。

夫器所以适于用，虽有大小、贵贱、精粗之不同，须成器矣，然后可以论大小、贵贱、精粗也。人之所以成人者，亦以其卓然有适于用，然后自命为人。如无一才一德，足自见于世，不亦觍焉为人乎？赐固称达，似不囿于器矣。夫子以瑚琏许之，盖所称器之大而贵且精者也。以语君子之不器，尚须有待。此中之分数，盖不容一毫将就冒认于其间。智、廉、勇、艺，皆器也，文以礼乐，则无智、廉、勇、艺之可名。令尹之忠，文子之清，皆器也，归之于仁，则无忠清之可名。夷、尹、惠，皆古圣人也，以孔子较之，亦器也，协之于时，则无清、任、和之可名。

学者立必为圣人之志，由有恒而善人、而君子，然后可优入圣域。未尝适道与立，而遽与之权，能乎哉？迹言学者，舍穷理尽性而骤言至命，皆与未成器而高谈不器者等。子今为士，士之所以为士者，非入孝出悌，必信必果乎？如士而不士，犹觚之不觚也。孔子裁狂简，正欲炼其器，以大其用耳。狂狷者，中行之器也；善信者，美大圣神之器也。孔子谓赐与回孰愈？进赐于回，以大其器。赐未至回，自不敢冒承而袭取之。子舆氏姑舍是不同道，此足见其器矣。不成器者不必言，而器之大小、贵贱、精粗，其造诣岂容一概论哉？神而明之，由器而进之。不器者，是在汝器自勉之。①

可见孙奇逢对魏莲陆之子以古圣贤之道期之，希望他成为真正的士人，能成大器。从上面字说可见，虽然父祖辈对子孙命字之义各有不同，但父祖辈通过命字对子孙的期盼和给他们起名时的期盼是一样的，都寄托了父祖希望子孙能兴旺家族、继承父祖之志的期盼。如故城宋诺就曾称其父亲宋良筹担心宋诺兄弟不果于进，乃"示以命名之义，继以字号之说，以警其怠"。② 此外士人所请写字说者一般会比自家社会声望地位要高一些，这也意味着父祖希望子孙在将来能像写字说者学习，改善社会地位。同时我们也看到士人给子孙起名命字也是使子孙社会化的仪式，希望子孙

---

① （清）孙奇逢：《汝器字说》，张显清主编《孙奇逢集》（中），第 600 页。
② （明）宋诺：《宋金斋文集》卷 1《先考诰封奉政大夫户部郎中龙溪府君行述》，《四库全书存目丛书补编》第 97 册，齐鲁书社，2001 年影印本，第 328～330 页。

在士人社会建立起交际网络，得到士人社会的认可，逐渐融入士人的社会文化中。

二 为学之教

再美好的期望，再远大的理想，如果没有扎扎实实一步接着一步的长久努力终是虚无。明代京畿士人深明此理，将对子孙的期望付诸日复一日的生活起居，从胎儿的胎教到幼童的蒙养，再到成年后的读书入仕，无处不有父祖辈的身影。

明代京畿士人承袭自上古以来就重视胎教的传统，主张孩子未出生时就要开始教育。有些士人将胎教写入家规要求丈夫告诉妻子施行，如《何氏家规》就有这样的规定："古有胎教，凡妇人妊子，寝不侧，坐不边，立不跛，不食邪味，割不正不食，席不正不坐，目不视邪色，耳不听淫声，此道也。今之妇人焉得而知之，夫当预与之言。"[1] 但是更多的士人认为"教胎者，其义大，其功微"，更注重人出生以后在食息起居、洒扫应对的日常生活中培养起良好的品性，宜首重蒙养。[2]

孙奇逢在《孝友堂家训》中多次提到端蒙养的重要性。如他曾从家运盛衰来论述端蒙养是家庭第一关系事：

> 孩提知爱，稍长知敬，此性生之良也。知识开，而习操其权，性失初矣。古人重蒙养，正以慎所习，使不漓其性耳。今日孺子转盼便皆长成，此日蒙养不端，待习惯成性始思补救，晚矣！家运盛衰，亦何常之有？父父，子子，兄兄，弟弟，元气固结，而家道隆昌，此不必卜之气数也。父不父，子不子，兄不兄，弟不弟，人人陵竞，各怀所私，其家之败也可立而待，亦不必卜之气数也。端蒙养，是家庭第一关系事，为诸孺子父者，各勉之。

他在为浩、溥、沐、浴、溶、汉六孙延师时，告诫他们：

---

[1] 徐梓编注《家训——父祖的叮咛》，中央民族大学出版社，1996，第203页。
[2] （明）金铉：《金忠节公文集》卷2《胎教说》，第459~460页。

尔等未离孩提稍长之时，正在知爱知敬之日。吾家自高祖以来，忠厚开基，今孝友堂尚依依如新也。尔为兄者宜爱其弟，为弟者宜爱其兄，大家和睦，敬听师言，行走笑语，各循规矩。程明道谓洒扫应对，皆精义入神之事，莫谓此等为细事也。圣功全在蒙养，从来大儒都于童稚时安终身之品。尔等勉之。

孙奇逢还认为子弟要成人自立、成贤人君子也要自童蒙始：

士大夫教诫子弟，是第一紧要事。子弟不成人，富贵适以益其恶；子弟能自立，贫贱益以固其节。从古贤人君子，多非生而富贵之人，但能安贫守分，便是贤人君子一流人。不安贫守分，毕世经营，舍易而图难，究竟富贵不可以求得，徒自丧其生平耳。余谓童蒙时，便宜淡其浓华之念。子弟中得一贤人，胜得数贵人也。非贤父兄，焉能享佳子弟之乐乎？①

可见孙奇逢认为正蒙养在人的成长中起着关键作用，是家中第一要紧事。士人子弟的蒙养不仅关系自己的命运，更关系到家族盛衰。士人之所以如此重视蒙养是认为："人之生自吮乳拥褓时，饱暖之欲固已不学而同然矣。及智虑渐开则利欲渐侈，理义之性汩没于其中，非有教诲以觉寤之则与禽兽无异。夫教诲觉寤者必于童蒙之时，此父兄之责也。顾非所望于凡民，则士大夫之责也。"② 一些士大夫不仅重视子女的开蒙教育，还会编订刊刻一些开蒙教材。例如赵南星认为《三字经》《女儿经》因"一则句短而易读，一则语浅而易知"，是很好的开蒙教材。他与吴昌期、王义华二人翻阅群书，具列其事，将《女儿经》中非初学所知的内容换成俗语，令人人可解，与《三字经》合而刻之，称为《教家二书》，作为士大夫教育子女开蒙的教材。③ 家世诗书的士人之家将子孙以春兰期之，认为诗书文艺是长养培植子孙之具。郑竹亭四十七岁诞元孙，穆文熙作《春兰说》

---

① 以上三段引文均见（清）孙奇逢《夏峰先生集补遗》卷下《孝友堂家训》，第325~333页。
② （明）赵南星：《赵忠毅公诗文集》卷7《教家二书序》，第149~150页。
③ （明）赵南星：《赵忠毅公诗文集》卷7《教家二书序》，第149~150页。

祝贺，阐明了以诗书文艺教育子孙的重要性：

> 余因诘之曰："古人有谓孙为兰，孙者何？"客曰："兰之为草馨，故其叶亦馨。昔韩愈氏称殿中少监马君之。"孙曰："瑶环瑜珥，兰茁其牙，取其传芳不替而已。"曰："子知兰之必馨乎？"曰："兰产于水泽则水泽馨，树于庭皋则庭皋馨，纫之而为佩则佩馨，何者？其根株之定于性也。而不馨非所以语兰矣。"曰："然则奚有所谓滋九畹之兰者乎？奚有所谓兰蕙化而为茅者乎？奚有所谓鲍鱼芳兰味入自变者乎？夫滋者蒔也，长养培植之谓也。言兰虽馨必假人力以滋之，恃其为兰而不滋，斯荒秽不治化而为茅者有之。其或滋之而不为茅，然以之入于鲍鱼之肆则其味亦鲍鱼而已，而人不谓之兰也。缘是以观，人之子孙孰不以兰自期，人亦孰不以兰共期之？然诗书文艺所以为滋之之具也。不以诗书，不以文艺，任其诞谩无成者化之而为茅者也。即或导之诗书文艺。然薄有所得而厚有所染，染于诡谲，染于阴贼，染于贪谣乐货，则又变于鲍鱼之味者也。然则郑君之孙，其为兰审矣，亦不可恃其为兰也。必知所以滋之乎，必勿令化之为茅；变之为鲍鱼乎，必如是而后可以语兰孙也，不然非所望也。虽然郑君家世诗书，君子若侄蒸蒸庠序，其必知所以滋其孙矣。知所以滋之，则孙之子为曾孙，曾孙之子为玄孙，玄孙之子为来孙，来孙之子为晜孙，晜孙之子为仍孙，仍孙之子为云孙，服有成训传芳无既，亦如兰之植，本既固，而千叶万茎芳华可搴无穷已时也。……即凡有子孙者宜永服无释也。他如侈为龙角凤毛、球璆琳琅之说者，何其言之鄙而诼也。"①

虽然京畿士人在理论上注重以儒家的理义蒙以养正，以慎所习，希望通过诗书培养子孙贤德的品性，但是明代是个科举盛行的时代，家庭要想荣显富贵，就要中第入仕，所谓"虽然荣贵在聪明，大本圣贤书要读"，②"早读圣贤书，少年便享千钟禄"，③ 通过读书入仕而富贵，才是士人世俗

---

① （明）穆文熙：《穆考功逍遥园集选》卷12《春兰说赠郑竹亭得孙》，第134~135页。
② （明）王越：《黎阳王太傅诗文集二卷》卷下《贺孙克让得子》，第495页。
③ （明）王越：《黎阳王太傅诗文集二卷》卷下《贺林大参生子》，第493页。

生活中最普遍、最真实的愿望。大多数士人也是这样做的。赵南星就曾说："世道衰微，士大夫恒不知有理义，其所以教其子弟者皆饱暖之计，往往读书为文章成士大夫，而终其身无一理义之言，亦可怜也。"① 吴桥范景文在外甥王申之以总角应童子试为诸生后，追叙了王申之父祖早逝的家世，要王申之夙夜努力读书，范景文称："夫夫子不云乎？立身行道，扬名于后世，以显父母。寒门单族一窥黉序，便称亢宗。生在阀阅，衣冠诗书乃其家物，即拖青紫、翔皇路而学未穷深极远，难语入室升堂，况一入门发轫便为汝荣，而令予辞赘耶。即今王族世衰凋落已尽，城武公雁字一行，因风变灭窅无留韵一丝未泯独萃。汝躬可不夙夜努力，以崇明德，酬罔极追先绪乎？子归而阍门垂帏，当深自念，弃时如弃身则庶几焉。"②

京畿士人读书多在六七岁开始。如赵南星在诗中曾说："吾孙甫六龄，焚香吁神前……明年可入学，勤读圣人篇。努力为君子，名与黄童传。"③ 故城的宋良筹，字文谟，别号龙溪，生而颖悟，七岁诵诗书，即晓大义，十岁善属文，十六入泮序。④ 其长子宋诺，字子重，生有奇质，九岁能属文，甫垂髫亦为诸生。⑤ 万历九年（1581），定兴鹿善继七岁，是年从祖父豫轩公受章句。⑥ 一些家境困难的士人入学要晚一些，但一般也不会大于十岁。永年申佳胤七岁父卒，家贫，中外无所倚，母亲纺绩以佐饔飧，时有不继。申佳胤仍然在九岁初就外傅读书。⑦ 长子申涵光也在九岁入小学，从张先生斯受治毛诗，馆于县庠。⑧ 1644 年申佳胤殉难后，其季子在清初

---

① （明）赵南星：《赵忠毅公诗文集》卷 7《教家二书序》，第 149～150 页。
② （明）范景文：《文忠集》卷 5《贺王甥申之首入泮宫序》，第 503～504 页。
③ （明）赵南星：《赵忠毅公诗文集》卷 2《示首孙》，第 67 页。
④ （明）宋诺：《宋金斋文集》卷 1《先考诰封奉政大夫户部郎中龙溪府君行述》，第 328～330 页。
⑤ （明）于慎行：《谷城山馆文集》卷 19《明故中宪大夫兖州府知府金斋宋公墓志铭》，《四库全书存目丛书》集部第 147 册，齐鲁书社，1997 年影印本，第 575～576 页。
⑥ （明）陈鋐：《鹿忠节公年谱》，《北京图书馆藏珍本年谱丛刊》第 57 册，北京图书馆出版社，1999 年影印本，第 20 页。
⑦ （清）申涵光：《申端愍公年谱》，第 143～156 页。
⑧ （清）申涵煜：《申凫盟先生年谱略》，《北京图书馆藏珍本年谱丛刊》第 75 册，北京图书馆出版社，1999 年影印本，第 237 页。

动荡混乱中仍然在1647年春正月十岁时入小学,日受句读数行。① 因此明代京畿士人开蒙读书的年龄不会超过十岁。

京畿士人读书业举,不管是贫寒的耕读之家,还是富贵的科第世家,多是承父祖等亲人之意而行。如河间任丘边氏是明代京畿地区著名的科第世家,边复初在明成祖举兵靖难时率乡人归附,屡立战功,授世袭百户。但他却教育其子边永(1404~1484)要业儒:"吾上世多儒官,而吾以武功显,特一时遭际耳。汝宜业儒,以图效用可也。"边永则肆力于学,于正统辛酉(1441)领乡荐,乙丑(1445)登进士第,官至户部郎中。边永亦课诸子姓,以务学为训,由是子孙多以学行显。② 广宗宋奎(1507~1572)于嘉靖庚寅(1530)为邑庠弟子员,因累以数奇弗亨,乃督佃仆服勤稼穑使家殷富。宋奎有二子,教子各因其才。长子应期聪慧颖异,遣其学举子业而食廪学宫;次子应祝温厚诚确,寓于家政。两子果能丕承先志,益恢厥绪。③ 还有的京畿士人家庭祖父重视子孙业举,会直接安排孙子读书。如浚县王述,字希古,号质庵。有子一人,孙五人。王述见溱、洧二孙颖敏,遣诣河南从师儒授经讲学,归就邑庠充弟子员。家去邑二舍许,王述恐孙子自纵荒惰,命老妻随处,日视饮食、夜继膏烛,由是功倍业精,溱以《易》中成化丁酉科乡试,洧以《易》中癸卯科乡试,登丁未进士,拜刑科给事中。④ 有些士人受父祖两代的嘱托而问学应试。如吏科给事中毛玉,真定元氏人。祖父兰竹先生称:"振吾宗者,其此儿邪?"父亲也对他说:"尔其继吾志者。"毛玉乃"研精问学,日夕不少懈,补邑庠生,应正统辛酉乡荐"。在太学得到祭酒古廉李先生的器重,正统十三年(1448)戊辰登进士第。⑤ 有些京畿士人屡试不售,就让儿子继承其志业儒科考。如新城刘宗伋业儒屡试有司不售,乃学武又因对策有忤时语亦不录,于是从房山之异人治黄老家言。刘宗伋尽发所藏书畀之其子,复令其子从海内诸名家游,考德问业以益其所不逮。隆庆改元,其子以庄皇帝登

---

① (清)申涵盼:《鸥盟己史》,《北京图书馆藏珍本年谱丛刊》第84册,北京图书馆出版社,1999年影印本,第183~188页。
② 《新中国出土墓志·河北》(壹),一七六《明户部郎中封都察院右佥都御史边公(永)恭人郑氏合葬墓志铭》。
③ 《新中国出土墓志·河北》(壹),二五五《明庠生对簧宋公(奎)墓志铭》。
④ (明)王越:《黎阳王太傅诗文集二卷》卷下《质庵王先生墓志铭》,第514~516页。
⑤ (明)岳正:《类博稿》卷9《吏科给事中毛君行状》,第433~434页。

极恩贡阙下，丙子领顺天乡荐，丙戌成进士。刘宗佽喜曰："吾不做，知吾子必做也。"①

在明代尤其是晚明，科场竞争异常激烈，士人需要多次参加科考，要耗费大量的时间和精力。这也要求士人家庭必须拥有一定的社会经济实力来支撑其科举考试中的各种开销。祖父母、父母及其他家人多倾力相助，在士人漫长的备考生涯中，尤其是在习举初期，给予经济上的支持。出身富贵殷实之家的士人，靠着父祖遗下的家业不会为业举所需而发愁。但是出身清贫之家的士人可能会因经济压力放弃举业，而去积累财富，以供子孙读书仕进。如井陉霍岱，两岁时父亲去世，靠母亲杨氏抚孤，含冰茹荼，朝舂夜纺，力持门户。霍岱稍长出就外傅，在其娶妻张氏，生子美资后，业犹未就，乃去贷子钱为贾。霍岱贾清源间，积居与时，逐贾辄售，息三倍，家用益饶。霍岱以为贾所得上奉母杨孺人，下资子孙于学。长子美资为诸生有声称而食廪。其孙霍鹏为万历丁丑年进士，官至河南卫辉知府。② 又如获鹿孙璨为诸生，食廪不得举，则尽斥卖其产入赀游成均仕为绍兴府照磨，又为儿子孙谦入赀遥授晋府典膳。孙谦朴茂厚重，有办护才，在获鹿西山下有田数十亩，躬耕其中为生。孙谦自己不能读书，乃令其二子皆读书，为延名师不惜束脩。长子曰光祖，从同邑杨孝廉睿学《易》，后为沂水令。次子曰荣祖，从姚江黄孝廉釜学《礼》，后为无为州训导。③ 又如赵州处士张著甫，其父张仲贤以岁贡为浮山司训，张著甫虽有声于诸生间，但父兄去世后，有老母七十，张著甫竭力承欢，又须抚育诸姑，故不暇治经。张著甫痛其家之多难，少而孤露，折节厉行，绝一切芬华靡丽之好，日教其子达宸兄弟读书，谆谆教诫他们"余欲学而不得，今家务不以累尔，而舍读书奚事乎？"故达宸兄弟皆勤学能文辞。④ 再如长垣李栋，字良材，别号湖西。父殁时李栋七岁，母张氏怜之，既长，乃令其学书于外父吴太学，虽然李栋勤学日进，但家产日蹙，诸父与之析居。李栋得田二百亩，宅一区，徒四壁立，于是罢学书而力田。李栋有两子，

---

① （明）余继登：《淡然轩集》卷7《明封文林郎河南彰德府安阳县知县北冈刘公墓碑》，第932~934页。
② （明）余继登：《淡然轩集》卷7《寿官槐庵霍公行状》，第934~936页。
③ （明）赵南星：《赵忠毅公诗文集》卷13《晋府典膳孙公传》，第352~353页。
④ （明）赵南星：《赵忠毅公诗文集》卷16《明处士张著甫墓志铭》，第503~504页。

在其童时，就让母亲张氏与两子移城中就师授经，李栋则留田间劳作以供其需，每过数日就到城中省母，问两子之学业，还对两子述母亲张氏平生劳苦之状，勉励两子勤学。以是兄弟两人皆奋学，其中长子李化龙成进士，官至兵部右侍郎兼右佥都御史。①

父母家人不仅在经济上支持京畿士人业举，还会在学业方面亲自督课。京畿士人的子孙最初多是跟随自己的父、祖学习读书。如孙绪在四五岁时还不能说话，但受家中文化氛围熏陶能写字、识字。父亲指着悬挂巨轴中的字令他指认，一字不差。②孙绪六七岁时，父亲就口授他丘文庄公所作的忠孝箴。③又如吴桥范永年三龄而父捐馆舍，鞠于祖父儒官公范桂。范桂老于邑庠，以儒官受冠服。范永年生而奇颖，异常儿，祖父范桂口授句读，一覆无遗，令之属对应口辄成。范桂置酒召客把范永年抱在膝上，笑谓客人，"试举五经语，若讹一字当以大白浮我"，满座皆不能难。④范永年十五岁补弟子员高等，但累举辄蹶，乃日督课其子范景文业举，一灯荧荧父子相对，每达丙夜。范景文先于父亲于万历己酉举于乡，癸丑成进士。⑤故城周世选的父亲周良佐警敏善记诵，尝游乡先达夏公某、何公某之门，但数屈于有司，遭母丧后以家督领事，日课僮奴力作，给朝晡，遂废博士业。周良佐娶李氏生子周世选，周世选稍长，周良佐就严督其学，每摘疑义扣其师说，亲为是正，且屡指正人、庄士以勖之。周世选束发游黉序有声，周良佐色喜，时摩其顶曰："成吾志者是子也。"⑥周世选也励节奋志，壬戌（1562）成进士。⑦士人为了子孙读书为学耳提面命，因此很多士人家庭多父子学问相承。如高邑四家庄郭淳，嘉靖壬午举于乡，先后为新安、辉县县令，仲子郭叙夫少时诵书，就从其治诗卒业。郭叙夫后来因高邑绝无治《春秋》者，乃奋曰："《春秋》何遂难至此？彼起家者

---

① （明）赵南星：《赵忠毅公诗文集》卷13《李太公传》，第349～351页。
② （明）孙绪：《沙溪集》卷11《杂著》，《景印文渊阁四库全书》第1264册，台北：台湾商务印书馆，1986年影印本，第594页。
③ （明）孙绪：《沙溪集》卷14《杂著》，第636页。
④ （明）范景文：《文忠集》卷7《先君仁元公行述》，第556～560页。
⑤ （明）范景文：《文忠集》卷7《先君仁元公行述》，第556～560页。
⑥ （明）申时行：《赐闲堂集》卷22《赠通议大夫工部左侍郎北原周公墓表》，《四库全书存目丛书》集部第134册，齐鲁书社，1997年影印本，第460～461页。
⑦ （明）周世选：《卫阳先生集》卷首《南大司马卫阳周公传》，《四库全书存目丛书》集部第136册，齐鲁书社，1997年影印本，第553～556页。

何人哉？邑之所缺，固当自我先之。"遂负笈入京师，师事柏乡魏谦吉、辽州李维藩，受《春秋》数年，郭叙夫昼夜精研多所自得，为文切理不剿袭。但是郭叙夫数试不得举，以岁贡授鄢陵簿。郭叙夫有四子，长子郭华伯能学，郭叙夫乃授之《春秋》曰："吾平生竭心力于此，天必不终负，汝勉哉！"郭华伯从父教，以《春秋》成进士，试宰朝邑，后又入为侍御。① 定兴鹿善继完全靠父祖的督课而成进士。鹿善继六岁时祖父豫轩公成进士，鹿善继七岁就从祖父受章句。祖父豫轩公及父亲成宇公不令鹿善继就塾师，庭训其为学。祖父远在苏松为官，还不时通过书信指导鹿善继读书业举，并在万历二十三年（1595）从江南寄《王文成全书》给鹿善继研读。豫轩公在万历二十四年因谏言谪判泽州，又以台檄还里，于是对鹿善继督教更严，鹿善继在祖父的亲自指导下德业举业与日俱新。在豫轩公宦游时，鹿善继父亲成宇公鹿正则"拮据家务，一意以明农课子为己任"，因此鹿善继在祖父、父亲的共同指导下"未尝北面一塾师而业就"，于万历四十一年三十九岁时中进士。② 一些士人父亲早卒，会从学于家族中的父辈。如申佳胤家族自明初以来一直为永年鼎盛的世宦家族。泰昌元年（1620），申佳胤十九岁，赴童子试，补邑庠生。后乃从族兄琔学举业，又从兄灵允讲性理纲鉴。灵允为万历乙卯科举人，琔举天启丁卯科。申佳胤也于三十岁时成进士。③

士人父亲早逝，母亲会代替父亲之职，督促子孙读书，教育子孙做人为官。有些士人自己主动奋力苦读，母亲以纺织维持生计，陪子夜读。如永年申佳胤七岁父卒，时家贫中外无所倚，其母纺绩以佐饔飧。申佳胤九岁初就外傅，行里巷中目不旁视，读书刻厉不待督责，寒夜一灯，申佳胤书声与母亲机杼之声相答，不夜分不止。④ 有些士人兄弟较多，在父亲卒后，母亲不仅身任一切家务，还要教导诸子像父亲在世时一样业儒。如文安相庄王宗宝有子四人，其视诸子才，乃为择良师督之学，其妻张孺人实

---

① （明）赵南星：《赵忠毅公诗文集》卷15《明故敕封文林郎朝邑县知县郭公暨配申孺人合葬墓志铭》，第447~449页。
② （明）陈铉：《鹿忠节公年谱》，第18~34页；（清）孙奇逢：《夏峰先生集》卷8《鹿太公传》，第229~236页。
③ （清）申涵光：《申端愍公年谱》，第143~156页。
④ （清）申涵光：《申端愍公年谱》，第145~146页。

从臾之。王宗宝卒后，张孺人进诸子，诲之曰："毋以汝父故废汝学。一切家务吾当拮据为汝任之。汝辈能稍自树立，吾将借手以报汝父于地下。"诸子跪受教，争自淬砺，兄弟并举高科为循吏。其中仲子应霖庚辰进士，户部山东司郎中；季子应期己丑进士，河南尉氏县知县；次女婿姜璧辛未进士，巡抚郧阳右佥都御史。① 又如威县董文玉，少失怙恃，七岁从祖母李自太原徙威县，与祖母同历万苦以起家。董文玉娶妻刘氏（1422～1508），生子六人。董文玉成化辛卯（1471）卒。妻刘氏语诸子曰："吾与汝父以孤苦创业方有次第，而汝父乃溘先朝露，汝辈更事少，家其自兹废乎？"刘氏抚养教导诸子，务期有立。刘氏遣第五子威就外傅，至脱簪珥以佐费。威举成化丁酉（1477）乡试，中丁未（1487）进士。自是家益裕。②

有些妇女出生于世家右族，受家庭文化氛围熏陶，有一定的文化修养，有自己的判断和识见，往往比丈夫还有远见，更善于教导子孙。有不少士人的教育是母亲在起主导作用。如完县县学生李枝母冀氏（1502～1542）生士夫家，年十四归李迪，李迪性躁寡学，冀氏则亲自训其子读书。完县自元以来不事诗书，乡人常笑其迂，冀氏曰："吾伯兄溥戊子登科，祖非宰相，地非城郭，以山川明秀，何愁地不生才？吾儿功名有命，但令其通古今，知礼法，不尤逾于匹夫？"遂使李枝从学完邑。冀氏对李枝试对句以验才，观动静以验学。李枝常游玩柿林而不往，冀氏就督促他："柿林红叶可赏，黄卷青灯安在？尔父将责子矣。"越三年，李枝粗知书史，报儒士，于丁酉（1537）而充县学生。③ 又如顾氏世为清河右族，与樗轩公举二子，樗轩公欲并遣之就学。顾氏曰不可，称："学不专则不精，家不大裕则学不得专，是并妨之也。使琦主家事，以悟事学可也。"樗轩公首肯之，二君果各以所业立。顾氏治家甚俭约，虽久历丰裕而纨绮之好终不以尚荆布，唯于子孙笔札书籍之费则不惜。以故其子得多积古今书史而探其奥，以诗领嘉靖壬午乡荐。樗轩公以疾终，时顾氏年近七十，独专家政，中外斩斩。顾氏抚其孙曰沈、曰潜、曰涵者虽极慈爱，至于读

---

① （明）余继登：《淡然轩集》卷6《赠观城县知县友溪王公暨配张孺人志铭》，第912～913页。
② 《新中国出土墓志·河北》（壹），一八九《明故诰封太宜人董（威）母刘氏墓志铭》。
③ 《新中国出土墓志·河北》（壹），二一四《明故李（枝）母冀氏墓志》。

书课业之事则不少假借,曰:"尔祖有遗书,尔□□有□教,可宴安为乎?"用是诸孙皆奉训不怠。沈为国子生以拔贡卒业成均,策名天府。潜以秀彦补邑庠生。涵亦籍籍可述为儒士。①

京畿士人家庭对读书业举如此重视,为了使子孙保持诗书之家的家风,主张积书以遗子孙。孙绪详细论述了积书以遗子孙比积金以遗子孙更有利于子孙发展的道理:

> 司马公有言:"积金以遗子孙,子孙未必能守;积书以遗子孙,子孙未必能读;不如积阴德为子孙长久之计。"斯固至论,然亦微有不同。盖积书不能读,不过为一愚人耳,不至破家丧身。贤士大夫或来借,观贫士子不能买书者或来借读,不但于彼有益,而日与斯人往还,亦可以少闻善言,少见善行,或可以不至于甚愚。积书之富虽十乘五车充栋汗牛,然缓急无地货易,虽货易亦所获价值不多,不能淫荡心志。若积金太多,岂但为愚人而已,游手恶少数十为朋,柳阵花营任意游荡,探囊挥斥无谋不成,割臂沥血指天以誓,或争一妓而致讼累年,或愤一言而戕贼数命,郭解、李阳自为得计,庄蹻、盗跖所向无前,不致于伤身破家、灰飞烟灭不已也。甚者积金之父没,其母即以恚怒死。吾邑凡积金者皆然,指不胜屈。而积书之家亦有不能读者,不失为淳谨农商,而门楣庭户驯驯然,尚存诗礼之旧。然则积德上也,积书次也。嗤阴德为渺茫,指图籍为无用,徒知蝇营狗苟,登垄乞墦以积金者,民斯为下矣。②

可见孙绪认为积书以遗子孙远胜积金以遗子孙。积太多的金钱给子孙,如果子孙不才,挥霍无度,会使子孙"伤身破家、灰飞烟灭"。而积书给子孙,书不能得多少钱,子孙不会淫荡心志,即使子孙不能读书也不会破家丧身,若与来借书的贤人士子交往,子孙即使不读书也不失为淳谨农商,保持诗礼之家的家风。

---

① 《新中国出土墓志·河北》(壹),二一六《明故孙(琦)母顾太孺人合葬樗轩公墓志铭》。
② (明)孙绪:《沙溪集》卷11《杂著》,第592页。

三 为官之教

士人科举中第后，一般会入仕为官。官场复杂多变，士人为官虽能给士人及其家庭带来各种利益和荣耀，但同时宦途也充满了被罢免、被诬陷甚至是被处决、抄家等种种危险。为了士人为官的平安与家族的荣耀，父母亲人时常会对为官的子孙加以教导和劝勉，约束子孙的官场行为与行事作风。父祖教给子孙的多是忠君报国之道。有些父亲会着便装亲到儿子为官的辖区内察看其治理情况，勉励督促儿子尽心竭力做好官。如吴桥李峰之子仁常于癸丑成为进士，后官历下，李峰亲往一视，其"苍头随行，鱼服款段，所过属邑，未有知为太守封翁者。沿途讯问乃守治状，必大小无间咸称太守清且仁，而后色喜"。在到儿子的官署后又谆谆勉之："孺子其坚始终无二操。"在其教诲下，"仁常守济两载而颂浃三东"。① 故城周世选父亲周良佐在临终前，将周世选呼到身前，要他"善事尔祖，承家报国，惟忠惟孝，吾目瞑矣"。周世选由父之教，用是淬砺以名德显朝廷。② 更多的士人会在为官过程中随时随地受到父母的教导。如吴桥范景文癸丑成进士时，母亲马宜人就诫之曰："汝家自曾大父绩学累世，皆潜弗耀，今发祥，孺子其无忘所自。尔高王父以清白吏显于郯，其谨识之。"范景文顿首受教。在范景文初理东郡时，母亲马宜人以自己的喜怒来影响范景文的政事处理，"闻讯拷声，为愀然不乐；闻有所平反，则喜加匕箸。时值大祲，道殣相望，不孝设糜分赈，销银鱼以饲饿人。宜人脱簪珥佐之，衙斋突烟常冷，甑中凝尘，所佩六珈，时付质库，寮寀有以金爵阴置茗萋相饷者，不孝启封，怒欲发其事，宜人命另函璧归，勿曒曒借人以自为名也"。在范景文不愿赴远任、恋恋不舍时，母亲马宜人以大义勉之曰："王命不宿，臣子无偃蹇理。但受事后速图退步，斯不亦出处义明，君亲两得耶。"范景文在庚申泰昌龙飞覃恩遗贤实摄典铨时，日夜拮据，废眠食浃旬，势几殆，犹力疾告成事，归而皮骨仅存。母亲马宜人安慰鼓励他："儿良苦，儿志尽瘁。

---

① （明）范景文：《文忠集》卷7《李公暨配于恭人行状》，第554~556页。
② （明）申时行：《赐闲堂集》卷22《赠通议大夫工部左侍郎北原周公墓表》，第460~461页。

于此小试之。然光庙一月尧、舜，用人其最大者，问谁铨序，老人且为儿庆遭逢，不暇作煦煦怜也。"① 母亲对儿子的教导无微不至，父亲则以忠君大节勉励儿子。范景文从河南赴援京师，与父亲范永年言别。范永年鼓励范景文："此尔授命忘家时也。" 当听闻范景文保涿、通、良之地平安，范永年乃喜形于色。到范景文移军保护昌平时，范永年特往一视，循览衙舍湫隘，食不能具五簋，称赞儿子曰："儿与士卒同苦，吾志也。无以禄养，而以志养，当如是。" 在范景文以建储恩进阶大中大夫时，范永年教导儿子："上恩德良厚，老臣无能为报，孺子其为我毕志竭力，以答休命。" 范景文官邸所需取诸室中，一米一薪一丝枲，范永年日有赍、月有供，无至乏绝，以成范景文清廉之节。②

在明代，"士大夫鲜有恻隐之心，大抵皆欲立至大官致大富耳"。③ 有些有远见、为保持家族长远发展的士人则往往砥砺为官、保持节操，以各种方法劝勉子孙为官清白廉洁。有庭训其子为官清廉者，如长垣成宦之子成进士，两为令，入为天官郎，出为藩臬，成宦每戒之曰："尔为清白吏，我有余荣，不怨尔贫也。"其子守其庭训，居官所至兢兢。④ 有以诗教子为官不能贪钱财者，如孙承宗就写诗教导为高苑令的长子："尔能严世学，予敢忘君恩。家室饥寒色，厅堂水璧心。合来为草具，聊以谦同襟。岂为美堪食，应缘清可斟。无将惠养意，不念膏脂吟。"⑤ 有祖父以金钱资助孙子为官清廉者，如井陉霍岱有孙子霍鹏，中万历丁丑进士，任河南卫辉知府，每宦游，霍岱即多予金钱，曰："以助尔廉。"霍鹏兢兢奉意旨，所在以清白称。⑥ 更有士人以身范家，留给子孙为官清白的家风。如容城孙臣（1517～1582）十六岁为生员，在父亲去世后，"鲜兄弟，无生产，然诲育从游不问束脩"，以此赢得了乡人的敬爱。在嘉靖辛酉（1561），其以副

---

① （明）范景文：《文忠集》卷7《先母马宜人行述》，第560～563页。
② （明）范景文：《文忠集》卷7《先君仁元公行述》，第556～560页。
③ （明）赵南星：《赵忠毅公诗文集》卷10《赠俞叟序》，第282～283页。
④ （明）余继登：《淡然轩集》卷7《明敕封承德郎吏部验封主事近山成公墓碑》，第930～932页。
⑤ （明）孙承宗：《高阳集》卷4《谦美堂谯老友以儿子辈七人诗寄高苑令铨》，第83页。
⑥ （明）余继登：《淡然轩集》卷7《寿官槐庵霍公行状》，第934～936页。

贡入闱，"居贫如诸生时，乡之人益敬爱之"。① 孙臣后谒选授淮南府沭阳令，在任上敬士爱民，誓不取一钱以自润。旧额火耗亟为罢裁，不批词于佐贰，而赎锾尽绝。绅士馈遗，一尊一果外，尽谢不纳。终沭阳任，止以新生公宴受二轻弊，归仍散给家人。宗族亲友过署者，一劝以取，孙臣则数日不与相见，还称："做官要钱，无非为子孙计。不知一要钱，而子孙微矣。"后来孙臣谪辽东，行太仆寺簿。有千夫长坐事，而非其罪，以重贿求免。孙臣峻却之曰："无以为也。罪如果尔，必不汝贷，虽贿何益？罪如不尔，吾自贷汝矣，何贿为？"按之无验，竟得释。弁复以金谢，孙臣曰："拒于前，受于后，有以异乎？"复峻却之。后来孙臣擢河东盐运司判，亦"当官既砺清操，仕进之念亦复澹然，从未受地方一金，并未有一金馈上官，归装，明月一肩，清风入袖"。② 孙臣为官清白的德行不仅时时被子孙称述，还为子孙赢得在乡里的名望。其孙孙奇逢中万历三十八年（1610）举人前旬月，"数百里间人人传启泰孝廉矣"。崇祯元年（1628），归安人茅元仪避地定兴，问人们为何如此传言，乡人曰："以孙佛儿之孙，人愿其显故。若兆之，亦若祷焉。"在其去世四十六年后人们仍能"举其事历历"。③ 孙臣身先垂范，树立清白的家风，被子孙效法。其孙孙奇逢明清两朝十几次征聘都不为官，守清白家风为学，成为明清之际的理学大家。孙孙奇彦（1590～1643），字启美，号思皇，天启元年（1621）左光斗恩选贡生。崇祯六年任武城县知县，"清誉籍甚"。④ 崇祯八年三月，为官不及二载，"以不善事上官，告归。囊橐如洗"。⑤ 崇祯十六年（1643）卒于易州双峰时，棺殓不备，赖宋君羽为助椁始葬。⑥ 容城孙氏家族虽然没有显贵之人，但世守孙臣传下的清白家风，后世子孙至今绵延不绝。

---

① （明）茅元仪：《石民四十集》卷29《河东都转盐运使司判官敬所孙公传》，《四库禁毁书丛刊》集部第109册，北京出版社，2000年影印本，第242页。
② （清）孙奇逢：《夏峰先生集》卷10《先大父敬所公行述》，第223～225页。
③ （明）茅元仪：《石民四十集》卷29《河东都转盐运使司判官敬所孙公传》，第241页。
④ （清）杜越：《紫峰集》卷9《山东东昌府武城县知县思皇孙公墓志铭》，第196～198页。
⑤ 张显清主编《孙奇逢集》（中），第1391页。
⑥ （清）杜越：《紫峰集》卷9《山东东昌府武城县知县思皇孙公墓志铭》，第196～198页。

第三节 士人的孝行

"孝"在儒家思想文化中的分量举足轻重,"夫孝,德之本也,教之所由生也",① 孝被认为是维系社会道德秩序的根本,是教化的基础。"夫孝,天之经也,地之义也,民之行也。天地之经,而民是则之。则天之明,因地之利,以训天下。"② 儒家将"孝"视为天地间永恒不变的法则。因此人之行,莫大于孝,孝行是受儒家经典教养的士人最基本的德行。对于明代妇女的孝行,林丽月主要依据《古今图书集成·闺媛典》中的资料,将其概括为养亲、侍疾、救亲于难、殉亲、终葬、庐墓、抚孤和守节不嫁等方面。③ 余新忠依据方志中的资料将明清江南孝子的孝行总括为事生与事死两个方面。④ 其实孝行的基本内容在中国古代具有很强的延续性,历代都没有发生根本性的变化,最基本而核心的内容为"善事父母"。孝行贯穿于人生命的始终,即"孝子之事亲也,居则致其敬,养则致其乐,病则致其忧,丧则致其哀,祭则致其严,五者备矣,然后能事亲"。⑤ 下文将在学者已有的研究基础上,对文献记载的明代京畿士人养生送死、慎终追远的孝行做一细致的梳理,从而呈现明代士人生动而细致的孝道实践。

一 奉亲怡养

明代京畿士人家庭最基本的孝行是赡养父母,父母生养并教育子女成人,子女长大成人后也要回报父母,这是明代社会延续的需要,也是社会秩序稳定的要求。士人作为明代有社会政治地位、有文化知识、有经济基础的阶层,一般会竭尽全力保证父母的衣食等日常用度的供应,而且还会讲究精洁,让长辈生活舒适。如清苑人梁鹤(1407~1475),字九皋,因

---

① (汉)孔安国传《古文孝经孔氏传·开宗明义章》,第7页。
② (汉)孔安国传《古文孝经孔氏传·三才章》,第10页。
③ 林丽月:《孝道与妇道:明代孝妇的文化史考察》,《近代中国妇女史研究》第6期,1998年,第11~23页。
④ 余新忠:《明清时期孝行的文本解读——以江南方志记载为中心》,常建华主编《中国社会历史评论》第7卷,第33~59页。
⑤ (汉)孔安国传《古文孝经孔氏传·纪孝行章》,第13页。

父早亡,被母亲张氏鞠育成人。梁鹤"朝夕侍母无怠容,凡母意有所适,必竭力营致之,务得其欢心"。① 河间任丘边永,字仕远,弱冠入邑庠,肆力于学,正统乙丑登进士第,官至户部郎中,"事亲极爱敬,饮食衣服,必致精洁,必适寒暖之宜"。② 故城人颜佩,家中饶裕,在儿子成家立业后,家事悉付之经营,自己一意奉养父亲,侍卧起者数年。③ 长垣成宦事亲孝,奉养父亲成岱及母亲文氏、继母陈氏,"得一佳味,必躬至膝前,跪而进之,藜藿自甘,而滑柔未始不备也"。④

有些官至高位、家庭富足的京畿士人还会为父母建造园圃,供父母游赏,颐养天年。如开州董司马与元配刘夫人对年老的父母爱敬兼隆,曾"为圃于城西南隅,沼鱼畦蔬,畹花列果,岁时佳序辄载酒奉两大人游赏,肴核孔庶极宴而罢,客至无论贤贵皆加意称之"。⑤ 又如嘉万年间安平县黄城里王三馀,字勤甫,别号成所,官至太常寺少卿。在母亲年老时,王三馀移疾归里,为园于邑西之近郭,时御母亲板舆,林游池酌,起舞上寿。⑥ 在明代并不是每个士人都能够科举中第而达至富贵,有不少士人以耕读为生,在父母年老之时仍困顿场屋,为了奉养父母,他们往往放弃举业。如井陉霍岱两岁时父卒,母亲杨氏弱龄而寡,孱然抚两子成立。霍岱娶妻生子后业犹未就,乃叹曰:"人生荣进有命,安能俯首受书以薪水劳吾亲乎?"霍岱乃弃儒为贾而家用饶。霍岱性俭约,非奉宾客不具鸡酒,蔬食自安澹如,唯事母杨孺人时时击鲜刺肥上食。⑦ 又如内丘礼义乡崔科就师于外,家日益贫,乃归家时与诸佣保杂做田圃间以养父母。⑧ 有些士人即便家贫也会努力尽己所能满足父母的嗜好。如文安县杨端"山居家贫,父嗜酒,端货薪于城中,买米必求美酿一瓢,荷而归,父亲有所顾指,虽极

---

① 《新中国出土墓志·河北》(壹),一七四《明故将仕佐郎梁公(鹤)安葬墓志》。
② 《新中国出土墓志·河北》(壹),一七六《明户部郎中封都察院右佥都御史边公(永)恭人郑氏合葬墓志铭》。
③ (明)孙绪:《沙溪集》卷7《登仕佐郎河南汝州吏目颜君墓志铭》,第561~562页。
④ (明)余继登:《淡然轩集》卷7《明敕封承德郎吏部验封主事近山成公墓碑》,第930~932页。
⑤ (明)赵南星:《赵忠毅公诗文集》卷16《明诰封董母刘夫人墓志铭》,第485~487页。
⑥ (明)赵南星:《赵忠毅公诗文集》卷14《明太常少卿王公墓志铭》,第411~412页。
⑦ (明)余继登:《淡然轩集》卷7《寿官槐庵霍公行状》,第934~936页。
⑧ (明)赵南星:《赵忠毅公诗文集》卷16《明处士崔公暨配潘孺人墓志铭》,第498~500页。

艰苦，无怨言颜色"。① 可见明代有不少京畿士人虽家境贫困，但仍然会用自己的辛勤劳作来竭尽全力地赡养父母。

明代京畿士人不仅要对生养自己的亲生父母尽心奉养，对于养父母也要一样孝敬。如保定清苑张会兄弟四人，其弟张源无子，张会有二子，乃命次子张仲强为张源子。已而长子张仲钦卒，张仲强认为："吾兄弟两人，兄死，而吾嗣于叔，是父有子而无子矣。"于是张仲强父事其叔而仍为张会子，侍养弗缺。② 又如赵州大石桥的郭楠，字惟乔，出生三日过继给纵伯父为子，后因兄夭折，两父母共同抚养他成人。纵伯父郭时华性坦荡，不屑问生产，而独喜为园亭、莳花木、豢禽鸟，穀旦良辰结侣陈坐，选名倡于青阁，抚流征，奏渌水，切倚沉湎。郭楠生父为商逐利以供之。郭楠生父母相继卒后家日贫，郭时华园亭虚乐之事遂废。郭楠见伯父意郁郁不自得，乃跪而前请曰："两大人春秋高，家贫，儿自揣顽庸不能即取青紫，愿弃而商，庶稍得赖以为两大人甘脆之奉。"伯父郭时华以其学且成不愿其为商。但郭楠屡试不利，乃弃学为商，使得家用以饶，于是日为伯父张饮。伯父郭时华喜而称其孝。郭时华去世后，其弟郭时安睥睨兄产，讼于州官，分其家产。伯母李氏悔且恨，屡断绝，郭楠宽慰之万方，终不能夷，乃饰锡锭假装为银使李氏解颜。郭楠以孝为乡里称之。伯父之妾米氏感其孝敬，终生依之而无改适之意。郭楠晚年还要儿子辅宥不忘其伯父之德，曰："尔伯祖舍同胞弟而与尔祖居。又取我为子，其教我读经，心力俱尽，望我为儒，我不能顾，何能忘尔伯祖之德？尔则勉之矣。事即不可知。当为阡于祖茔之西，尔腰腊往祭先伯祖而后及我，不然我不瞑矣。"③

明代京畿士人还特别强调孝顺后母如生母一般。如赵州焦绍，字子业，号慎庵，先是母秦孺人早卒，不久父亦就世。焦绍事继母朱孺人孝敬笃至，如事父母。给朱孺人生的妹妹的嫁妆亦独胜于诸妹。④ 故城人周良

---

① 《文安县志》卷3《人物·孝子》，《稀见中国地方志汇刊》第2册，中国书店，1992年影印本，第332页。
② 《新中国出土墓志·河北》（壹），二六一《明寿官启庵张公（仲强）孺人李氏合葬墓志铭》。
③ （明）赵南星：《赵忠毅公诗文集》卷16《明郭处士墓志铭》，第500~502页。
④ （明）赵南星：《赵忠毅公诗文集》卷15《明鸿胪寺序班焦公暨配王李二孺人墓志铭》，第457~458页。

佐在读书业举之时丧母，以家督领事，日课僮奴力作而废博士业。周良佐不仅娱侍父亲，还事继母胡氏如母，抚继母王氏所生子良材如同母弟。①其子周世选亦事继母夏氏、继祖母胡氏备极承顺。胡氏卧病十余年，侍奉无少怠。夏氏生世懋，周世选抚其孱弱，迄于成立，腴产悉推让无吝色。②可见对明代士人来说，孝是一个极具扩展性的概念，孝的对象可以是有生养之恩的双亲或养父母，还可以延伸到并无生育之恩亦无养育之恩的继母。不仅如此，士人还要善待友爱同父异母的兄弟姊妹以成孝。又如故城宋良筹在暮年时，侧室李氏为之举一子，众以为喜，而其独忧。其子宋诺徐察其情，乃以己所分宅为之造舍治产，推以予之。可见宋诺能察知父亲之意而行，其孝行更为难得。士人孝敬父母不仅要爱护兄弟姐妹，只要是父母牵挂之人，与父母关系密切的人，士人都要以敬以爱、予以照顾。如柏乡冯季壮生三岁而父见背，母亲爱之，有慈无威。冯季壮事母极孝，母殁后孺慕不衰，外祖老而贫，舅氏四人皆养之终。③甚而一些士人还拿出钱财周济继母的族人，以悦其心。如长垣成宜对继母陈氏恭谨孝顺，在其子为吏部主事，就养都门之时，成宜听闻陈氏患疾，乃冒暑兼程而归。继母陈氏曾脱簪珥，令成宜出息，人多不时与息，成宜即代偿其息。在成宜归家后，继母陈氏已病困，问成宜"囊母钱安在？"成宜称："息具在，请以周陈宗。"陈氏乃笑而颔之。④

在日常生活中士人奉亲怡养一般离不开贤惠妻子的辅助。雄县东侯村王孙蕃，字三慈，号生洲。十三岁丧父，家业零落，王孙蕃食贫矢志，十九岁成博士弟子员，借馆谷赡养孀母。元配李孺人于归后，王孙蕃舌耕离家，祖母、孀母在堂，妻李孺人晨昏定省无怠。家计萧条，李孺人时典衣脱珥以供菽水。祖母卧病经年，李孺人则浣濯不少怠。⑤故城宋良筹妻王氏事庶姑张孺人曲尽孝敬，衣衽躬自调制，其他如井臼绩纺诸琐务亦任之

---

① （明）申时行：《赐闲堂集》卷22《赠通议大夫工部左侍郎北原周公墓表》，第460～461页。
② （明）周世选：《卫阳先生集》卷首《南大司马卫阳周公传》，第553～556页。
③ （明）赵南星：《赵忠毅公诗文集》卷16《明文学冯季壮墓志铭》，第478～479页。
④ （明）余继登：《淡然轩集》卷7《明敕封承德郎吏部验封主事近山成公墓碑》，第930～932页。
⑤ （清）孙奇逢：《夏峰先生集》卷10《中丞生洲王公暨配李孺人墓志铭》，第205～208页。

不厌。宋良筹夫妇得父母欢心,被乡党称为孝子贤妇。① 保定魏莲陆母亲杨氏事舅姑以孝闻。舅殁,值姑衰年目盲,善怒难近,杨氏能委曲顺其意。② 高邑四家庄郭华伯的元配胡孺人面对严姑李孺人的叱责仍然能恭顺孝敬。赵南星称:"姑李孺人待孺人殊不假辞色,即至冠珠扬帔犹众叱之,孺人事之愈益恭。"郭华伯成进士、授朝邑令,郭华伯夫妇迎父母,奉养备至。郭华伯后升官为侍御,胡孺人则以"侍御每下郡国即经年,亲老子幼安用是官为"之语劝郭华伯移疾归里奉养父母。③ 许多士人的妻子年轻时丧夫而不另嫁,孝心不移几十年事舅姑如初。如定兴东江村杜鉴举妻宋氏在杜鉴举即世后,痛不欲生,病卧三年,公姑力谕服药饵。宋氏稍苏,则一意以奉老教子为念。孙奇逢记载其侍奉舅姑情景称:"每馈食堂上,非手涤罍釜不敢进,味必特设,余必间粗粝,示不钧礼。夫有妹而孀,岁时供馈不遗。公姑或微恙,无论迎医检食,即衾褥手涤,泪靡不随,盂水下谨,而慈而恪,以是堂上得安其养,不啻衡宇公在膝下也。"④

明代士人为官施行异地任职之制,士人在做官与事亲上面临忠孝不能两全的矛盾。杨继盛曾称:"夫人之一身,于亲则谓之子,于君则谓之臣,均之无所逃焉者也。然方其事君也,鲜有不忘其亲。及其事亲也,又鲜有不忘其君者。是忠于君而孝衰,孝于亲而忠废,又焉得谓之忠与孝乎?"⑤为了调和忠孝矛盾,杨继盛主张士人在远从王事时要不忘其亲,所谓"人子爱亲之心存于中,而不可解,然后思亲之心随所在而不能忘"。如杨继盛在狱中时,狱掾孙子"一言及厥母即垂涕饮泣,其忧戚思慕之情蔼如也。今即三年矣,每言及之,其涕泣忧思之情如初"。杨继盛因此很敬重他。⑥ 为官的士人还通过寄送家信、写诗等方式表达自己远在任所的思亲之情。如大名府浚县王越官至兵部尚书,曾带兵远到蜀地作战。西蜀到浚县路远而交通不便,王越思念七十余岁的老母,只得通过回京路过家门的同年捎去家信,探知家中老母的情况。王越有诗曰:"白发慈亲七十余,

---

① (明)宋诺:《宋金斋文集》卷1《先考诰封奉政大夫户部郎中龙溪府君行述》,第328~330页。
② (清)王余佑:《五公山人集》卷15《魏母杨太夫人挽章引》,第310~311页。
③ (明)赵南星:《赵忠毅公诗文集》卷16《明敕封胡孺人墓志铭》,第490~491页。
④ (清)孙奇逢:《夏峰先生集》卷10《杜母宋孺人墓志铭》,第211~212页。
⑤ (明)杨继盛:《杨忠愍集》卷2《望云思亲图引》,第638页。
⑥ (明)杨继盛:《杨忠愍集》卷2《望云思亲图引》,第638页。

不知消息近何如。老来赖我供汤药，别后凭谁奉板舆。旅馆夜长频有梦，故乡路远久无书。君归正向门前过，为报平安莫倚闾。"① 唐县刘乾也曾寄书写诗以抒孝思："游儿寄书萱堂亲，老颜不见冬复春。乌纱裹首袍裹身，不得弄犹蒙叱嗔。"② "草堂风景自萧萧，池水春深古木乔。半尺鲤鱼随化去，空余鸟鸟叫寒巢。"③ 在兄弟多的士人家庭，科举入仕者在外为官，未入仕的兄弟会在家奉养父母。如赵南星的亲家赵州周松翁有两子，长子周长卿中进士入仕，在周长卿典二邑一州时，周松翁由久滞青衿的次子云卿在家奉养甚欢。④ 有些士人会留妾与兄弟一起奉养父母。如天顺元年（1457）岳正因揭露石亨与宦官曹吉祥而获罪左迁钦州同知，后改戍肃州，母亲又老且病，岳正留妾周氏与兄嫂岳端夫妇侍奉母亲。兄岳端独奉母日慰悦之，终其生。⑤ 周氏与陆孺人侍汤药，亲为扶掖，顷刻不离侧，虽秽器亦手自浣拭，纫绩尽废身无完衣。⑥

赵克生研究认为，移亲就养、分俸养亲和辞官终养三种措施是明代官吏解决养亲问题的主要办法。⑦ 也是明代京畿为官士人常用的养亲办法。如真定元氏人毛玉，正统十三年戊辰登进士第。毛玉事母最孝，既登第，即移俸致养，及拜官吏科给事中遂舆至京师，凡可以悦亲意者必极力营致。⑧ 又如清苑人梁均自太学授河南汝宁府通判，其父梁鹤乃就养于府邸。⑨ 邯郸周重莲（1421～1512）有子三人，长子贾瓒正德丙寅（1506）拜山东东昌府经历，周重莲被子迎养于官邸。⑩ 士人为官多不断升迁，变换为官之地，父母也多会随其就养。如献县陈钺天顺丁丑（1457）举进士，庚辰（1460）拜兵科给事中，迎养母亲张氏于京邸。到成化癸巳（1473），

---

① （明）王越：《黎阳王太傅诗文集二卷》卷上《蜀中送项斯诚同年回京》，第 461 页。
② （明）刘乾：《鸡土集》卷 1《戊戌寄母》，第 413 页。
③ （明）刘乾：《鸡土集》卷 1《念母》，第 416 页。
④ （明）赵南星：《赵忠毅公诗文集》卷 10《贺松翁周老亲家荣膺台奖及令孙入学序》，第 262～263 页。
⑤ （明）李东阳：《怀麓堂集》卷 50《需庵处士岳公墓志铭》，第 537～538 页。
⑥ （明）李东阳：《怀麓堂集》卷 85《岳孺人周氏墓志铭》，第 906～907 页。
⑦ 赵克生：《老吾之老：明代官吏养亲问题探论》，《史学月刊》2008 年第 2 期，第 42～47、59 页。
⑧ （明）岳正：《类博稿》卷 9《吏科给事中毛君行状》，第 433～434 页。
⑨ 《新中国出土墓志·河北》（壹），一七四《明故将仕佐郎梁公（鹤）安葬墓志》。
⑩ 《新中国出土墓志·河北》（壹），一九一《明故太孺人贾（瓒）母周氏（重莲）墓志铭》。

陈钺升山东布政司左布政使，母亲复就养济南。成化丙申（1476），陈钺升都察院右副都御史，进右都御史，巡抚辽东，母亲以年高道远，且辽左苦寒，不复肯就养，遂留养于家者数岁。未几陈钺升户部、转兵部，天子柄用，位高禄厚，其母乃再入京师就养。① 由陈钺母亲就养的情况可见，道远苦寒之地，父母是不乐意就养的。因此生于京畿的士人多为了便于侍奉父母而不顾官职之级别，选择任京官或在离家较近的地方任职。如有纳言李君以其治行可为台谏，却只得郎署之官。有人为其不平，但李君却甚欢，称："吾尝读靡盐之诗，叹为人臣者之不能为人子也。借令吾得拜台谏，东西南北惟主上所任使。吾欲顺吾亲而举吾职，吾又安得行吾志而奉吾亲哉？今吾官不出长安，长安望吾乡一水洋洋，不数日可达。吾思吾母即奉而北，吾母思吾乡即奉而南，吾母甚适也。母心适，吾愿足矣，官之冷暖奚计焉。"② 又如故城宋诺在任东昌府知府时，称"家园密迩"，乃迎养父母至官邸。③

京畿的很多地方是士人官僚从京城去往全国各地的必经之路，很多士人会利用时机便道归省。如双桥刘翁家世业儒，其子成进士，为给谏，利用典试东方士之便归家省其父母，依依子舍不忍去，父母觉之乃促之行曰："若起诸生，历清华，居耳目之职官，以谏为名，当日取天下事为主上别白言之，以庶几报万分一。奈何以老人为念？且两老人健善饭。又吾家望长安如在宇下，若第往，吾当乘春和就养长安舍。"其子还报命后，遂具板舆迎父母于邸舍，在其子为给谏满一考最，得封刘翁如其官、母范氏为太孺人。④ 故城孙绪曾于冬夜私归省其父，作诗称："村巷无人树有声，皎星寒月照孤城。缁尘征橐儿千里，白发高堂夜屡惊。膝下承欢真梦寐，灯前细语自丁宁。回头莫语燕山道，一品公孤俱浪名。"⑤ 有些士人便道归省，会在家滞留很长时间。如柏乡人张楙倩以使事之便省其家，其间根据父亲荥阳公的意思修撰了族谱。⑥ 又如威县董威在成化丁未中进士，

---

① 《新中国出土墓志·河北》（壹），一七七《明赠都察院右副都御史陈公（钺）配封太淑人张氏墓志铭》。
② （明）余继登：《淡然轩集》卷4《李母程太宜人八十寿叙》，第839~841页。
③ （明）宋诺：《宋金斋文集》卷1《显妣太宜人王氏述》，第330~332页。
④ （明）余继登：《淡然轩集》卷3《封给谏双桥刘翁暨配范太孺人偕寿叙》，第838~839页。
⑤ （明）孙绪：《沙溪集》卷20《冬夜私归省父望家有作》，第691~692页。
⑥ （明）赵南星：《赵忠毅公诗文集》卷8《张氏族谱序》，第198~199页。

曾迎养母亲刘氏于京邸八九年，后董威任江西参议，母乃归家。董威于正德元年以表使得便道归省，正赶上母亲微恙，董威凡侍汤药者数月，母亲疾愈才赴官。①

部分士人因任官之地离家路途遥远，父母不便就养，为了孝养父母则辞官终养。如唐县刘乾十三岁丧父，靠母亲孀居百苦成立。刘乾于嘉靖十七年（1538）登进士第。是年，其兄长病亡，母亲素多恙，又感此重悲，胸闷咳痰骨立。刘乾乃向有司乞赐以假医母葬兄，而未获允许。嘉靖二十年（1541）刘乾又以疾辞官仍未获允。是年三月改授镇江府学教授，刘乾四月赴镇江后，由家书知母亲"卧榻日夜思子相见，枕上泪痕交午稠叠将属大渐"。刘乾认为"以病母远在数千里之外，而其子欣然作官以禄妻子，于人情甚不安，于天理大悖者也。倘蹈不孝之名，则他日虽有寸效不足赎此"。于是在是年冬又向镇江府陈请乞终养，仍然未获允。刘乾不得不于嘉靖二十一年春正月让书差便道奉母来江南侍养。② 刘乾虽多次请辞都未获允，但有很多士人可告归养亲。如李汝立中进士后为翰林，迎养母亲于京城官邸。久之，李汝立念母亲居邸舍中不若居家之适，乃请告而归。③ 有弟弟在家侍养父亲的赵州周长卿典二邑一州治行甚著，每使人以檐轝迎父亲于官邸，父亲均不肯往。周长卿念父亲在家，辄弃官归，上官士民坚留之不得，归家后与弟云卿奉养父亲甚欢。④ 故城宋诺在知河南时，听闻父亲病甚，宋诺即解印绶自免去官。⑤ 一些士人如有终养之念，往往会被父母劝止。如吴桥李峰之子李仁常于癸丑成进士，当除为令，顾念两尊人甚，而又以其子女不能就养官邸，乃乞补郡博士，以便定省。李仁常再迁为郎、为守，皆在千里内，一介之使无数日不往来，仁常犹嗛嗛不自得，请遂南陔之志。父亲数移书诫之曰："燕齐相望仅数舍许，在官何异在家？且驰驱王事以报国厚恩，予志也。亦何必言归，乃称色养乎？"李仁常矍

---

① 《新中国出土墓志·河北》（壹），一八九《明故诰封太宜人董（威）母刘氏墓志铭》。
② （明）刘乾：《鸡土集》卷4《年谱》《辛丑冬陈请乞终养札子》，第502、496页。
③ （明）赵南星：《赵忠毅公诗文集》卷14《明敕赠儒林郎右春坊右赞善李公暨元配袁太安人墓志铭》，第420~423页；卷10《寿李母袁太孺人序》，第257~258页。
④ （明）赵南星：《赵忠毅公诗文集》卷10《贺松翁周老亲家荣膺台奖及令孙入学序》，第262~263页。
⑤ （明）于慎行：《谷城山馆文集》卷19《明故中宪大夫兖州府知府金斋宋公墓志铭》，第575~576页。

然少止，图于甲子之秋再申前请。是年五月，母亲忽病，秘不使知。李仁常乃心怦怦直跳，急驰以归，一日夜抵里，母亲绝粒者已五日，见仁常喜为进匕箸，越十四日而卒。又二十九日，父亦以哀过伤，捐馆舍。李仁常乃踊哭伏地曰："痛哉！天经欲弃官而尚守数月之官，欲终养而止得数日之养，终天含恨，万死何赎？"范景文对李仁常孝亲之行称赞道："余有感于今之仕者之多远其亲也。固曰孝终于显亲矣。即欲依亲势有不能者，孝道甚大，兼尽盖若斯之难也。有如淡荣进而笃温清，推此心即三公不易矣。而抗疏陈情，辞膴就冷，孺慕一念，抑何其无忝克肖也。诗曰：孝子不匮，永锡尔类，不其信乎。卒也鼎养得效，含殓俱亲，生死始终之际，两俱无憾，通天地而格神明，此所谓孝之大也。"① 有些士人虽被诬夺职，却得到了颐养父母的机会，一享天伦之乐。如献县陈钺官至尚书，以抗直不容于时，后竟以诬夺职。陈钺自念少承母训，至位大僚，不能少贬，以徇末俗，而至颠踣，乃入见母亲，泣请罪。母亲慰之曰："人世若浮，国恩难报。汝今生还乡井，母子共保余年，足矣！何反悲耶？"于是，陈钺日率子妇侍母，问起居，视饮膳。岁时伏腊，酌酒献羔，以为母寿。母亲康强悦豫，反有胜于陈钺在官时，飨其颐养十二年乃卒。②

综上所述，可见每个士人所处社会地位、生活境遇、家庭境况各不相同，因此奉养父母的方式亦各异。但是士人尽心竭力以使父母衣食无忧、体贴入微以使老人心情愉悦、颐养天年之情则都是一致的。

二 侍疾孝亲

生老病死是人生在世都不可避免的。明代士人在父母年老体弱、疾病缠身时要精心护理，细心照料，这不仅有助于父母身体的康复，还体现了士人的孝亲情怀。清苑人梁鹤在母亲患病时，"饮药必先尝而后进，夜不解衣，疾愈乃复"。③ 父母患病，子女能不避寒暑长期精心护理，是明代士人颇为称赞的孝行。如高邑四家庄郭霆患病正赶上燠暑，其子郭泰阶昼夜

---

① （明）范景文：《文忠集》卷7《李公暨配于恭人行状》，第554~556页。
② 《新中国出土墓志·河北》（壹），一七七《明赠都察院右副都御史陈公（钺）配封太淑人张氏墓志铭》。
③ 《新中国出土墓志·河北》（壹），一七四《明故将仕佐郎梁公（鹤）安葬墓志》。

侍药艾不少呃，亲识都担心善病的郭泰阶不能坚持，但其毫无倦色，侍疾五阅月，因此被赵南星称为巨孝。① 容城孙奇逢母亲"苦胃疾，非子夜不疗"，孙奇逢侍奉母亲，"非子夜不归子舍"，"如是者三十年"。孙奇逢习而成性，一生必子夜方能就枕。② 父母早丧的士人，会像照顾父母一样照顾得病的岳父母。如吴桥文学王德启七岁时父卒于官，母亲张孺人以多难，愤懑伊郁病，王德启强作好语慰藉，求医百方，十三岁时母亲亦卒。母亡后，王德启与妻一起侍奉岳父母。岳父范永年病肺于湖，王德启左右问视，不解衣寝，逾月以为常。③

若父母患病，士人千方百计地延医治疗，日夜护理、尽心侍奉汤药都不能使父母康复时，士人便会祈天求神，愿以己身换取父母病愈。如保定束鹿王瓒，字宗器，自幼至长有孝行，母亲患疾，王瓒必亲尝汤药，又每夕设香几于中庭，稽颡北辰，乞以身代母，母病遂愈。④ 宁晋王选部在母亲周太孺人病疡危急时，无远近延医医之，竭诚祷祀，年老的母亲乃病而复安。时人都认为是王选部纯孝所感使母亲康复。⑤ 天启六年（1626）秋，吴桥范景文母亲"病忽作剧，重九前，势已濒危"，范景文"斋心露祷，吁天请代"。范景文祈吁百方乃延母一月视息。⑥

士人侍疾，往往是夫妇一起不离父母床侧，尽心照顾。如开州人董司马父董太公病绵惙，董司马夫妇衣不解带而侍者数十昼夜，内外称孝。⑦ 保定唐县寇文渊的妻子李氏"修妇道如子职，宣德初尝为姑呒疽，为宗党所重"。⑧ 士人的妻子还会在丈夫去世后，守节不嫁代替丈夫侍疾。如王余佑就曾记载杨节妇一人侍奉卧床不起的继姑宋氏的情景："宋晚年失明，昼夜扶掖，皆妇躬亲。后宋又病不能起，溲粪之具，不以假人，妇自任

---

① （明）赵南星：《赵忠毅公诗文集》卷16《明文学郭长公暨配焦孺人墓志铭》，第479~481页。
② （明）茅元仪：《石民四十集》卷20《贺孙启泰孝廉被诏旌孝序（代鹿伯顺）》，第180~182页。
③ （明）范景文：《文忠集》卷7《文学王德启墓志铭》，第547~548页。
④ 弘治《重修保定志》卷14《孝友》，《天一阁藏明代方志选刊》第4册，上海古籍出版社，1981年影印本，第16b~17a页。
⑤ （明）赵南星：《赵忠毅公诗文集》卷16《明王母周太孺人墓志铭》，第488~489页。
⑥ （明）范景文：《文忠集》卷7《先母马宜人行述》，第560~563页。
⑦ （明）赵南星：《赵忠毅公诗文集》卷16《明诰封董母刘夫人墓志铭》，第485~487页。
⑧ 《新中国出土墓志·河北》（壹），一六八《明故寇（文渊）宜人李氏墓志铭》。

之。儿媳辈求代者,辄不允,恐其不堪秽溷,有怨言入姑耳,则姑不安也。似此历有年所,真人情所难。"①

明代士人很注重对父母病时的侍奉,士人及其妻子在父母病榻前的种种孝行温暖着父母的身心,有利于父母身体康复。在明代"孝"是衡量士人品德操行的重要准则之一,明代士人侍疾尽孝会受到时人的赞赏,会为自己及家庭赢得社会声誉和威望。

三 哭丧守墓

明代士人不仅重视对父母生前的侍奉怡养,还很重视父母死后的丧葬安排。明代士人的父母如若亡故,为官做吏者要解职、在学者要退学以为父母服丧守制。永平丰润金溁(1439~1501),字宗润,中成化甲午(1474)乡试,谒选天曹授兵部司务,后升至兵部武库司员外郎。天顺壬午(1462),母亲卒,金溁时制艺较京闱,闻讣,穷昼夜,徒跣奔丧,哀毁过礼。② 通州潞河张汝济谒选得官山东蒲台县令不久丧母,张汝济则徒跣奔丧归家。③ 一些士人作为冢孙,替父承重也要解职归家服丧。如井陉霍鹏任河南卫辉知府才两月,其大父槐庵公霍岱卒于家。因霍鹏父亲为长子,先霍岱九年卒,霍鹏为嫡长孙,承父之重,闻讣徒跣归以襄丧事。④

士人居丧过礼、哀毁灭性是在父母卒后躬行孝道的重要方式,这往往能赢得时人的称誉。有些士人闻父母讣音时痛不欲生。如浚县人王述出仕绍兴之山阴丞,在谢政归家的途中闻父讣音,王述"绝而复苏,妻若子与孙以毁不灭性,进劝三日乃饮粥,匍匐来奔,祭葬一遵于礼"。⑤ 在父母丧期中,士人往往表现出异于寻常的哀伤。如清苑梁鹤母亲七十而终,梁鹤"哀毁骨立,克敬其事,吊者皆啧啧称叹"。⑥ 连尚未成年的士人也在父母卒后哀毁如成人。如南宫张曰肩生七岁而父见背,哀毁如成人。母亲白宜

---

① (清)王余佑:《五公山人集》卷8《杨节妇》,第179页。
② 《新中国出土墓志·河北》(壹),一八三《明故奉训大夫兵部员外郎金公(溁)墓志铭》。
③ (明)张邦纪:《张文懿公遗集》卷9《明文林郎蒲台令育泉张公暨配萧孺人合葬墓志》,第90~93页。
④ (明)余继登:《淡然轩集》卷7《寿官槐庵霍公行状》,第934~936页。
⑤ (明)王越:《黎阳王太傅诗文集二卷》卷下《质庵王先生墓志铭》,第514~516页。
⑥ 《新中国出土墓志·河北》(壹),一七四《明故将仕佐郎梁公(鹤)安葬墓志》。

人宽譬之，乃强馈粥，三年之间不忘忧戚。① 很多为官的士人，因任官外地，在父母去世时不在身边，不能与父母永诀，会终天抱恨、哭断肝肠。吴桥范景文在父亲去世后因"不得一执手诀"，自述其悲痛之情称："嗟乎终天抱恨，罔极难酬，几思即从地下，惟是大事未襄，日以先徽就泯为惧，死且有余罪，特忍须臾一次生平遗事，衔哀洒泣，肠目俱断，盖投笔殒绝者数矣。"② 东明大理丞刘怀恕母亲张太孺人卒于家，在京为官的刘怀恕闻而拊膺大恸曰："天乎！吾独不得与母氏永诀。亲含襚借于之事乎？"刘怀恕为位以哭，伏地而不能起。刘怀恕奔归，凭棺长号，如不欲生。其父亲以"古之孝者毁不灭性。汝不计窀穸事而过自摧毁，不念吾老人乎？"之语劝之，刘怀恕乃稍就馈粥。③ 又如长垣崔景荣为侍御豪爽不群，官西台，侃侃自许，弹劾无所避。其母刘孺人心念之，崔景荣因自计居官而溺其职与举其职而忧父母无一可者，乃以病自免归。归三年母亲又促之出，崔景荣不得已而强起，既起而母病。母病渐危，复令其伯子趋崔景荣归，比归而母已先卒，遂不及诀。崔景荣抚棺大恸，绝而苏曰："吾竟以一官累，抱终天之恨也。悲哉！"④ 有的士人相信灵魂不灭，在父母去世后哀痛思慕希望梦寐相见。如真定饶阳王亮芳性至孝，母李氏卧病阅岁，王亮芳日侍起居，奉汤药，寒暑无倦容。母亲卒后，王亮芳"朝夕哭奠，号踊数绝，寒犹寝苫，呕血不已，思慕之极。至默祷于母，期以梦寐相见，而自屏于静室以俟。闻者悲伤其志焉"。⑤ 有士人会因亲丧哀哭过度而成疾，甚至呕血身亡。如柏乡魏伯炯居母亲聂孺人之丧，"苦块中伤于湿而病疡，绵延罔疗"。⑥ 万历四十四年（1616），定兴鹿善继四十二岁，母亲田太恭人卒于京邸。鹿善继"一痛几绝，勺水不入口。太公数抵丧次勉以大礼，始有起色。而终身病原遂肇于此"。⑦ 鹿善继也称："先慈变作……区区病骨，近稍支持。而一日之间，犹半在枕，倘仗洪庇，得复其初，犹鞭弭于

---

① （明）赵南星：《赵忠毅公诗文集》卷 16《明张曰肩墓志铭》，第 463～465 页。
② （明）范景文：《文忠集》卷 7《先君仁元公行述》，第 556 页。
③ （明）余继登：《淡然轩集》卷 7《明封太孺人刘母张氏墓志铭》，第 919～921 页。
④ （明）余继登：《淡然轩集》卷 7《敕封太孺人崔母刘氏墓表》，第 928～930 页。
⑤ （明）余继登：《淡然轩集》卷 6《茂才槐征王生墓志铭》，第 888～889 页。
⑥ （明）赵南星：《赵忠毅公诗文集》卷 15《明敕封征仕郎文华殿中书舍人魏公暨配聂孺人合葬墓志铭》，第 452～455 页。
⑦ （明）陈铉：《鹿忠节公年谱》，第 41～42 页。

异日，不然则废人而已矣。"① 安平黄城里的王三馀在母亲卒后，"哀戚之过遂病，呕血勉强襄事，逾年亦卒"。② 曲周举人赵愈光"丁内外艰，哀毁逾礼，几乎灭性……大事甫毕，而疾作，历春徂秋竟以弗起"。③ 刘遵宪用诗记载了从弟遵道因母丧而病亡的情景：

百年须臾事，一往无还期。愚哲同一尽，千秋谁见遗。所嗟汝薄祜，既死有余悲。埋玉未三十，怀才空数奇。尚有黄发父，亦有呱呱儿。两世惟一身，舍此欲何之。汝病何所始，实因母见弃。频呕阮籍血，时堕子羔泪。伤哉鸡骨人，二竖乃为祟。三旬杖而起，日久更憔悴。予值万里归，酷痛亦慈闱。相视怜同病，泣血各沾衣。眷此手足情，草土相依依。连宵或不寐，半载恒歔欷。饘粥更相劝，恐蹈灭性讥。予慈既克葬，汝去掩旧扉。过从不隔辰，淹留竟夕晖。见汝饱枳朮，气息日以微。无语自酸辛，含涕不敢挥。宛转金秋至，萧萧木叶飞。乘风竟羽化，修文是耶非。离鸿叫欲绝，寒月淡无辉。伫望白云隈，魂兮或归来。知汝多遗恨，伊予心孔怀。汝父予所事，汝儿予自培。冥漠能知否，三叹更衔哀。④

明代士人哭丧安葬父母后，有些士人会按礼仪庐墓三年，这是明代士人颇为称赞的孝行。故城人孙绪称："庐墓非古也，中世有所慕而为之也。孔子没，门人筑室于场，相向而哭，此庐墓之始也。父生师训，事之如一，汉以降墓庐班班史籍，慕杏坛诸贤而为之。"⑤ 可见士人庐墓是汉代以降士人表达孝亲之情的重要形式。开州清河里侯英登天顺庚辰进士，官至山西按察使。母亲卒后，侯英闻讣哀毁过礼，与弟侯侃庐于墓侧，不御酒

---

① （明）鹿善继：《认真草》卷2《答王昆璧书》，（清）王灏辑《畿辅丛书》，定州王氏谦德堂校刊本，第16页。
② （明）赵南星：《赵忠毅公诗文集》卷14《明太常少卿王公墓志铭》，第411~412页。
③ （明）刘荣嗣：《简斋先生集·文选》卷4《乡进士述南赵公墓志铭》，第459~460页。
④ （明）刘遵宪《来鹤楼集》卷1《哭从弟遵道》，《四库禁毁书丛刊》集部第108册，北京出版社，2000年影印本，第663~664页。
⑤ （明）孙绪：《沙溪集》卷1《赠庐墓孙生服阕归邑庠序》，第503~504页。

肉，朝夕号泣，服阕尚不忍去。有司上其事，旌表其门闾。① 孙绪的甥婿孙伦，读书知理道，入邑庠为诸生，甫二日而父没。孙伦安葬父亲后，依栖不去。宗族促之归，孙伦泣曰："吾遽忍以死视吾父置此荒阒苍莽之区而安卧家室乎？吾将室此，事晨昏耳。"孙伦庐墓三年后，乃泣别墓庐往业黉舍。② 明代有的士人年近六旬仍然坚持庐墓。如保定新安仇云庆，字腾宇，居庠数十年，以色养二亲，不求仕进。万历辛卯父母各九十岁相继终，仇云庆痛几死而复苏，葬之日结草庐于墓侧，时沍寒雪深尺余，寝苫枕块，哭奠如礼。仇云庆负土筑坟，手植松柏，足迹不入城市者三年。仇云庆居庐时年近六旬，不饮酒，不茹荤，不御内，倍严于少年。邑令罗君启先敬其孝行，亲造其庐，并具文当事得旨旌表。巡抚王君纪月给米一石、巡道解君经邦月给米四斗助其行孝。③ 仇云庆侄孙茂才仇宪稷，在父亲去世后也效法仇云庆，"寝苫枕块，哀毁尽礼，家固赤贫，襄葬后不忍恬然家居，寝处墓傍禅寺者三年"。仇宪稷因此吐血数升，年仅三十五而亡。④ 容城孙奇逢兄弟四人为父母守丧庐墓六年，受到当时远近乡间之人的称赞，还被天子下旨旌表。大学士高阳孙承宗写《赠孙孝廉启泰》一诗，赞颂孙奇逢兄弟之孝。⑤ 定兴鹿善继则详细记载了孙奇逢兄弟庐墓六年的具体过程：

> 容城县举人孙奇逢，中庚子乡试。其父以诸生授儒官，年五十五

---

① （明）王越：《黎阳王襄敏公疏议诗文辑略二卷》卷 2《故陕西按察使侯公墓志》，第 561～562 页。
② （明）孙绪：《沙溪集》卷 1《赠庐墓孙生服阕归邑庠序》，第 503～504 页。
③ （清）孙奇逢：《夏峰先生集》卷 8《仇孝子雪庐传》，第 162 页。
④ （清）孙奇逢：《夏峰先生集》卷 10《仇茂才异渥墓志铭》，第 211～212 页；张显清主编《孙奇逢集》（中），第 829～830 页。
⑤ 孙承宗《赠孙孝廉启泰》诗为：（君家兄弟两执亲丧，倚墓门而居者六载。诗以赠之）容城城坳大如斗，今古贤豪萃作薮。静修之修忠愍忠，撑柱乾坤万不朽。行天日月地江河，出奉君王人父母。孝廉崛起两豪乡，手握天常为世纽。黄金台上已知名，高堂舞彩歌曼寿。一朝风雨下庭帏，大椿零落萱花剖。夜台长夜寂无人，忍见野林狐兔走。九原日忆念儿心，六载枕苫相与守。诸妇同集一亩宫，优龙劣虎声如呕。蓼莪有句不成读，黄土一抔泪为阜。紫荆花烂雨盈襟，鸿雁影联月在牖。陇笛咽塞几断肠，夜乌泣云空翘首。我亲亦未尝ми食，帝书日月悬岧嵝。感君兄弟倍心酸，孝子忠臣天并久。君家兄弟远相传，亭亭玉树师且友。能与朝廷生异人，应得异朝还报厚。见（明）孙承宗《高阳集》卷 2《赠孙孝廉启泰》，第 50 页。

而卒,奇逢哀毁骨立,苫次一准古礼。既葬其父于乡之北,号泣墓左,竟日风雪中不能去。偕兄若弟,结庐居焉,颜之曰:时思。营一室墓前,陈其父之冠履图书,颜之曰:栖神。是役也,畚锸亲操,寒裳濡足,汗血污泥,观者叹息。旦晚罗拜,每食必献,如事生者三年。服除,甫十一月,其母殂,葬祭依庐,一如前礼。家故清素,备遭艰虞,且益落,至不能具朝夕,兄弟相对,食淡茹苦,盖前后六年云。当是时,其恨终天,其贫到骨。旷野萧条,晦明寒暑,茕茕诸孤,或左或右,时奇时偶,徘徊于猿啼兔扰之间。经行其旁者,无不洒泪。乡人士争为诗歌以赠之。勘得举人孙奇逢,异姿出众,至性自天,六载极风木之悲,一庐壮山河之色。烟垄霜篱于此地,复识古人之道。形销肠裂于斯人,再见赤子之心。事以礼,葬以礼,祭以礼,匪徒空文。不饮酒、不茹荤、不御内,见诸实事。且恩重塯簏,允称孝友。义绝请谒,无愧孝廉。诚为空谷之音,庶几终身之慕。纲常倚重,风教借光。理宜表扬,以作孝思。①

可见明代士人哭亲庐墓服丧是表现"孝"的重要形式,这种"孝行"在中国古代经久不衰。孝子庐墓不仅会赢得乡里士大夫的认可,更会得到朝廷的旌表,给士人及其家庭赢来荣誉与声望,士大夫乃至国家也会以此来倡导忠孝思想,教化民众。士人个人的孝行因此而具有了社会政治教化意味。

四 祭祀缅怀

士人自出生就与父母朝夕相处,共同生活,有着密切的联系。安葬去世的父母后,士人对父母依然满是深切的怀念,士人会以各种形式来悼念、祷祝逝去的亲人。明代士人每逢寒食、中元等节日都会祭祀哀悼去世的父母。如故城周世选官至南京兵部尚书,但两亲不逮养,周世选"每展墓祀伏腊悲不自胜"。② 寒食是士人祭祀父母的重要节日,唐县刘乾父亲早卒,每逢寒食刘乾都会去扫坟祭奠。他曾写诗道:"坟土手浇寒食酒,愿

---

① (明)鹿善继:《认真草》卷8《旌孝申文》,第106页。
② (明)周世选:《卫阳先生集》卷首《南大司马卫阳周公传》,第553~556页。

同儿泪到佳城。"① 在刘乾为官在外不能去坟上祭奠时则写诗缅怀："昨年寒食扫松楸，兔葵花开坟上头。今年寒食出门去，空有桃花知客愁。"② 父母的忌辰也是士人哀伤悼祭的重要日子，一些士人甚至在父母去世四五十年后，依然哀痛如初。如清苑人梁鹤常痛父早亡弗逮养，每逢父亲忌日必兀坐呜咽终日。③ 又如容城孙奇逢在其母亲忌日怆然神伤："白发萧萧落拓身，孤坟遥望独怆神。"④ 母亲去世四十五年后孙奇逢依然缅怀母亲，作诗曰："飘蓬当母忌，时代已频更。八口无安计，一心亦乱营。英年孤血泪，白发老痴情。何限凄凉意，依稀闻母声。"⑤ 孙奇逢父亲去世四十多年，其思慕之心不绝："四十余年见背时，裂肠岂复有穷期。衰迟倍切瞻依望，隔越尤深孺慕悲。身阅艰危聊自守，心驰屋漏敢谁欺。平生殊愧乏迎养，客邸灵魂一格思。"⑥ 在父亲去世五十年时孙奇逢依然"痛瘵俨如生"。⑦ 父母去世后士人多在自己居所的堂屋中供奉祭拜以尽孝思。如宋讷曾称王可大甫冠父母相继而亡，"每于所居之堂蚤莫瞻省，时节祀飨，以勉尽其力"。⑧ 一些士大夫还会修建祠堂祭祀父母等先人。如故城马中锡，字天禄，号东田，成化乙未年（1475）进士，官至都察院左都御史。马中锡在世时马氏旧祠因河决圮坏，马中锡欲修建未果。马中锡殁后，其子太学生马师言踵其志，"建祠于新第后，祀厥考左都御史东田公，东田之上世皆在焉"。⑨ 坟墓、祠堂是明代士人供奉、祭拜父母祖先的最重要场所。在对父母祖先的祭典活动中彰显并强化父母祖先在家族中的身份和地位，同时也寄托士人对父母祖先的思念，体现了士人的孝行。

作为拥有文化知识优势的士人，他们对去世父母祖先尽孝，更重要的是用各种体裁的文字来称扬父母祖先的功德，使亲不朽于后世。有士人为父母祖先写祭文、行状来记述其德善、功烈、勋劳等，使父母先人的声名

---

① （明）刘乾：《鸡土集》卷1《上父冢》，第413页。
② （明）刘乾：《鸡土集》卷1《客中寒食》，第416页。
③ 《明故将仕佐郎梁公（鹤）安葬墓志》，《新中国出土墓志·河北》（壹），第128页。
④ （清）孙奇逢：《夏峰先生集》卷14《先慈忌日》，第301页。
⑤ （清）孙奇逢：《夏峰先生集》卷14《先慈陈太君第四十五年忌辰》，第286页。
⑥ （清）孙奇逢：《夏峰先生集》卷14《先考忌辰》，第292页。
⑦ （清）孙奇逢：《夏峰先生集》卷14《先严忌辰》，第285页。
⑧ （明）宋讷：《西隐集》卷5《思终堂记》，《景印文渊阁四库全书》第1225册，台北：台湾商务印书馆，1986年影印本，第850页。
⑨ （明）孙绪：《沙溪集》卷4《东田先生祠堂记》，第519页。

列于天下，传扬于后世，这种文字在明代士人的文集中比比皆是。更多士人则在父母去世后请有名望的姻戚、师友、同僚等作状、铭、传、诔等文，以显扬父母先祖之德，以寄自己无涯之思。如岳正两母去世后"致祭甚多"，岳正在为官之暇搜罗整理亲朋为两母写的祭文而帙藏成卷，传于子孙。① 张邦纪的朋友孟晋纯为翰编，其父孟玉峰去世后由当时巨公名笔为其写状、志、传、诔，孟晋纯将其辑为荣哀录，以寄无穷之思，以尽无涯之孝。② 又如高邑四家庄郭泰阶在父亲郭霆去世后，思不朽其亲，乃哀辞恳切地请归隐的赵南星为其父作墓志铭。虽有人对郭泰阶说："梦白先生不易为文，且杜门不出久矣，此必不可得。"郭泰阶仍然坚持："必求之以尽吾心。"③ 有些士人甚至会在去世前嘱托子孙请人来为自己写行状、墓铭。如故城西庄先生周公在嘉靖癸卯春病逝前就嘱托其子尚志曰："我死必买石志墓。吾友柏村敖太守应魁知我独深，托之状吾行。谒能言者以铭。诸后名固非吾所急，要令后世知有我耳。"在其卒后，子尚志征铭于孙绪。④

明代登科之制录及三代，士人中第是本人及其家庭最重要的荣耀，如果父母、祖父母俱去世，同年好友会写永感诗来慰藉士人无亲可侍的感伤，士人会汇集成书来悼怀父母。如岳正曾为景泰辛未科进士牟实用作永感诗序。⑤ 明代士人为官考满，以其官封赠父母可使父母获得荣宠而显名。余继登就称："今制，凡一命以上能其官者，满一考，皆得以其贵贵其所生。故非甚不肖者未有不克自砥砺，冀幸人主之一言以内遂其私。今之人子未仕则奉亲以菽水，仕则奉以禄，不及禄则奉以荣名。"有士人的父母有幸在生前获得恩封以享子孙带来的富贵与荣耀。但是有不少父母在去世后才得到儿子的恩赠。余继登就记载纳言李君之父旧川公博学工文辞，但数上有司，数不售，乃勉其子为学。纳言李君中进士后，父旧川公已卒。纳言李君"益用惴惴，思所以报先大夫者，惟庭训是遵"，两次考最赠其

---

① （明）岳正：《类博稿》卷 8《题两母致祭卷》，第 425b～426 页。
② （明）张邦纪：《张文懿公遗集》卷 3《荣哀录序》，第 36～37 页。
③ （明）赵南星：《赵忠毅公诗文集》卷 16《明文学郭长公暨配焦孺人墓志铭》，第 479～481 页。
④ （明）孙绪：《沙溪集》卷 7《西庄先生周公墓志铭》，第 559～561 页。
⑤ （明）岳正：《类博稿》卷 6《永感诗序》，第 408 页。

父如其官。① 吴桥范景文先于其父范永年登科入仕，在三载考满貤封父母时，父亲范永年蹶然曰："吾矻矻穷年，欲自致一命，荣施所生也。孺子乃先及我，当如二人何。"范永年乃谒主爵，以明经拔萃授官。范永年靠自己的努力以循良异等著闻，三被覃恩赠父亲为通判、同知、虞衡郎中，赠母亲为安人、宜人，范景文称父亲"至是心始慰藉"。②

方孝孺希望，"孝子之爱亲，无所不至也。生欲其寿，凡可以养生者，皆尽心焉；死欲其传，凡可以昭扬后世者，复不敢忽焉。养有不及，谓之死其亲，没而不传道，谓之物其亲。斯二者罪也，物之犹罪也。是以孝子修德修行，以令闻加乎祖考。守职立功，以显号遗乎祖考。称其善，属诸人而后荐誉之，俾久而不忘，远而有光"。③ 从上文明代京畿士人的孝行也可见，被士人称颂的孝行也如方孝孺所言。明代士人孝亲与修齐治平的儒家人生理想密切相关。在明代，科举入仕深深影响了士人的孝行。陈继儒称："古人事亲，唯恐不成圣贤；今人事亲，唯恐不成科第。是可谓养志乎？曰：父以此教之，子以此成之，如何不是养志？"④ 明代士人将侍亲以孝与事君以忠紧密联系到一起，通过科举入仕的成功来显扬双亲、光耀门庭。但是科第入仕之后又处于为官与养亲难两全的矛盾之中。杨继盛称："孝能忠于君者，孝之全也。忠能显其亲者，孝之大也。此爱亲之道。"⑤ 士人多根据自己的实际境况做出各种选择，来解决忠孝难两全的问题。孝是儒家伦理的核心、士人道德的规范，明代士人仍然坚持"百行之原，德孰有大于孝者"的思想。⑥ 在明代士人的家庭生活中，"修于家，莫大于孝"。⑦ 明代士人很注重将自己的孝行深入日常生活的细节之中，并希望以此为时人及后世子孙树立孝行的楷模。作为社会中坚阶层的明代士人，他们通过自身的行为示范与文字记载将孝行深化发展为一种影响社会风习的文化。

---

① （明）余继登：《淡然轩集》卷5《恩命录叙》，第846~847页。
② （明）范景文：《文忠集》卷7《先君仁元公行述》，第556~560页。
③ （清）陈梦雷等辑《古今图书集成·明伦汇编·家范典》卷12《父母部·明方孝孺侯城杂诫·论事亲》，中华书局，1934年影印本，第321册，第60页。
④ （清）陈梦雷等辑《古今图书集成·明伦汇编·家范典》卷12《父母部·陈继儒狂夫之言·养亲》，第321册，第60页。
⑤ （明）杨继盛：《杨忠愍集》卷2《望云思亲图引》，第638页。
⑥ （明）鹿善继：《认真草》卷5《赠孙君兄弟庐墓序》，第55~56页。
⑦ （明）茅元仪：《石民四十集》卷20《贺孙启泰孝廉被诏旌孝序（代鹿伯顺）》，第180~182页。

*　*　*

　　明代士人家庭仍然是中国传统的父权家庭，父子之间是天和的血缘至亲，是一切血缘关系的基础。明代士人是父系血缘世系传承链条中上下相关的一环，其生命意义在于完成从先辈到后辈的自然传递。明代士人家庭完全是以男性来续系的，延续家族香火的责任由男性子孙承担，男嗣是士人家业、科举事业的继承者，这就使士人生育观念具有浓厚的男嗣情结。生育子嗣是明代士人家庭生活的重要内容。生子添丁是明代士人家庭的喜庆大事，在庆祝新生儿诞生的吉庆仪式上个体生命开始走向社会。明代士人多将生育子嗣归于天地、命运，在无子时，带有神秘色彩的祈祷、占卜是最先采用的祈嗣之法。明代士人更喜欢把日常生活中的各种道德实践行为与其最终能否喜获子嗣联结起来，在日常生活中更注重自身修德积善以求改变艰嗣的命运。个体生命要长大成人，需要父母倾注所有精力，付出艰辛。明代士人取得的社会地位不再是由出身决定的社会等级，而是基于自身在科举上取得的功名以及在社会上取得的成就。因此明代士人家庭颇为重视子孙的教育。士人自呱呱坠地那一刻起，各种家庭、社会的期许就会不断加诸其身。从胎儿的胎教到幼童的蒙养，再到成年后的读书入仕，无处不有父祖辈的身影。父母亲人通过对子孙为学为官的不断教诲，希望子孙贤良以兴家。在明代士人的家庭生活中，士人很重视对父母养生送死、慎终追远的孝行。明代士人将自己的孝行深入日常生活的细节之中，在父母生前竭尽所能以使父母衣食无忧、心情愉悦、颐养天年，还通过科举入仕来显扬双亲、光耀门庭；在父母去世后，士人以礼安葬、哀毁守制、追思悼念。明代士人通过自身的行为示范与文字记载将孝行深化发展为一种影响社会风习的文化。

第三章　兄弟相处

　　中国传统社会是一个以血缘为纽带的宗法社会，故特重血缘亲情，父子、兄弟间血脉相连，是天和的血缘人伦关系，是传统士人最看重的家庭关系。宋代就有"人之至亲莫过于父子兄弟"①之论，明代赵南星也称："古之所谓家，言族也；而今之所谓家，言父子、兄弟也。"② 在五伦中儒家特别强调处理好父子、兄弟关系。"孝弟也者，其为仁之本与！"③ 儒家的思想核心是"仁"，"孝悌"为仁之本，也是齐家之本。所谓"一家之中，男子本也。父慈子孝，兄友弟恭，本之本也"。④ 士人孝悌是家庭生活中最重要的品行。上一章我们探讨了明代士人亲子之间的生活，本章将对明代士人的兄弟相处状况予以呈现和分析。

第一节　兄弟之友爱相处

一　兄友弟恭

　　"男子先生为兄，后生为弟。"⑤ 兄弟本是以自然出生的先后或者说以年龄的大小来区分称谓。但儒家为其赋予了伦理的内涵，"谓之兄弟何？兄者，况也，况父法也；弟者，悌也，心顺行笃也"。⑥ 长兄如父，兄于弟

---

① （清）陈梦雷等辑《古今图书集成·明伦汇编·家范典》卷3《家范总部总论二·袁氏世范·睦亲》，第321册，第10页。
② （明）赵南星：《赵忠毅公诗文集》卷8《张氏族谱序》，第198~199页。
③ （宋）朱熹：《四书章句集注·论语集注》卷1《学而》，第48页。
④ （清）孙奇逢：《夏峰先生集》卷1《语录》，第628页。
⑤ （晋）郭璞注，（宋）邢昺疏《尔雅注疏》卷4《释亲》，李学勤主编《十三经注疏》，北京大学出版社，1999，第117页。
⑥ （清）陈立：《白虎通疏证》卷8《三纲六纪》，吴则虞点校，中华书局，1994，第380页。

以爱以友，即兄长必须爱护、照顾弟弟；幼弟如子，弟于兄以敬以悌，即弟弟必须顺从、敬爱兄长。兄友弟恭是明代士人理想的兄弟相处之道。明代士人中也确实有不少兄友弟恭、兄弟情深的事例。比如柏乡吕显庭有子四人，兄弟少皆魁垒不群，奇颖凤著，能通经摛文，在父亲的严厉督责之下，兄弟四人皆勤学早成，长子吕兆熊、季子吕梦熊皆为进士，仲子吕应熊、叔子吕维熊皆为廪膳生。兄弟四人，情好笃至，在年幼时须臾造次不离，得隽味美醑以奉父母，所余必共啜之，衣服冠履如一。长子吕兆熊中进士后，官至户部郎中、大梁观察，其游宦奉入皆进之于公，在家为宅四所如一。因母赵氏中年颇善病，延医不效，仲子吕应熊遂学医，医母旧疴，使母身体强健。赵南星称，吕氏兄弟家中"不闻有片言相稽者，是父母兄弟合而为一身，又能使异姓之人合而为一身，可不谓之大友乎哉？"①又如嘉万年间京师李镜玉兄弟一生笃于友爱，让京中人士羡慕不已。李镜玉兄弟三人，李镜玉居长。李镜玉有季父雅好诗书，乃延师教李镜玉兄弟。辛卯年，李镜玉与季弟观察公同举于乡，且同师门，士林羡之。李镜玉不仅与弟弟一起学习，同年中举，在季弟先成进士，授官巩昌后，兄弟还一起上任，兄弟旦晚相依，享鹡鸰之乐。在任中，李镜玉独栖一阁，翻阅吟哦寒暑弗辍。季弟恐其劳费心神，讽以稍就燕乐。李镜玉年四十尚未育子，弟又讽以置侧室。李镜玉以屡上公车不第，甲辰谒选天官，授峄县县令，后调得开封之尉氏县令。在两邑有治绩，以考成授阶文林郎。时季弟以大参分巡海上，闻李镜玉奏最喜甚，且念其宰邑劳瘁，问遗络绎不绝，赠重裘为御寒计，李镜玉得到季弟的问候也大悦，还为此赋诗。兄弟两人一生友爱情笃，在李镜玉遘疾病笃时，因季弟观察公新膺简命，分镇青徐，兄弟不能诀别，李镜玉举首东望而逝。季弟观察公闻讣即欲解组以襄窀穸而不得请，乃从邮筒述兄生平大节，累累数百言，请张邦纪铭其墓。② 李镜玉兄弟情笃持续一生，兄长随季弟赴任感人至深。还有的士人兄弟各自为官一方，思念兄弟之时就不避寒暑地去探望。如永平卫兵部武库司员外郎金溴的长兄金澄袭父职董遵化铁冶。金溴虽生武弁，但

---

① （明）赵南星：《赵忠毅公诗文集》卷12《大友堂记》，第336~337页；卷16《明敕封吕母赵太孺人墓志铭》，第487~488页。
② （明）张邦纪：《张文懿公遗集》卷8《明文林郎河南开封府尉氏县知县镜玉李公墓志铭》，第86~88页。

克励文事，既长为郡庠弟子员，以《易》中成化甲午乡试，弘治辛亥（1491）谒选天曹，授兵部司务，后为武库司员外郎。兄弟两人各羁于公，为官之地相去百六十里许，金溪每兴鸰原之思，虽盛寒暑，辄往见。①

士人提倡兄弟友爱，为弟者对兄长要恭敬、顺从，是谓悌。如保定张罗彦，字仲美，号二酉。父张纯臣由武进士官骠骑将军前军都督府佥事，生六子，长罗俊，崇祯癸未进士，端毅有清节。张罗彦为仲，天启辛酉举于乡，崇祯戊辰中进士，官至光禄少卿，有直声。张罗彦以光禄少卿归里家居，奉母尽欢，凡事必资其兄之命，友爱诸弟，无纤微憾。② 宣府李士常天性孝友，又习世训。兄弟雍穆，昼聚处堂上，暮乃归寝。兄出未返，李士常过期不敢饭。③ 儒家讲究无父从兄，父亲去世后，长兄如父，幼弟况子，对兄长更要敬顺悌让。如太学生吕琛，号念祉，生于沧州仕宦之家，祖父为嘉靖乙丑进士，知宝庆府。吕琛为家中季子，少失怙恃，两兄均为官于朝廷，吕琛恪奉兄训三十年，风雨晦明无间言。戴明说为吕琛所写墓志铭全是记其恭长从兄之行：

公四龄失恃，赠公悯甚。就外傅受经疏通知大义。逮己卯而赠公复逝矣。从来少孤之苦无告，而世禄之家厌忧滋。大盖幼承闻阀，则盈满之习易骄，且耳不闻庭训，则埙篪之谊渐衰也。公醇谨性生，一步趋间，每日兄在则礼然，曷敢陨越，以贻所生羞。辛巳补弟子员，恪慎于仪，辛荼自任，每对亲串恻幅尽情款。丙戌岁伯兄侍讲公及第，公益谦谨嗣公。仲兄培祉公旋以壬辰庶常晋西台，时侍讲公覃恩锡荫不私子孙而惠诸弟，公讷讷焉如不欲承。公席贵盛胄隆而持之以逊，家裕而守之以俭，勤奉侍讲公命，罔逾尺寸。及侍讲公以剧疾逝，其奉鸿胪公命如畴昔。每日："无父从兄先大夫志也。"及公监弥期应卜仕公曰："兄羁于宦，庐墓不违咫尺，余去里，将谁执洒扫以

---

① 《新中国出土墓志·河北》（壹），一八三《明故奉训大夫兵部员外郎金公（溪）墓志铭》。
② （清）孙奇逢：《夏峰先生集》卷9《光禄寺少卿二酉张公暨元配赵宜人合葬墓志铭》，第201~204页。
③ （明）李东阳：《怀麓堂集》卷48《明故文林郎河南道监察御史李君士常墓志铭》，第516~518页。

从？"卒不仕。①

吕琛一生三十多年小心谨慎地事伯兄、仲兄如父，对兄长之命"罔逾尺寸"，戴明说称其"疾徐之戒凛持终世"。② 可见为弟者对兄长恭敬、顺从是士人极力提倡和称赞的。

曹端曾有言："《诗》曰：'凡今之人，莫如兄弟。'盖兄弟本一气而分形，乃同胞共乳，是则举世之人，岂有如兄弟之至亲哉！"③ 兄弟同胞一体，同受父母血气，是"分形连气"之人，为天然的骨肉至亲，兄爱弟敬，儒家士人将之归于人之天性。友悌、爱敬的兄弟相处之道维持着兄弟间以血缘亲情为核心的至亲关系和极乐情谊。在儒家士人建立的家庭伦理体系中，"孝悌"并行、兄友弟恭是奉行孝道所必需的，友爱兄弟以成孝，以慰双亲之心。比如赵南星称："能友者必由于孝。爱其亲者，未有不爱其兄弟者也。故孔子曰：书云孝乎惟孝友于兄弟，夫友于兄弟乃所以成其孝也。……夫爱其亲则爱兄弟亦孝也。由此推之则必爱其君。"④ 可以说，"兄友弟恭，作为一种规范兄弟关系的道德要求，是将天赋的骨肉情感上升为一种高级的道德情感，从而赋予兄弟关系以浓厚的感情色彩"。⑤ 兄弟情同手足，除了血脉相连的先天血缘基础，更重要的是在家庭现实生活中的休戚相关、福祸相依、荣辱与共。

二 兄弟相助

在家庭的各种关系中，兄弟关系维持的时间最久，从幼相随到老。孙奇逢这样描述道："尝谓人伦有五，而兄弟相处之最长。盖君臣、朋友，其调合无期，聚会有时；至父之生子，妻之配夫，亦皆以二十岁为率。惟兄弟或一二年，或四五年相继而生，自竹马兄弟游戏以至骀背鹤发，其相与周旋七

---

① （清）戴明说：《定园文集·邑太学吕公念祉墓志铭》，第81～82页。
② （清）戴明说：《定园文集·邑太学吕公念祉墓志铭》，第81～82页。
③ （清）陈梦雷等辑《古今图书集成·明伦汇编·家范典》卷62《兄弟部·明曹端夜行烛·兄弟》，第326册，第10页。
④ （明）赵南星：《赵忠毅公诗文集》卷12《大友堂记》，第336～337页。
⑤ 刘海鸥：《从传统到启蒙：中国传统家庭伦理的近代嬗变》，中国社会科学出版社，2005，第26页。

八十年之久，此中之乐，曷其有极。"① 兄弟自出生就生活在同一个家庭，所谓"方其幼也，父母左提右挈，前襟后裾，食则同案，衣则传服，学则连业，游则共方"。② 长期的共同生活使兄弟手足之情有了根基，在士人的人生历程中，兄弟间的相互扶持与友爱相处还关系到家业的兴旺、家道的传继。家是生产、生活的地方。家庭要稳定和发展下去，必须以一定的经济实力为基础，所以不管是官宦世家还是耕读之家首先都要进行家业的经营，从事生产。明代京畿士人普遍有多子多福的生育观，多子家庭比较常见，为了家庭的繁衍昌盛，士人家庭的兄弟之间多进行职业的分工。

部分士人出身于官宦之家，父辈为官，家庭经济条件优厚，家业一般由长兄来经营，弟弟则业儒为官。如顺天漷县岳正，其父亲为安远将军轻车都尉同知府军前卫指挥使司事，家业大，家政一直由长兄岳端主持，虽老病躬课臧获，或手操箕帚不少倦。仲兄岳详则承袭父亲军职仕为武德将军正千户。岳正业儒，进士中第为官。岳正业举之时赖长兄以就学。③ 藁城石麟三十二岁卒于官，有二子石玺、石玉。石麟继室徐氏，乃命石玺："玺，汝业家。"命石玉："玉，汝就外傅，无恙尔所生，诗书礼乐具在汝，其无忘尔父之志。"石玉奋迅自立，勤学不倦，于天顺甲申间举进士。④ 奉议大夫山东提刑按察使司佥事刘翔（1433～1495），字九霄，世为献县人。父刘瑄，先拜鸿胪序班，再升福建福州府经历。刘翔兄弟三人。长兄刘䎖，儒素总家务，刘翔与仲兄刘翱修举子业，兄弟俩共被传衣，埙篪迭奏，一意辛苦灯火事，故百家诸子、古今事实，无不了然于胸。刘翱领天顺壬午乡荐；刘翔亦于成化乙酉（1465）中举，至戊戌（1478）登进士。⑤ 也有以仲子主持家政的。如景泰年间河间肃宁监察御史钱清兄弟三人。长即清，业儒中第为监察御史，次海理家务，次润为郡庠生。⑥ 总之，

---

① （清）陈梦雷等辑《古今图书集成·明伦汇编·家范典》卷 63《兄弟部·孙奇逢让产序》，第 326 册，第 17 页。
② （北齐）颜之推：《颜氏家训》卷 1《兄弟篇》，辽宁教育出版社，2001，第 4 页。
③ （明）李东阳：《怀麓堂集》卷 50《需庵处士岳公墓志铭》，第 537～538 页。
④ （明）石珤：《熊峰集》卷 6《先祖赠监察御史府君墓表》，《景印文渊阁四库全书》第 1259 册，台北：台湾商务印书馆，1986 年影印本，第 603～605 页。
⑤ 《新中国出土墓志·河北》（壹），一七八《明故奉议大夫山东提刑按察使司佥事刘公（翔）墓志铭》。
⑥ 《新中国出土墓志·河北》（壹），一六九《明钱（清）太孺人丘氏（妙德）墓志铭》。

在一些富贵之家，不管有兄弟几人业儒考科举，总要有一人主持家政，经营家业。

一些士人出生于耕读之家，家业不丰，兄弟会根据自己的才能禀赋，或业儒，或业农，或业贾，既使家业饶裕，又使门第提升。兄弟在家中的分工一般是由父亲因子之才来进行安排。如广宗宋奎（1507～1572），嘉靖庚寅为邑庠弟子员。累以数奇弗亨，即安之曰："家理草草，产未见拓，而规规笔砚间，可乎？"遂筑场圃于西郭，督佃仆服勤稼穑，嘉谷果实之利岁尝倍获。宋奎有子二人，其教子各因其才。长子应期聪慧颖异，遣其学举子业而食廪学宫；次子应祝温厚诚确，寓于家政。故城三朗镇的卢廷彦蚤业儒，居庠校十余禩，已而弃去，携卷帙授其子太学生贝曰："汝继吾志，吾将归谋所以治生矣。"廷彦善贸迁，又善耕获，世居镇之北街，膏田大肆，货贿蘩集，又易以生利。数年资用既饶，遨游阛阓间，旗亭伎寓，酣歌欢笑，以为常。久益厌乃又弃去，携农商具授其仲子贯曰："汝承吾业，吾将崇尚虚玄，优游以卒岁矣。"谢酒肉，屏妻孥，块坐野田中，负土筑墓建玄帝祠以祈灵贶。① 唐县盛履斋年七十，朴茂无华，生子五人。忠、宪皆业贾；恣业农；德业儒，齿于廪；恩为长，贡于乡。② 有些士人的母亲识见不凡，善于绸缪，代替丈夫安排儿子们的未来。如长垣崔景荣兄弟三人，其母刘孺人视伯子、次子当贾俾就贾，崔景荣当学俾就学。贾者不课其入，学者则时督课之不少纵也。崔景荣于壬午举于乡，癸未成进士，以竟其父之志。③ 又如清河的顾氏不仅帮着丈夫樗轩公食廪学舍，使家道兴盛，还在樗轩公要遣两子就学时表示："学不专则不精，家不大裕则学不得专，是并妨之也。使琦主家事，以悟事学可也。"从而二子各以所业立。④ 有些士人则据自己的资质来选择在家中的职责。如长垣成宦兄弟三人皆读书业举，但因父亲成岱嗜酒不问生事，以是家业益落。成宦为仲子，因学业不成，去学贾，贾于齐、鲁、陈、杞、宋、赵之间，

---

① （明）孙绪：《沙溪集》卷5《三朗镇新建真武祠记》，第533～535页。
② （明）刘乾：《鸡土集》卷2《寿盛氏履翁序》，第468页。
③ （明）余继登：《淡然轩集》卷7《敕封太孺人崔母刘氏墓表》，第928～930页。
④ 《新中国出土墓志·河北》（壹），二一六《明故孙（琦）母顾太孺人合葬樗轩公墓志铭》。

贾辄售。家人俯仰及季弟为学皆倚办于成宦。① 高阳孙承宗兄弟四人，伯兄处士公，讳敬先，字述之；仲兄讳敬思，字慎之，号再吾；叔兄为职方司员外郎，讳敬宗，字叔倩；季为承宗，字稚绳，中进士为翰林，后至大学士。孙承宗称：伯兄、仲兄俱学不竟。仲兄敬思倜朗持侠气，初学儒无何弃去，学骑射，尝侠游大将军秉衡幕，又曾到东南御倭。奉养父母、伯兄及资助两弟业举均由仲兄敬思一人担之。②

　　明代的科考竞争激烈，士人要想有所成就，须专心业举，这就需要家庭在经济上予以支持。正如顾氏所说："学不专则不精，家不大裕则学不得专。"③ 家庭殷实之家，兄弟中需要有人来主持家政，经营家业。并不富裕的家庭，兄弟中则需要有人业贾或务农来置办家产。在明代士人读书科考中，家庭成员中兄弟的资助或为一种常态。士人在兄弟的资助下中第入仕，既带来了家门的荣耀，也会以俸禄等回报兄弟家人，但士人往往为了表明为官的清廉很少记载入仕后为家庭带来的利益，反多记载兄弟经营家业从而成就为官士人的清廉之节。如浚县新镇王震有子五人。长浚为散官；次溙、洧科举中第，溙为参政，洧为通政使；第四子澜，谦退尚施，经营家业；最小子济读书为国学子生。王澜以二兄清慎廉约，知其以官贫乃折节，于是力田发贮循业，使家业为饶。④ 高阳孙承宗为官后仲兄敬思也嘱其曰："先大人日以廉训弟，勉之为清华乎？家即贫不惜弟膏润也。"⑤ 不过科举入仕后回报兄弟还是可从士人的笔下略窥一二。如高阳孙承宗与叔兄孙敬宗"相次举于乡，乃稍稍事伯兄"。⑥ 唐县刘乾中第后，为官在外，则寄俸禄给家中弟弟刘恒，还写诗道："念念小恒无了思，官金寄去弟收之。射牛碎瓮不能记，记得葛洪遭雨时。"⑦

---

① （明）余继登：《淡然轩集》卷 7《明敕封承德郎吏部验封主事近山成公墓碑》，第 930～932 页。
② （明）孙承宗：《高阳集》卷 17《明乡饮大宾义官仲兄再吾暨配段氏合葬墓志铭》，第 413～417 页。
③ 《新中国出土墓志·河北》（壹），二一六《明故孙（琦）母顾太孺人合葬樗轩公墓志铭》。
④ （明）孟思：《孟龙川文集》卷 14《王澜传》，第 248～249 页。
⑤ （明）孙承宗：《高阳集》卷 17《明乡饮大宾义官仲兄再吾暨配段氏合葬墓志铭》，第 413～417 页。
⑥ （明）孙承宗：《高阳集》卷 17《明乡饮大宾义官仲兄再吾暨配段氏合葬墓志铭》，第 413～417 页。
⑦ （明）刘乾：《鸡土集》卷 1《寄恒弟》，第 413 页。

兄弟多的士人在业举时不仅可以在经济上得到兄弟的资助，兄弟一起读书业举，兄长如果举业有成还会亲自教弟读书。如吏科给事中毛玉，正统十三年（1448）登进士第，抚教弱弟尤笃友爱。弟某就学于外，砚席之需不使少有动虑。归必自课其业，力奖励焉。① 又如河间献县的牛森作为长兄，抚两弟曲尽其方。他将四方润笔资以及修脯一无所私，用来奉亲、惠兄弟亲族。② 雄县东侯村王孙蕃兄弟五人，长兰郁，领天启丁卯乡荐。王孙蕃为季，生而聪颖识大义，七岁受孝经、小学，过目不忘。十三岁遭父丧，家业零落，食贫矢志，期不坠书香，则从兄兰郁讲诵。十九岁成博士弟子员，万历戊午领乡荐，南宫未第，进游成均，既以母老就昌平学正。崇祯辛未升济宁知州，莅任七年，清慎勤始终不倦。③ 高阳孙承宗称："予家文业起叔兄，而叔兄得竟大业乃以仲兄延师友。而予复从叔兄学，遂递及子若孙以文名。仲兄殁而见叔兄司职方及予官翰林也。"孙承宗从叔兄孙敬宗为学，进士及第，官至大学士。④ 孙敬宗不仅在举业上指导孙承宗，还喜为诗文，尝课孙承宗为诗。⑤ 顺天大兴金铉，生于科第世家，祖汝升官至南京户部郎中，父显名为汀州知府。金铉少有大志，以圣贤自期许，年十八举乡试第一，期年崇祯改元成进士，不习为吏，奉旨改授扬州府儒学教授。崇祯二年（1629），金铉在扬州府教授，冬十二月弟金鑵自睢之扬，兄金铉躬督课艺。崇祯七年，金铉与弟金镜及诸弟皆在京，金铉日督课艺，经书奥义时时发明。时试士重五经兼者，弟金鐄遂学五经，金铉教导指引金鐄，金鐄一年就业成。⑥ 父亲去世后，兄长即使不直接课弟读书，也会安排年幼的弟弟从师为学。如柏乡冯季壮兄弟四人。伯亨、仲昌皆前母褚出，季壮继母罗出。季壮生三岁而父见背。十数岁以两兄之命从路养虚为学，不督而勤。既而母又见背，季壮乃从赵南星学于京师。

---

① （明）岳正：《类博稿》卷9《吏科给事中毛君行状》，第433~434页。
② （清）王余佑：《五公山人集》卷13《德安宰畹亭牛公暨马陈两孺人合葬墓志铭》，第285~287页。
③ （清）孙奇逢：《夏峰先生集》卷10《中丞生洲王公暨配李孺人墓志铭》，第205~208页。
④ （明）孙承宗：《高阳集》卷17《明乡饮大宾义官仲兄再吾暨配段氏合葬墓志铭》，第413~417页。
⑤ （明）孙承宗：《高阳集》卷5《落花（上下平三十韵有序）》，第83页。
⑥ （清）金镜：《金忠洁年谱》，第6~24页。

伯亨不时以书问赵南星季壮之学业如何。①

在父亲的教导下，兄弟友爱，一起专心举业，在学业上相互切磋，在科第上皆有成，这是最令人欣羡的。永平之刘营乡卢大顺兄弟五人就是这样的典型。卢大顺字子达，别号理南，于兄弟中为季。伯兄为临洮府推官大节，仲兄为淮安府同知大谟，叔兄为南兵科给事中大中，弟汾阳丞大道。卢氏世农，皆仁厚有古风，至卢大顺父海遗公始治博士家言，以目疾舍业，然至老好典籍。海遗公躬勤家政，卢大顺兄弟五人用其教得博精其业。兄弟又自相切劘。丙子卢大顺与仲兄淮安公同举于乡，庚辰卢大顺成进士，癸未叔兄给事公亦成进士。②

明代士人读书业举仕进是生活的主轴。兄弟间在学业上互助，大大提高了兄弟中第的概率，兄弟的分工合作也使家业日益昌盛。可以说这奠定了兄弟友爱的物质基础。

三 兄弟相互救恤

在兄弟中长兄称伯，《白虎通疏证·姓名》解释说："伯者，长也。伯者，子最长，迫近父也。"③"伯"即长兄，长兄如父，长兄在兄弟中拥有近似于父亲的身份和地位，在家庭生活中承担起相当于父亲的责任和义务。如果父母年老、父母去世或者其中一方去世，长兄会代替父母管理家政，成为家长，抚育照顾弟妹便是其理所当然的责任。如容城沙河崔庚，字贞甫，别号西星。崔氏七世业农，然饘粥不继。崔庚负性慧敏，八岁时遣就外傅，靠塾师张敏忠捐赘仪授餐以学。十二岁应童子试，郡伯许公亟赏其文，招至署中与其子肄习数载。不久崔庚父母相继弃世，兄弟四人俱幼，赡育为艰，崔庚竭力抚养。崔庚二十岁补博士弟子员，万历壬子以毛诗登京兆乡试却公车屡困，出宰淇水。崔家有田数十亩，崔庚尽给诸弟，而自己则承担其赋税。④ 父亲去世，往往会给一个家庭带来沉重的打击，尤其是对年幼者来说，兄长便成为其重要的依靠。如孙奇逢称新城张于度

---

① （明）赵南星：《赵忠毅公诗文集》卷16《明文学冯季壮墓志铭》，第478~479页。
② （明）赵南星：《赵忠毅公诗文集》卷15《明亚中大夫福建都转运盐使司运使理南卢公墓志铭》，第436~437页。
③ （清）陈立：《白虎通疏证》卷9《姓名》，第416页。
④ （清）孙奇逢：《夏峰先生集》卷9《兵马司西星崔公墓志铭》，第187~189页。

(即张果中):"于度弱冠失怙,伊时学尚未成,茕茕一貌,孤侍孀母,抚三弱弟一女弟,而家且萧然,无雒阳附郭之半。即仰事俯育,最易束豪杰之手。于度拮据办理,十余年来,成婚成嫁,埙篪和而琴瑟调。所以贻高堂之顺,慰九泉之心者,于度无愧也。"① 张于度在二十岁时父亲去世,他作为长兄,担起侍奉孀母、抚育弟妹的责任。虽然家境萧然,却十多年为三弟一妹成婚成嫁,如父亲一般。在明代士人中,甚至有幼年丧父者也要担起抚育弟妹的责任。如雄县刘学诗,九岁丧父,抚弟妹极友爱,博古力学,人皆重之。② 士人父亲去世,母亲一般会守节,兄长照顾年幼的弟妹还有所依靠。但母亲去世后,父亲再娶是很普遍的事情,这时兄长既要抚育同父异母的兄弟姐妹,还要维系与继母的关系,这样在家庭经营中需要付出更多,有的甚至会因此放弃举业。如故城周良佐在读书业举之时丧母,以家督领事,日课僮奴力作,给朝晡,遂废博士业,而独娱侍其父义轩翁。周良佐抚二少弟、若妹,栉沐、铺饲、衣履之任咸躬亲之,煦煦如也。父义轩翁继配王氏生子良材而卒,又继娶胡氏,胡氏不把良材当子。周良佐则在生活中以春秋孝子闵子骞为师,事继母如母,抚良材如同母弟,在继母胡氏前多方维护他,以长、以室。周良佐此行为被申时行称赞曰:"此尤人所难者。"周良佐还因未能救治良材而痛心被疾而卒。申时行记载称,有一年大疫,尽室僵卧。周良佐扶病求药疗治百方,家人多免,独季弟良材弗治,其拊膺大恸曰:"吾何以见王母于地下。"遂被疾不起而卒。③ 周良佐的孝友之行还深深影响了其子周世选。周世选继母夏氏生世懋,周世选抚其孱弱,迄于成立,腴产悉推让无吝色。妹既适高,抚恤终始不替。④ 有些士人为了家庭的和睦,对异母弟妹甚至好过同胞弟妹,以博得继母的欢心。如雄县刘昌荫,字善同,号启我,举万历癸卯乡试,官至延安府同知。刘昌荫五岁失母,在中举时又丁父忧。在父卒后,刘昌荫事继母至孝,抚异母弟妹备极体恤,还自言道:"舜闵所以为舜闵者,正

---

① 张显清主编《孙奇逢集》(中),第 644~645 页。
② (清)孙奇逢:《夏峰先生集》卷 10《延安府同知启我刘公墓志铭》,第 208~211 页。
③ (明)申时行:《赐闲堂集》卷 22《赠通议大夫工部左侍郎北原周公墓表》,第 460~461 页。
④ (明)周世选:《卫阳先生集》卷首《南大司马卫阳周公传》,第 553~556 页。

以善处异母兄弟间耳。"婚嫁教养异母弟妹倍于同胞。① 士人对遗腹于外的庶弟也会因一本之念而加以照顾。如宣府李士常有庶弟遗腹于外,及长,谋归之为娶妇。②

　　兄弟之间的相互救恤、扶持在遇到疾病、丧葬或身遭外侮时会成为一种义务。生老病死乃任何人不可避免之事。明代士人在遇到兄弟得病时会积极为其请医救治,还会不时询问病情,甚至亲自照顾。兄长病时,弟弟多积极请医救治。如故城人颜佩,字鸣玉,别号东原,生于成化壬寅,嘉靖丙午卒,寿六十五。颜佩十二游邑庠,瑰奇为师友爱重。既长以入赀得官汝州吏目,因奔趋簿领,尤所不堪,乃弃去,谢官后日呫哔书堆中。其兄太学生玺得瘿疾,颜佩命医市药,惶惶然暨没,恐伤其父之心,颜佩言动如故,而神志内伤,一时贤声充满衢巷。③ 柏乡魏大用,字士立,别号绍川,为魏谦吉与李恭人之仲子。兄续川公尝病背疽,魏大用忧形于色,多方治之既愈,魏大用才安心。④ 对于生病又不喜用药的兄长,一些士人会日思夜想,寻求疗治之方。如大兴县举人李经国,号葬卿,后改名易号颐庵。兄实任善病,不喜饮药,李经国日夜思得其病源,用药饵劝进。⑤ 有些士人虽自己身遭病痛,但仍然会问疾于兄长,如长垣成宦在伯兄寝疾时,自己也病痿,犹强起问疾,及经理其丧不少倦。⑥ 即使是出继的兄弟,在兄长生病时也会尽心照顾。如保定新安王俭为校尉,生三子。王俭兄王位乏嗣,以季子王家祚继之。王家祚甫五岁,父与生父俱逝。母魏,生母白,茕茕无依,昼夜号哭,邻人为之泣下。王家祚七岁入小学,奉二母训诫,发愤下帷,以第一人补弟子员,蚕食廪饩。万历癸酉登贤书,后授郓城令。长兄家俊病笃,王家祚煎药进食。兄殁,王家祚则称贷以襄葬事。⑦ 在弟弟得病之时,兄长也会尽心照顾,如孙承恩(1486~1548),字君赐,

---

① (清)孙奇逢:《夏峰先生集》卷10《延安府同知启我刘公墓志铭》,第208~211页。
② (明)李东阳:《怀麓堂集》卷48《明故文林郎河南道监察御史李君士常墓志铭》,第516~518页。
③ (明)孙绪:《沙溪集》卷7《登仕佐郎河南汝州吏目颜君墓志铭》,第561~562页。
④ (明)赵南星:《赵忠毅公诗文集》卷15《明敕封征仕郎文华殿中书舍人魏公暨配聂孺人合葬墓志铭》,第452~455页。
⑤ 张显清主编《孙奇逢集》(中),第814~816页。
⑥ (明)余继登:《淡然轩集》卷7《明敕封承德郎吏部验封主事近山成公墓碑》,第930~932页。
⑦ (清)孙奇逢:《夏峰先生集》卷9《郓城知县方新王君墓志铭》,第198~200页。

别号尚泉,家世保定易州人。孙承恩年十六充府学弟子员,正德丙子(1516)领乡荐,辛巳(1521)登进士,官至河南卫辉府知府,湖广按察司副使、陕西苑马寺卿。1538年,孙承恩与弟山西太谷令孙承惠同时入觐,适承惠病,孙承恩亲视汤药,忧瘁备至,不啻如分痛者。①

  士人不仅在兄弟病时照顾救治,在兄弟去世后,还会主持操办兄弟的丧事。如孙承恩在弟弟孙承惠病卒于京师后,为其置办棺椁襚殓之具。②一些士人卒于任所,兄弟会不嫌路遥而去迎丧。如宣府李士常在成化乙巳九月二十一日卒于河南道御史任上,三子尚幼。其兄士仪闻讣悲恸欲绝,遣弟缮及从子穆迎丧,遣子稷向李东阳告哀征铭。李士常生前善兄士仪书法,士仪乃自书其墓志铭以慰之。③士人家中贫困,还会向人借贷来办理兄弟的丧事。如大兴县举人李经国在甲申京师陷落后,携家随父南下到苏州同知任上,父卒于官,李经国迎柩至沧州蓇里安葬父亲,为此囊空如洗。不久母、兄又相继殁,李经国贫不能具葬,焦劳危苦,走数千里外贷所知始襄其事。④

  兄弟之情还会延及下一代,在兄弟早逝后,士人还会担起抚养教育子侄的责任。如河间献县牛森,两弟不幸早逝,所遗一男一女,牛森视若己出,皆抚之成立。⑤孙承恩弟弟孙承惠在京病卒后,孙承恩抚诸侄之孤如己出,教之以文俱能成立。⑥赵州张时泰精于春秋,嘉靖甲子四十岁时举于乡。张时泰侄居正幼孤,收而子之若己出。⑦宣府李士常兄士章子指挥同知稽、穆,兄纯子程、秀,皆早孤,李士常视若己出,或亲为讲授。⑧深州清辉头村张汝梅,别号后沱,少而英敏,总角入庠即有声,所读书掩

---

① 《新中国出土墓志·河北》(壹),二二三《明亚中大夫苑马寺卿张公(承恩)墓志铭》。
② 《新中国出土墓志·河北》(壹),二二三《明亚中大夫苑马寺卿张公(承恩)墓志铭》。
③ (明)李东阳:《怀麓堂集》卷48《明故文林郎河南道监察御史李君士常墓志铭》,第516~518页。
④ (清)孙奇逢:《夏峰先生集》卷9《孝廉颐庵李君墓志铭》,第200~201页。
⑤ (清)王余佑:《五公山人集》卷13《德安宰畹亭牛公暨马陈两孺人合葬墓志铭》,第285~287页。
⑥ 《新中国出土墓志·河北》(壹),二二三《明亚中大夫苑马寺卿张公(承恩)墓志铭》。
⑦ (明)赵南星:《赵忠毅公诗文集》卷15《赠奉直大夫知州张公暨配滑太宜人墓志铭》,第442~445页。
⑧ (明)李东阳:《怀麓堂集》卷48《明故文林郎河南道监察御史李君士常墓志铭》,第516~518页。

卷无不成诵，屡试不售，因入赀游太学。兄汝桐早逝，病危时，子大猷生才三月，执张汝梅之手以存孤为托，张汝梅恩勤教诲之如己子，大猷及其子兆先、奉先俱为诸生高等。① 永平卫兵部武库司员外郎金渶，及兄逝，教其子桓无异于己子章。是以章富问学，有声场屋，而桓亦多猷为克绍箕裘。② 士人还会为早逝无嗣的兄弟立嗣，并抚育其成人。如万历年间南和人白储玿，别号华池，辛卯举于乡，甲辰登进士，官至太常寺卿。爱昆弟甚笃，没世未尝有间言。由于季弟早逝无子，遂为季弟立嗣，训诲成立。③

士人兄弟间不仅在生活中相互救恤、扶持，当面对外侮时，兄弟也会奔走救援共御。如长垣成宦在诸生李某任诞数窘其季弟时，成宦往争之强，李卒不能有加于季弟而罢。④ 故城人颜佩兄太学生玺尝被诬讼，久不白，颜佩走诉省台，求援诸交游，乃得理，颜佩在解救兄长时所花资费皆自己出且不让兄知。⑤ 在面对生命危险之时，孝友士人甚至会舍身救弟。如孟思曾记载浚县新镇王澜遇盗舍身救弟之举：

> 正德庚午，大盗起山东，屠剽魏浚，至新镇。家人由后门以逸，盗执澜于庭，大索金资，澜倾囊以出。盗未厌已乃絷济以至，衣饰好美曰："此真富者。"济无以应，将杀之。澜伏泣曰："此吾继母弟，为少子，母爱之，故逸乐如此。然家事惟澜是主，彼不知一钱。"盗将加刃，澜以身蔽济曰："宁杀我，毋杀吾弟。"一盗曰："义士也。"释之。⑥

王澜遇盗舍身救弟之举虽并非常事，但从一个侧面说明兄弟间有相互救恤、扶持、共御外辱的责任，兄长尤其爱护幼弟，甚而不惜牺牲自己的

---

① （明）赵南星：《赵忠毅公诗文集》卷16《明太学张公暨配种孺人合葬墓志铭》，第466~467页。
② 《新中国出土墓志·河北》（壹），一八三《明故奉训大夫兵部员外郎金公（渶）墓志铭》。
③ （明）刘荣嗣：《简斋先生集·文选》卷4《明赐进士太常寺卿华池白公墓志铭》，第456~459页。
④ （明）余继登：《淡然轩集》卷7《明敕封承德郎吏部验封主事近山成公墓碑》，第930~932页。
⑤ （明）孙绪：《沙溪集》卷7《登仕佐郎河南汝州吏目颜君墓志铭》，第561~562页。
⑥ （明）孟思：《孟龙川文集》卷14《王澜传》，第248~249页。

性命。姚舜牧曾指出："兄弟虽当亲殁时，宜常若亲在时。凡一切交接礼仪、门户差役，及他有急难，皆当出身力为之，不可彼此推诿。"① 通过对明代京畿士人兄弟间相互救恤事例的梳理，可知讲求兄弟友爱的士人在兄弟遇到急难时，会竭尽所能，尽力救助。

四　兄弟同居与分家让财

兄弟和睦同心，生产生活上协力合作，可使家业兴旺。在家庭面临变故时，兄弟救护，克服困难走出逆境。这些生活中的现实需要，为兄弟同居共财提供了可能。历代政权也实行鼓励累世同居的各种奖励手段，国家法律也限制分居异财。《大明律》就规定："凡祖父母父母在，而子孙别立户籍、分异财产者，杖一百。"② 明代士人也将兄弟同居共财视为兄弟友爱的重要表现。如永平之刘营乡卢大顺兄弟五人就是财产不析、友爱同居的代表。因父亲海遗公躬勤家政，兄弟五人得博精举业，均入仕为官，伯为大节临洮府推官，仲为大谟淮安府同知，叔为大中南兵科给事中，卢大顺官至苏州知府，弟为大道汾阳丞。在晚年兄弟相继解组归家，因兄弟友爱，"财产不析，日日相聚，聚辄具酒食果陏剧谈醺酏极欢也。时或方车并骑以游，就景物访亲旧，乡人群观叹羡之，或举手加额呼如来"。③ 卢大顺兄弟，或进士及第或中举，五人皆入仕为官，是上层士大夫之家，兄弟同居共财被乡人叹羡。富裕的耕读之家也不乏兄弟同居者。如神武右卫魏家口人吴尚䌷，别号望峰，少而读书为诸生。在父亲吴希康时，家始殷富，有田七十顷。父亲年老以家委之，吴尚䌷乃入赘为太学生，修父之术，世其勤俭，田多至百余顷。吴尚䌷居家孝友，父早殁，与弟尚朴同居，金钱由其手，绝无私藏，为弟入赘为鸿胪。弟鸿胪病狂易所以疗之者万方不效，则为之立真武庙于所居之西南，盖其弟尝至其地画曰可作真武庙，吴尚䌷遂因其意立庙，欲其弟以庙获福佑。其弟病不起而卒，子文藻

---

① （明）姚舜牧：《来恩堂草》卷13，《四库禁毁书丛刊》集部第107册，北京出版社，2000年影印本，第193页。
② 《大明律》卷4《户律·户役》，怀效锋点校，法律出版社，1999，第84页。
③ （明）赵南星：《赵忠毅公诗文集》卷15《明亚中大夫福建都转运盐使司运使理南卢公墓志铭》，第436~437页。

甫离襁褓，公慈之如子，抚育长大后才与之析箸，还悉以好田宅与之。①有的士人兄弟友爱，同居至老，其子辈从之也会同居共财。如赵州大石桥郭朝、郭相兄弟甚相友爱，同居至老。郭朝生时华、时安等，郭相生时静。时华以其弟不能与同居，遂绝爱，时静乃与之同居。②

虽然明代士人极力提倡兄弟同居共财合爨，对兄弟同居共财者更是倍加称赏，但实际上，明代士人最看重的是兄弟能和睦相处，不少士人为了家庭的和睦主张不必强自含忍保持同居，认为居同而心异不如居异而心同。如孙承宗曾说："处家要和睦同心，既有参差即分居，亦省语言。"③明末清初著名学者孙奇逢则做了更详尽的阐述：

> 问：张公艺九世同居，得力在忍。夫同居义取于和，忍则情有不堪，而袭同居之名，似非君子所贵。曰：必有忍乃其有济，忍正所以成其和也。如心实不和，强为含忍，势必至积怒深怨，决裂不可收拾。居同而心异，何如居异而心同。古今四方，皆一家人，岂必合聚同堂，乃为一家乎？国运家运，离析分崩，皆非人所能自主。仁人孝子，亦与时偕行，分合同异，无庸有成心也。④

从上述事例可见明代士人基本是亲兄弟会同居，到子辈长大成家立业了一般会分家。如上面提到的吴尚纲与弟尚朴同居，尚朴卒时子文藻甫离襁褓，吴尚纲继续扶孤如子，待侄子及长则析箸。或许士人家庭分财异居才是大多数士人的生活实态。兄弟各自成家立业，父母在世一般也会分家。如故城宋良筹有弟二人，分别为良策、良简。兄弟三人俱束发受室后，将析产，宋良筹的妻子对他说："贫富有命，讵资遗产可任二弟择取。上则意承二亲，下不取怨昆季。誉流乡邻，庆钟来裔。君其审之。"可见兄弟分家时父母双亲还在世。⑤ 有些士人会在长子娶妻后分家。如赵州周长卿母徐孺人与父松山公结婚后，松山公父亲仍然在世，还有松山公之继

---

① （明）赵南星：《赵忠毅公诗文集》卷13《明鲁山主簿吴公墓表》，第369~370页。
② （明）赵南星：《赵忠毅公诗文集》卷16《明郭处士墓志铭》，第500~502页。
③ （明）孙承宗：《高阳集》卷20《与汤阴家书》，第516页。
④ （清）孙奇逢：《夏峰先生集补遗》卷下《孝友堂家训》，第325~333页。
⑤ （明）宋诺：《宋金斋文集》卷1《显妣太宜人王氏述》，第330~332页。

母与幼弟三人。这些人皆衣食于周长卿父母,松山公父亲怜之,欲令析箸,徐孺人则不肯,决曰:"是虑妇之劳而怨耶?此自妇职,而乃以坤姑耶?即无为娶妇矣。"松山公父母大贤之。① 可见父母在,子娶妇而分家是很普遍的事情,不怕劳苦而不分家是少有的贤德之行,会被大加称赞。及父殁,兄弟均已成人娶妻,此时分家便很普遍。如松山公父殁后,诸弟皆壮有室,食指繁,乃析箸。② 在父亲卒后,母亲不愿再统理家务,便会亲自主持已长大成人的子女分家。如高邑四家庄郭叙夫卒后,妻李孺人就令其子郭华伯兄弟析居,而自己日唯静坐礼佛诵经。③ 父母俱卒,兄弟分家更为普遍。如高邑四家庄郭九贡,字献夫,别号钦斋。其四岁时父恩县公卒于官,稍长母见背,郭九贡乃与兄邓州公别居,自立门户。④ 一些殷实富裕的士人之家还会在家产日蹙时析居。如李氏世为长垣富家,又以李化龙官至兵部右侍郎兼右佥都御史而门第显赫。李化龙的曾祖李诚入赀游太学,为盱眙丞,有子五人。李继古为其季子,貌偞偞甚伟,有才干,父悉以家事委之,然性酖酒竟病,年三十卒。李继古子李栋,时七岁。李栋既长,母亲张氏乃令他学书于外父吴太学,为了他能识字可督家。李栋勤学日进,而诸父皆无任,家产日蹙,乃析居。⑤ 当家庭发生变故,难以为继时,为了维持生计,兄弟也会分家。如故城城西三十里有杏基村,秦氏世居于此,五世俱隐于农。第四世秦宁,有子三人,秦经、秦纪、秦纶。秦宁殁,秦纶甫弱冠,欲筑庐墓侧,值巨寇陆梁,居人皆走避,秦氏兄弟不得已避地去。及归,旧业尽荡,两兄经、纪谋曰:"子姓众,生计又微,合食恐费多而难继,枵腹共死无益也。异爨,庶易济。"纶不能违,乃独养母张氏。家极贫,躬耕佣赁为母具甘旨。⑥ 可见兄弟分家析产在明代士人家庭是很普遍的事情,士人多会为了家庭更好地经营存续而根据自家的实际情况决定分家的时机。

关于分家时财产的继承与分割,中国历来施行诸子均分的原则,明代

---

① (明) 赵南星:《赵忠毅公诗文集》卷 16《明敕封周母徐孺人墓志铭》,第 492~493 页。
② (明) 赵南星:《赵忠毅公诗文集》卷 16《明敕封周母徐孺人墓志铭》,第 492~493 页。
③ (明) 赵南星:《赵忠毅公诗文集》卷 16《明敕封郭母李孺人墓志铭》,第 489~490 页。
④ (明) 赵南星:《赵忠毅公诗文集》卷 15《明从仕郎两淮盐运司经历郭公暨配罗氏吕氏合葬墓志铭》,第 455~457 页。
⑤ (明) 赵南星:《赵忠毅公诗文集》卷 13《李太公传》,第 349~351 页。
⑥ (明) 孙绪:《沙溪集》卷 5《秦孝子传》,第 546 页。

士人也不例外,而且嫡庶之间也多无差异。当时的律令明确规定:"其分析家财田产,不问妻、妾、婢生,止依子数均分。"① 这一规定,并非具文,而是实实在在深入人心的规范。如开州董司马的元配刘夫人生有一子琨,因自己多病,为了广子嗣,为夫两次置妾佟氏、赵氏。佟氏生子玢,赵氏生子璇。刘夫人对两个庶子不仅慈之教之,若自己亲生子琨一样,在自己病笃之时,她还尽倾其囊中所有三子等分之。

虽然诸子平分家产的分家原则深入人心,但在实际生活中,很多注重兄弟友爱的士人,分家时为了维持兄弟和睦的关系往往听凭母亲或兄弟之意来分财产,还有很多人会让财于兄弟。如静海人高尔宪,字中章,为家中长子,在父疾逝时,嫡弟在京都,高尔宪襄事致哀,守积盖藏无所私,一待嫡弟之至,与之公析产唯嫡母命。分家后高尔宪有一弟以群小鼠牙牵于所司案状,高尔宪力救之,事雪。② 有些士人为了承顺父母之意,分家时家产任幼弟择取。如故城宋良筹在析爨时,就任二弟择取,一无所较。分家后,季弟良简贫窭,宋良筹还屡益以田产。③ 宋良筹友爱之行还为长子宋诺做了很好的榜样。宋诺有同胞三弟,悉推父资让之,子女婚嫁又佐以私财。④ 宋诺还以己所分宅为庶弟造舍治产让父亲高兴。宋诺记载道:

> 先君暮年侧室李氏为之举一子,众以为喜,先君独忧。诺徐察其情,乃以己所分宅为之造舍治产,推以予之。先君果喜见颜色曰:"天理人情于是为至。"……后感风痰,医药罔效,彷徨历四年所,病势转剧,尝乘间问及后事,则曰:"予所欲行者,尔已措置得宜,夫复何言?"竟不起。⑤

---

① (明) 徐溥等奉敕撰,(明) 李东阳重修《明会典》卷 20《户部五》,《景印文渊阁四库全书》第 617 册,台北:台湾商务印书馆,1986 年影印本,第 247 页。
② (清) 戴明说:《定园文集·户部郎中高公中章墓志铭》,第 79 页。
③ (明) 宋诺:《宋金斋文集》卷 1《先考诰封奉政大夫户部郎中龙溪府君行述》《显妣太宜人王氏述》,第 328~330、330~332 页。
④ (明) 于慎行:《谷城山馆文集》卷 19《明故中宪大夫兖州府知府金斋宋公墓志铭》,第 575~576 页。
⑤ (明) 宋诺:《宋金斋文集》卷 1《先考诰封奉政大夫户部郎中龙溪府君行述》,第 328~330 页。

像宋诺一样让产于弟的还有高邑四家庄的郭霆。郭霆字公肃,早岁为诸生,但屡试于有司不收。继母刘有子二人,曰薄、曰需,皆幼。父盐运公殁时所遗诸物郭霆一毫弗取,宅取小者一区,曰:"弟幼,不能改作也。"需之产可五千金,绝不为意。郭霆不仅让财于幼弟,还厚嫁庶母之女。① 还有士人不仅分家时不与兄弟争财,分家后还为兄弟承应门户徭役。如通州潞河张汝济,字仁父,别号育泉,官蒲台令,有二兄,伯汝清,仲汝濂。张汝济与伯、仲析箸,多寡唯其所取,毫无竞意。伯为诸生,仲一布衣耳,而门户徭役咸引为己责。② 滦州赵申宠遭继母虐待,但在父亲卒后,异母兄弟因析产而构讼,赵申宠卖己宅让幼弟,此种友爱之行更是难能可贵。孙奇逢记载其行称:赵申宠性孝友,闾党皆信之。癸未以廪生入太学,授山东布政司理,官至福建汀州府同知。为诸生时,母孙即逝,继母刘少慈爱,尝以微罪鞭笞之。虽隆冬,赵申宠仍着单衣,跪而受杖,未尝有怨色。当失怙后,诸弟议析产,赵申宠唯诸弟是择,事继母较父生时倍谨。一日弟峙及申荣以争宅构讼,赵申宠诣官曰:"两弟伤和,长兄之罪也。愿以宠市宅直千金,让幼弟峙。"郡司理耿某叹服久之,表其门,曰有伯夷风。后赵申宠官庄浪,继母在里病革,呼其生子申佑,泣告曰:"汝兄真孝子也。"孙奇逢称赞赵申宠道:"君为廉吏之后,家庭孝友,洵足风世,以其居让弟犹为人所难。"③ 有的孝友士人在自己囊中空空时,还会将中举所得分予兄长。南宫张学古,字道夫,中丙辰进士,仕至户部员外郎,行身正直,居官清,娶白宜人,生五子。张曰肩为第五子,幼即奇秀,读书甚易,遇事辄解,闻言皆晓。生七岁而父见背,万历辛巳又遭母白宜人之丧。张曰肩乙酉举于乡。故事举于乡者,人予百金,曰肩奉其四兄各十,余给亲戚中贫困者。户部公遗产业故薄,曰肩囊空得百金,复散之,慷慨好施其天性也。伯父老无子,唱议三兄敏德为后,其所有田宅悉以予诸兄弟,不取尺寸。长兄先逝,为营送终之具殚竭心力,三子二女婚

---

① (明)赵南星:《赵忠毅公诗文集》卷16《明文学郭长公暨配焦孺人墓志铭》,第479~481页。
② (明)张邦纪:《张文懿公遗集》卷9《明文林郎蒲台令育泉张公暨配萧孺人合葬墓志》,第90~93页。
③ (清)孙奇逢:《夏峰先生集》卷9《汀州府同知赵君墓志铭》,第195~196页。

嫁之事无异己出。①

兄弟姊妹之间的共同血缘，是联结他们的自然生理基础。从小的共同生活培养了他们相互依赖、相互帮助的认同心理和亲密感情，像手与足一样血肉相连，不可分割。棠棣之华、手足之情是兄弟相善、友爱相处的源泉，分家别居也无法抹掉共同生活中形成的感情。因此很多兄弟分家后仍欢然两无猜疑，相处融洽。如京师周道隆，字孟幽，号尧山，生于嘉靖己未九月初八日，卒于万历甲辰闰九月初四日，享年四十有六。其父桐轩公起家于文思院副使，给事内庭，积勤积勋，家遂衰然丕振。周道隆为桐轩公伯子，生而颖秀，束发补京庠博士弟子员。时桐轩公业渐丰裕，交游日益广，门车接巘，而公独撍户呕心发愤力学，绝不艳心于华侈，入奉鲤趋，出擅骏誉，至戊子登乡书。周道隆与季弟锦衣君欢然两无猜疑，在桐轩公卒后，兄弟均分父所遗产业。兄弟分家后每飞觞命酌则金昆玉季愉愉怡怡，不啻触目琳琅。而锦衣君更能婉承无斁。时人两贤之。② 高邑四家庄郭九贡与兄邓州公别居，自立门户后，兄弟仍然友爱。邓州公明刑德之化，审生殖之宜，深耕细耘。郭九贡从兄学习耕种，依其术行之，所获常多满车满家，而谷恒腾贵，四方来籴者辀者驾者负者襁属至。金钱多出债收子钱，畜积日殷。兄弟情深，郭九贡远在都门谒选，梦疡生左手，痛而寤曰："吾兄其病乎？" 亟归而兄邓州公卒。③ 分家后弟弟早逝，兄长仍然会扶持照顾守寡的弟妇及其幼子以成弟妇之节。如藁城王修忠九岁时，父王审不幸早世，母亲赵氏年三十。王修忠无兄弟，田仅六七十亩，皆再易之田，不能偿种。母亲赵氏誓不更适，矻矻纺绩，攻苦食淡，抚掩修忠以至成立。王修忠生三子二孙，次子读书可望青衿。万历壬寅，邑大夫以母氏之节闻于两台，移檄表其宅里。王修忠能生子有孙，母能守节以获旌表，全赖其伯王博视其犹子，伯之子修寅为之支持门户。④

明代士人出于兄弟同气一本、血脉相连的观念，希望用兄友弟恭的伦理规范维持兄弟之间的和睦。在家庭现实生活中，兄弟之间休戚相关、荣

---

① （明）赵南星：《赵忠毅公诗文集》卷16《明张曰肩墓志铭》，第463~465页。
② （明）张邦纪：《张文懿公遗集》卷8《乡进士尧山周公墓志铭》，第84~86页。
③ （明）赵南星：《赵忠毅公诗文集》卷15《明从仕郎两淮盐运司经历郭公暨配罗氏吕氏合葬墓志铭》，第455~457页。
④ （明）赵南星：《赵忠毅公诗文集》卷10《王母赵节妇序》，第283~284页。

辱与共，兄弟和睦相处，更有利于士人家道长传，家业兴旺。兄弟友爱相处、相互扶持是明代士人理想的兄弟相处模式，正如孙承宗对其仲兄孙敬思所说："夫兄弟如手足，岂有手好而足不愿，足好而手恼者哉？弟于兄弟子侄间苦口苦心，正不欲外好里差，正不欲此好彼歹也。"① 兄弟友爱和睦是每个士人内心的期盼。但是人与人修养不同，品性各异，在面对各自不同的利益之时，兄弟之间的矛盾争端往往也是不可避免的。

第二节 兄弟之矛盾争端

一 兄弟矛盾探因

上节我们所见到的明代士人兄弟间因同胞之亲、手足之情而兄友弟悌的相处情况均来自士人笔下的碑铭传状，这些文体书善不书恶、书美不书丑。在作者这样的选择之下，明代士人的兄弟关系充满了至亲温情，充满了谦让、友爱与和睦。但如果我们变换视角，由友爱谦让的贤德士人转向他们身边的人，那么也会看到兄弟关系中不和谐的一面，发现兄弟间的矛盾和争端。

在上节，一些孝友之士多劝导家中兄弟阋墙者。如长垣成宦的从父成佐与其父成岱"阋于墙，众莫能解，公往泣涕解之，佐感悟，遂为兄弟如初"。② 再如赵州张时泰的侄子中有兄弟因争田而阋墙者，张时泰对着侄子持杖而泣，良久投杖于地，说："奈何以田故失骨肉□和，又伤及父母遗体也？"侄子遂感悟相爱。③ 这些兄弟的矛盾争端在家庭内部，并经孝友之士的调解教导友爱如初。有些兄弟的矛盾则激化到讼于官府。如滦州的赵申宠，虽有一般人难以做到的孝友之行——以其居让弟，但他有此行却是因弟峙及申荣以争宅构讼。④ 赵州大石桥的郭时华与从弟郭时静同居友爱，为赵南星称赞，郭时华的同胞弟郭时安却不能与其同居，原因虽无记载，

---

① （明）孙承宗：《高阳集》卷 20《家书》，第 509~510 页。
② （明）余继登：《淡然轩集》卷 7《明敕封承德郎吏部验封主事近山成公墓碑》，第 930~932 页。
③ （明）赵南星：《赵忠毅公诗文集》卷 15《明赠奉直大夫知州张公暨配滑太宜人墓志铭》，第 442~445 页。
④ （清）孙奇逢：《夏峰先生集》卷 9《汀州府同知赵君墓志铭》，第 195~196 页。

但郭时华去世后,郭时安睥睨其产而讼于州官,想分兄家产,由此可见,郭时华兄弟不和,舍同胞而与从弟居,应是因家产之争。①

可见在实际的世俗生活中,兄弟之间不乏矛盾争端,甚至会抵牾兴讼。上面事例中兄弟阋墙者或因争田,或因争宅,总之是因财产问题而引起兄弟之争。一些士人也多议论明代多有兄弟因财货多寡相争的社会现象。如故城孙绪称:"今田舍翁多收十斛麦,而子弟愚呆凶狠,视父兄骨肉无异路人,而又百计以谋其有,父子相率于禽兽不自知。"② 高阳孙承宗也有言:"予观世人当稍长,未有妻子,兄弟相得甚欢,及一有妻,再有子,遂有间言而隙且开,遂不翅如路人。"③ 曹端在《夜行烛》中也说:"今人多昵于妻子之爱,忘兄弟之亲,小则阋墙斗狠,大则分门割户,侧目相视如雠如敌,切齿相恨如狼如虎,伤一气之和,为众人之耻。"④ 兄弟长大成人,各自娶妻生子,原本亲密的兄弟多会疏远,还会因私利而出现矛盾争端,这是明代部分士人的认识。范弘嗣曾描述兄弟一生的相处情况称:"兄弟乃一体而两分,比之手足,谊至重也。概现人间成人无兄弟,孩提有兄弟,何也?孩提笑乐,游戏追随,其情景逼真。而成人之后,则私心起而骨肉间也。壮岁无兄弟,暮年有兄弟,何也?暮年情怆于相见之日短,且近死之心,真意时露,悔悟还生,而壮岁徒以意气构也。"⑤

兄弟的私心,即私财之心,离间了兄弟的骨肉之情。之所以起私心,士人多认为"兄弟不和,多开隙于妻子"。⑥ 溺于妻子之私,忘兄弟之亲,为财货多寡相争,伤兄弟一气之和。孙奇逢则看到当时兄弟争端与诸子均分的家产继承制密切相关:

> 兄弟不偕乐而相怨相尤,一体互为剪伐,同气争相谬戾,不止

---

① (明)赵南星:《赵忠毅公诗文集》卷16《明郭处士墓志铭》,第500~502页。
② (明)孙绪:《沙溪集》卷13《杂著》,第615~616页。
③ (明)孙承宗:《高阳集》卷11《家乘序》,第205~206页。
④ (清)陈梦雷等辑《古今图书集成·明伦汇编·家范典》卷62《兄弟部·明曹端夜行烛·兄弟》,第326册,第10页。
⑤ (清)陈梦雷等辑《古今图书集成·明伦汇编·家范典》卷62《兄弟部·范弘嗣做人镜·兄弟》,第326册,第10页。
⑥ 张显清主编《孙奇逢集》(中),第854~856页。

视同路人,而且仇若敌国,此何以故?谓父母之一椽一瓦、一丝一粒,兄弟各有分焉,一认为分内之物,便锱铢尺寸所必较。故从古兄弟之间,或为家而争,为国而争,为天下而争,皆各见其为分内耳。①

诸子均分父母家产的观念在明代较为普遍,家产分析讲究绝对的平均,父母的一椽一瓦、一丝一粒兄弟都各自有份,这在现实生活中是很难实现的。因为父母对各子女的情感会各有不同,难免会出现厚此薄彼之情况。还因为兄弟间年龄、能力不同,对家庭的贡献也会各异,兄弟可能会对何为平均各有各的标准,因此兄弟间矛盾的产生是常见的。

为了避免兄弟矛盾冲突,明代士人一方面训诲子孙在兄弟同居共财时要穿一样的衣服,吃一样的饭,住一样的屋,不积私财。如柏乡吕显庭的四子"衣服冠履如一""为宅四焉如一"。②杨继盛在遗嘱中也谆谆教导两个儿子,因其母亲最正直、不偏心,凡事要依母亲之意,不可说母亲向哪个儿子,不向哪个儿子,向哪个媳妇,不向哪个媳妇。更要求两子不可各积私财,致起争端。在以后的生活中,"四季衣服,每遇出入,妯娌两个是一样的,兄弟两个也是一样的。每吃饭,你两个同你母一处吃,两个媳妇一处吃,不可各人合各人媳妇自己房里吃,久则就生恶了"。③ 另外,明代士人则大力提倡兄友弟恭的相处之道,兄弟间要相互容忍和谦让,因此分析家产时让财于兄弟者被大加赞赏。兄弟能否礼让,士人归于人品之不同。孙绪就说:"兄弟天伦也,友爱天性也。泰伯以天下让,夷齐季札以国君让,刘恺丁鸿以封爵让。市道小人争一钱之利遂阋于墙,人品之不同如此。"④ 因此士人主张兄弟相处中要提高自身修养,淡泊财利之心,兄弟复"天性最初之良,友爱笃挚,宛如其一体一气"。⑤ 孙承宗要求子孙节制

---

① (清)陈梦雷等辑《古今图书集成·明伦汇编·家范典》卷63《兄弟部·孙奇逢让产序》,第326册,第17页。
② (明)赵南星:《赵忠毅公诗文集》卷12《大友堂记》,336~337页。
③ (明)杨继盛:《杨忠愍集》卷3《赴义前一夕遗嘱·父椒山谕应尾应箕两儿》,第676~677页。
④ (明)孙绪:《沙溪集》卷14《杂著》,第646页。
⑤ (清)陈梦雷等辑《古今图书集成·明伦汇编·家范典》卷63《兄弟部·孙奇逢让产序》,第326册,第17页。

自己的欲望，培养清廉的品德，认为："凡人清廉乃不好货财，乃不私妻子，乃和兄弟，乃顺父母。夫无欲害人而室家妻孥间可思也。"① 孙奇逢在家规中也称："盖教家立范，品行为先，故首存士节，养耻心，孝友为政，立祠举祀，其先务也。"② 子弟问他："家不齐，多因姒娣不和，遂伤兄弟之好，或妾恃宠以夺主母之权，至继母毒害前妻子女，其祸人身家、败人名行更甚，当何道以处之？"他回答："《诗》曰：'刑于寡妻，至于兄弟，以御于家邦。'此千古家规也。身范不端，向妇人女子求齐，道无由矣。"③ 可见孙奇逢认为不应把妻妾的挑拨离间视为导致家不齐、兄弟矛盾冲突的重要原因，要先看自己是否能身先率范，起到榜样的作用。为了家道隆昌，他还要求子孙把端蒙养作为家庭的第一要事来重视。明代士人如此重视伦理道德的培养对维系兄弟友爱情谊的作用，足见在现实生活中，兄弟矛盾争端的普遍存在。

二 杨继盛之兄弟相处

容城杨继盛以弹劾严嵩慷慨赴死而光耀史册。他以直谏的品格与精神被称赞为"凛凛乎烈丈夫"。④ 杨继盛作为有明一代士人中刚正不阿的忠烈谏臣，颇受后人敬仰，明清士大夫乃至朝廷都对其不时祭祀追悼。而作为一个日常生活里的普通人，杨继盛临刑前对妻儿的遗嘱也在后世广泛流传。高朝英、张金栋两位学者秉着严谨的治学态度将杨继盛《自书年谱》手稿全文在《文物春秋》杂志上刊布，并做了详尽的考证。⑤ 后世刊刻流传的杨继盛年谱多是被后人删改过的，杨继盛《自书年谱》手稿全文保留了不少杨继盛与兄长杨继昌相处的一手新资料，不仅可以补充、纠正《明史》《明书》中杨继盛传记的一些记载，还对我们深入细致地研究明代士人的兄弟相处提供了可能。笔者利用新刊布的杨继盛《自书年谱》手稿全文与后人整理刊刻的杨继盛的诗文集，在前人研究

---

① （明）孙承宗：《高阳集》卷11《家乘序》，第205~206页。
② （清）孙奇逢：《夏峰先生集》卷11《家规》，第229~231页。
③ 张显清主编《孙奇逢集》（中），第1058~1067页。
④ （明）杨继盛：《杨忠愍公集》卷首《世祖章皇帝御制表忠录论》，清光绪二十二年顺德龙氏知服斋刊本。
⑤ 高朝英、张金栋：《杨继盛〈自书年谱〉卷考略》（上）、（中）、（下），《文物春秋》2011年第2、3、4期，第61~72、第65~74、第47~58页。

的基础上，对杨继盛的兄弟相处试做探讨。

（一）杨继盛的殷切叮咛

杨继盛因弹劾严嵩，下狱被祸，在被杀前夕，将一生体悟到的居家做人之道写成遗嘱《父椒山谕应尾应箕两儿》交付两个尚未成年的儿子。《父椒山谕应尾应箕两儿》全文近三千字，其中杨继盛教导两子在以后的生活中如何处理兄弟关系的内容近六百字，占了整个遗嘱的五分之一。①

从杨继盛叮嘱的内容来看，他首先告诉两子要孝顺母亲，母亲是最正直、不偏心的人，不可说母亲偏向哪个儿子和媳妇，惹母亲生气就是不孝；其次要求两子不可积私财，以避免兄弟两人因为财务问题而产生纠纷，更不可因言语差错或一点小事就发生矛盾；再次针对两个儿子的性格差异，让大儿子应尾看在自己面上担待性情暴躁的小儿子应箕；更要应箕敬重哥哥，如果应尾恼了，应箕要以"跪拜""陪礼"，乃至央及哥哥相好的朋友劝他等方式来维持兄弟和睦亲密的关系。良好兄弟关系的形成还与和谐的妯娌关系密不可分。杨继盛要求两个儿子教导自己的媳妇要像亲姐妹一样相处，在穿戴、吃饭上要一致，确保家庭的和谐，避免因出身的不同各自行事而产生猜忌、嫌隙。最后，杨继盛再三慎重叮嘱兄弟两人就算是有天大的纠纷无法解开，也要请亲戚和解，切不可告官。还警告他们若谁先告官，就是不孝，要官府重处。甚至还预告"官老先生"体谅他的苦情，劝诱二子争而复合。

据杨继盛的年谱可知，应尾生于嘉靖二十四年（1545）二月十九日，应箕生于嘉靖二十八年三月初二日。杨继盛的遗书写于嘉靖三十四年十月二十六日，此时应尾年仅十一岁、应箕年仅七岁，都还是孩童。杨继盛一去世，家庭的维持和杨继盛血脉的传承就都落在了应尾、应箕两人身上，杨继盛对两个儿子的期望应该特别深重。俗话讲"家和万事兴"，杨继盛对两兄弟日后相处之道殷切叮咛，希望两个儿子"和好到老"的苦心不难理解。在遗嘱中我们注意到，在教导应箕要敬重哥哥应尾时，杨继盛说道："你大伯这样无情的摆布我，我还敬他，是你眼见的。你待你哥要学

---

① （明）杨继盛：《杨忠愍集》卷3《赴义前一夕遗属·父椒山谕应尾应箕两儿》，第676~677页。

我才好。"① 这句话是否透露出了杨继盛自己的兄弟关系并不和睦,甚而兄弟间曾发生矛盾冲突呢?杨继盛在临刑前非常担忧两个儿子的未来相处,事无巨细地将两个儿子在未来人生旅途中兄弟间可能碰到的问题一一做了具体、详细的交代,这是否和杨继盛的成长背景及他自己的兄弟关系密切相关呢?

(二) 他人笔下杨继盛的兄弟关系

杨继盛的长兄怎样"无情的摆布"他了?杨继盛兄弟的关系究竟如何?是否影响了他写给儿子遗嘱的内容呢?带着这些疑问,笔者查阅了今人对杨继盛的研究。冯尔康先生注意到了杨继盛的家庭生活,描述了杨继盛与长兄杨继昌的关系:

> 继盛少年时代家境清贫,父亲杨富,母亲曹氏。7岁时母亲亡故,父亲的妾陈氏虐待他,让他放牛,所以他自幼就独立处理与家里人的关系。继盛看到邻居家的孩子在学塾读书,非常羡慕,回家向同胞长兄继昌要求学习,哥哥说你这么小,读书做什么,表示反对。继盛说我年岁小可以放牛,就不能读书?继昌听了觉得有理,把弟弟的愿望向父亲反映了,杨富答应他的请求。于是继盛一边放牛,一边读书,到十三岁时全力学习,十八岁中秀才,以后借住僧房继续攻读。有一年继昌得了瘟疫,继盛听说赶回家中侍候,日夜不寐,使兄康复。嘉靖十九年(1540)中举人,次年会试落第,入国子监进修,需要家庭供给生活费,继昌认为不能白白养活弟弟,也不同继盛协商,就给弟媳张贞八石谷和一片土地,算作分家的财产,继盛夫妇没有怨言地接受了。继盛在京边读书边坐馆教书,有了收入,张贞在乡生产也获得丰收。继盛回到家乡请姻亲吃饭,乘机向继昌敬酒,说我当初默认析产,是怕我的学习费用连累长兄,现在我有余钱,可以补助家用,请哥哥允许我和你一起生活。继昌听了很惭愧,同意了他的要求。继盛又拿出十三两银子捐给政府作边疆经费,使继昌得到教官的荣誉。继盛给妻子遗言,说哥哥不懂多少道理,也没有坏心眼,只是爱占小便

---

① (明)杨继盛:《杨忠愍集》卷3《赴义前一夕遗嘱·父椒山谕应尾应箕两儿》,第676页。

宜，你要让着他，他自然高兴了。表明至死惦记着长兄。①

从冯先生的描述中我们看到杨继盛与长兄杨继昌之间发生的三件事情：一是杨继盛说服长兄杨继昌取得了边放牛边上学的权利；二是杨继盛照顾得瘟疫的长兄康复；三是在杨继昌不商议而强行分家后，杨继盛又拿出钱和长兄同居共财，并为长兄捐官。通过这三件事我们并未看到杨继昌"无情的摆布"杨继盛，杨继昌只是看中钱财私利与杨继盛分家了而已。在杨继盛尊敬哥哥、牺牲自己钱财的努力下，杨继盛与长兄关系是和谐融洽的。

冯先生所依据的原始史料对杨继盛兄弟关系作何记载呢？查阅《明史·杨继盛列传》，其中只有百余字记载了杨继盛说服长兄边牧牛边上学之事：

> 杨继盛，字仲芳，容城人。七岁失母，庶母妒，使牧牛。继盛经里塾，睹里中儿读书，心好之。因语兄，请得从塾师学。兄曰："若幼，何学？"继盛曰："幼者任牧牛，乃不任学耶？"兄言于父，听之学，然牧不废也。年十三岁，始得从师学。家贫，益自刻厉。②

从行文可见此内容只为说明杨继盛年少时家贫而杨继盛却刻厉攻读的精神。

再看冯先生依据的另一史料，清代傅维麟《明书·杨继盛传》对杨继盛兄弟关系的记载：

> 杨继盛，字仲芳，其先小兴州人。洪武中，小兴州数被寇，诏徙其民内地。继盛始祖百源，徙容城，家焉。七世生继盛，幼有奇质。父富谓人曰："日者言吾门当骤大，岂是子乎？"七岁，母曹卒，其父媵陈妒曰夷公于竖，使牧饭牛，牛肥。逾年，从牧所闲往里塾，睹里中儿诵读、揖逊，而心好之。归，谓兄继昌："请得受里塾学。"兄曰："若幼，何学？"乃怫然曰："夫幼任牧牛，讵不任学？"兄言于

---

① 冯尔康：《古人社会生活琐谈》，第 128~129 页。
② （清）张廷玉等：《明史》卷 209《杨继盛列传》，中华书局，1974，第 5535 页。

父，富奇而听之，继盛竟学，然不废牧也。十余岁，父卒。久之，兄坐邑赋践更，继盛往代践更。至十三，始从师受经。十八，补邑诸生。读书僧舍，自励刻苦，恒读至夜分……明年春，诸僧病疫且甚，同舍生俱亡去。继盛独曰："吾去，僧谁为治汤药者？乃吾死僧矣。"则为之亲囊事，问医调药饵，僧以次愈。而兄病疫亦作，报至，奔归，日夜不解衣而侍，寻愈。时人异之，为语曰："疫无鬼，以为不信视杨子。"庚子，举乡试。明年辛丑，下第，入太学。继昌以入太学有负笈费，乃乘其出，予妇以八石谷，废箸。及游太学有声，荐绅递馆谷之，稍稍具橐中装，而妇治农有天幸。辄岁，竟事归，为酒，召其姻族，奉兄觞曰："始弟所以默而从废箸者，惧不胜负笈费为兄累。今幸有余锱，足佐兄朝夕，请得复从宇下囊。"兄愧许。会复当计偕，有司以十三金为路费，悉推兄，使输边，获散官级。曰："吾道近，可徒也。"甲辰复下第，再入太学。①

从上文可见，冯尔康先生描述的杨继盛兄弟关系的情况基本来自于傅维麟《明书·杨继盛传》的记载。只是傅维麟《明书·杨继盛传》比冯先生文中多记载了一件事：父亲去世后，杨继盛在十余岁时代替长兄杨继昌应县里的差役。

关于杨继盛一生的最早文献应该是王世贞写的《杨忠愍公行状》，此文附录于《杨忠愍集》。将《杨忠愍集》中的《杨忠愍公行状》与傅维麟《明书·杨继盛传》对照，发现傅维麟基本照录了王世贞所写的《杨忠愍公行状》，只是文辞偶有改动。《杨忠愍公行状》中记载杨继盛用来为长兄捐官的费用为"三十金"而非"十三金"。王世贞在《杨忠愍公行状》文末称：

> 天子旌公之明年，而应尾谋改葬公，持公所自著年谱，徒步冰雪中八百里而谒世贞曰："先子之没，向者实槀葬焉，而未有志铭也。将渡江，以请于少师华亭相公，而借吾子之状为先容。"……为著状

---

① （清）傅维麟：《明书》卷108《杨继盛传》，《丛书集成初编》，商务印书馆，1936，第2168～2169页。

而泪涔淫流弗已。至于序录公遇难事，则大恸几绝，投笔者三矣。其辞之不能次，固宜也。公所上劾相嵩疏传人人国史记之。不佞故直书其文，而稍去其浮漫者如右。隆庆戊辰冬十二月，同年生吴郡王世贞谨撰。①

由此记载可知隆庆二年（1568）十二月王世贞所写的《杨忠愍公行状》是据杨继盛自著年谱"稍去其浮漫者"而成的，记述杨继盛兄弟关系最详尽的文献应该是杨继盛自己撰写的年谱。

（三）杨继盛笔下的兄弟相处

杨继盛在嘉靖三十二年正月十八日上疏弹劾严嵩，后被下狱严刑拷打。杨继盛忍受着身心上巨大的痛苦，在狱中三年，自述四十年生平，写成了万余字的《椒山年谱》，② 在临赴义的前一晚（嘉靖三十四年十月二十六日）交给儿子应尾。直到隆庆元年，杨继盛的冤情得到昭雪，得到明穆宗的封赠、赐谥、赐祠。其子应尾、应箕为了请徐阶写墓志铭、王世贞写行状，于隆庆二年冬十月刊刻杨继盛的年谱。③ 由于人们敬仰杨继盛的崇高气节，此后的四百多年里杨继盛的年谱被不断传抄翻刻。而杨继盛在狱中亲笔所写的年谱手稿全文则未在世间流传，先为杨继盛子孙保存秘不示人，后几经递藏，现保存于河北省文物保护中心，成为珍贵的文物与档案文献。④

高朝英、张金栋两位学者将年谱手稿与几种年谱刊本对勘发现，最早刊于明隆庆二年的年谱，"鉴于当时的道德礼教与人际关系等，杨应尾对其进行了删改、增补，并删2483字。李贽又在杨本的基础上再次删改、增

---

① （明）杨继盛：《杨忠愍集》卷4《附录·行状》，第691页。
② 年谱写作时间的具体考证详见高朝英、张金栋《杨继盛〈自书年谱〉卷考略（下）》，《文物春秋》2011年第4期，第47~58页。
③ 杨继盛《椒山先生自著年谱》一卷，有杨应尾、杨应箕的题记："先忠愍公将赴义之先一夕所著《年谱》，授不肖应尾，盖十二年。而赖今上仁圣采用事大臣议，赠先公太常寺少卿，赐祭，予应尾为国子生。寻用给事中言，赐今谥。又用御史言，赐祠，祠额曰旌忠。不肖乃始敢改葬。欲乞志铭于致政少师元相华亭徐公，而假年家太仓王君之状，以为先容。仅刻此谱如左。隆庆二年冬十月，不肖男应尾、应箕泣血百拜识。"参见《北京图书馆藏珍本年谱丛刊》第49册，北京图书馆出版社，1999年影印本，第489页。
④ 详细递藏历史详见高朝英、张金栋《杨继盛〈自书年谱〉卷考略（中）》，《文物春秋》2011年第3期，第65~74页。

补，删 1087 字。经过两次删改，传之既久且广的四库本已是缺 3570 字的'残本'"。① 而学者认为年谱中杨应尾第一项要删去的内容就是"庶母、兄的不端行为"，因为"其家庭的不和睦与内乱，有违封建家庭礼教，悖于'尊长卑幼'和'有父尊父，无父尊兄'古训，家不齐，何以治国？且家丑是不可外扬的，故将其删掉了"。② 通过两位学者在《文物春秋》杂志上刊布的杨继盛《自书年谱》手稿全文，在杨继盛笔下，杨继盛与兄长杨继昌的关系究竟是何状况，是不是后人笔下的兄友弟恭、和谐融洽呢？

先看杨继盛对自己幼年牧牛读书的记载：

癸未年，八岁。夏即善牧牛，或宿于场园，或宿于瓜铺，虽家人不之知，久亦不甚寻也。至秋有老儒沈姓讳琦（不知字号）者，在村中设发蒙教。予每窃往观之，见诸生揖容之美，闻诸生吟诵之声，心甚爱之。归而告于兄"欲入学读书"，兄以"尔年幼"辞。予曰："年幼能牧牛，乃不能读书耶？"又告于父，始得入学从师矣。③

从杨继盛的记载看，杨继盛八岁想上村中的蒙学，是先"告于兄"，兄长不同意他上学，自己"又告于父"，才入学从师的，而非如《明史》《明书》所记"兄言于父"。杨继盛入学读书为什么不直接向父亲请求，而要先"告于兄"，"又告于父"呢？从杨继盛的《自书年谱》手稿全文可知，父亲杨富娶"本县民人曹忠室女"为妻，生子继昌与继盛。杨富在村中应该是一个有些家财的人，还纳了陈氏为妾，生子继美。杨继盛的母亲曹氏"性最柔善"，而父妾陈氏妒忌专权。在杨继盛刚刚出生时，父亲看着他，喜而谓曰："卜者、相者以予有阴德，当生异子。今观此孩，首、身、股三停，此必不凡也。改换门闾，大吾宗族，在是子矣。"就是父亲的这一夸赞，让生性善妒的妾陈氏"一闻父言，遂捣衣窗下，杵声如雷，

---

① 高朝英、张金栋：《杨继盛〈自书年谱〉卷考略（下）》，《文物春秋》2011 年第 4 期，第 57 页。
② 高朝英、张金栋：《杨继盛〈自书年谱〉卷考略（下）》，《文物春秋》2011 年第 4 期，第 53 页。
③ 参见高朝英、张金栋《杨继盛〈自书年谱〉卷考略（上）》，《文物春秋》2011 年第 2 期，第 62 页。本节下面的引文如不作注，均出自此文，不再一一标注，特此说明。

意欲使生惊风"。柔善的曹氏，面对跋扈的陈氏，一再忍让，到杨继盛五岁时，竟到了告官分家的地步。"庚辰年，五岁。父妾专权，父亦被惑，母甚失所，舅曹安白之于官。亲戚知父妾之恶，同居必加害于母也，遂共议父与母各居矣。将家产分为三分，父及庶母、庶兄取其二，母及兄与予得其一。"可见杨继盛少时家并不贫，而是父亲杨富的妻妾矛盾尖锐，在杨继盛五岁时，父亲与母亲分家别居，六岁时长兄杨继昌又与母亲别居，七岁时母亲病死，是家庭矛盾导致的家庭变故使杨继盛幼年的生活"狼狈孤苦"。因父亲在杨继盛五岁时就与他分家别居，失去母亲的杨继盛在八岁时是与长兄杨继昌一起生活的。在杨继盛的笔下，其八岁善牧牛并不是如《明史》《明书》所记是庶母陈氏虐待他的行为，小小年龄就善牧牛或许还是杨继盛引以为豪的事情。由于父亲不与杨继盛一起生活，杨继盛想入学读书，先要告于一起生活的长兄杨继昌，杨继昌拒绝他的要求后，才越过兄长向父亲争取到了入学读书的权利。

杨继盛将杨继昌与母亲的分家归因为"嫂惑于庶母之唆，兄惑于嫂氏之言"。中国古代常把妇女视作拨弄是非、离间兄弟感情、破坏家庭和谐的罪魁祸首。或许杨继盛是受此思想影响。分家的真正原因或许是杨继昌极其看重财产利欲，没有家庭责任感，功利而现实。中国传统伦理观念认为，除父母外，长兄对整个家庭负有更多的责任和义务。1520年，杨富将三分之一的家产分给曹氏与其分家别过。俗语云"长兄半父"，已成年娶妻的杨继昌身为一母同胞的长兄，理应与母亲共同担负起抚育幼弟的重任，但杨继昌却将母亲的家产又分为两份，与母分家各居。年仅六岁的杨继盛只得与母亲、姐姐共同到田间劳作，过着流离失所的凄苦生活，使"见者为之叹息流涕"。杨继盛是个六岁的孩童，母亲、姐姐均为女性，显然杨继昌夫妻分得二分之一的家产自己单过，家庭负担比在一起生活要轻得多。第二年因母亲得了咳嗽劳疾，在亲戚的劝说下，杨继昌才与母亲、弟弟同居。母亲去世后，杨继昌对一起生活的幼弟杨继盛依然并不关心。杨继盛记载在八岁牧牛时，"或宿于场园，或宿于瓜铺，虽家人不之知，久亦不甚寻也"。杨继盛向父亲争取到入学读书的权利后，一边读书，一边牧牛。1524年7月，杨继盛因读书"牧牛失期"，受到兄长杨继昌的责怪："家事是我二人的，你如何不勤谨，分开各居就饿死你。"随后杨继昌分给杨继盛"屋一间，米、豆各数斗，驴一头"，和九岁的杨继盛分了家,"乡人俱为之流涕"。而杨继盛认为杨继昌的责怪之语是"盖亦戏而恐之也"。按杨继昌以往的作为,或许杨继昌真是认为杨继盛牧牛失期、不勤谨,不能白白养活杨继盛,遂与他分家。九岁的杨继盛在分家后,能"早起自作饭食,食毕,则将米、豆上各画字记之,将门封锁,乘驴出牧。午间回亦如之"。四五天后杨继昌看到"他即能理料家事如此",才又合居。

杨继昌与杨继盛第二次分家复合后,兄弟间的相处基本还算融洽。杨继盛读书后,"资性颇高",十岁时由于善对句,受到父亲的钟爱。杨继盛一降生,父亲杨富就对他抱有"改换门闾,大吾宗族"的期望。1526年夏天,父亲怕耽误杨继盛的学习,不再让他牧牛。七月,父亲还认为"乡间闻见不广",让兄长杨继昌送杨继盛到县里学习。九月,父亲"得反胃病",杨继盛被召回家,"日夜问安、侍养"。到十一月初八日亥时,父亲病故。此时,杨继昌被县里拘作收粮大户,因父亲杨富刚刚去世,杨继昌作为长子须在家守丧,杨继盛就代兄应役,"收纳记算,卯酉点查俱不错不误"。父亲去世后杨继昌一直供杨继盛求学科考,在杨继盛从阴从光学习,"学业无甚进益"时,兄长杨继昌还促其别学。只是杨继昌吝于钱财,杨继盛求学科考的生活多穷乏狼狈。1529年冬,十四岁的杨继盛因"兄与束脩薄"被老师逐出学校,"落落无所归"。1536年新春,杨继盛从学两年的老师李学诗"得瘫痪病",杨继盛"日侍汤药",并到"百里之外请医",但是兄长杨继昌"又恶干此事",不给他提供脚力和盘费,杨继盛"惟徒步忍饿潜行而已"。1534年冬,杨继盛十九岁,居县寺读书,称"其苦盖难言万一矣"。杨继盛记载当时的情景:"予无童仆,僧无徒弟,僧尝念经于外。予自操井灶之劳,秫杆五根剖开可以熟饭。冬自汲水,手与筒冻住,至房口呵化开,始做饭。夜尝缺油,每读书月下。夜无衾,腿肚常冻转,起而绕室疾走始愈。"1538年,杨继盛二十三岁时,又带着杨继昌的两子同到寺中读书,因侄子的原因才"用度视前少足"。1540年,杨继盛中举,所得的牌坊银都被杨继昌收了去,杨继盛第二年"赴会试尚穷乏之甚矣"。

即便兄长对杨继盛如此吝啬,杨继盛依然奉行儒家提倡的兄弟同居共财的和睦大家庭之理念,并为营造兄友弟恭的和谐家庭而不懈努力。1533年,杨继盛十八岁,充县学生员。乡人见杨继盛学业颇进,"富室多许妻以女"。杨继盛则认为:"富室之幼女,岂可处于兄嫂之间耶?"1534年,十九岁,是年冬十月,"娶胡村张公讳杲次女为妻。……张杲者,予兄之叔丈也,家以耕织为业,家不甚富,其行谊为乡里所重。又闻其女,长而甚贤,窃喜其与嫂既为姊妹,其为妯娌必和,遂娶之"。杨继盛认为兄弟间应该患难相恤,相互扶持。杨继盛在兄长杨继昌遇到困难时,总是不顾自己的利益得失,尽自己最大的努力去帮助。1538年夏天流行瘟疫,杨继昌染病,杨继盛接到信后,立即回家,"不解衣而事者月余",直至兄长病愈。在杨继昌与外人发生冲突受委屈时,杨继盛更是挺身而出。1540年,杨继昌"与本村富民讼于府",官员受贿,将杨继昌拷打狼狈。杨继盛正在准备秋天的乡试,看到兄长被害,表示"兄负屈被害如此,尚焉应试为哉!"杨继盛先诉于驻于沙河的抚、按,都"以事小不允"。"又诉于兵备道,亦以事小拒",杨继盛说:"词讼只当论屈之大小,事之大小不必拘也。"经杨继盛的努力官府才查清案件的是非,使仇家被刑。1541年,杨继盛会试落第,与同年孙联泉等人约定入国子监读书。有人告诉杨继昌:"凡举人坐监及历事可三年方毕,须费艮(银)二百余两。"杨继昌认为:"若此,则吾穷矣。弟尚可,吾之子多,将来何以度日乎?"乃决意析居。杨继盛则决意不肯。杨继昌就趁杨继盛九月间去看望河间狱中的四姐夫不在家时,自行分家析产。杨继昌将粮财之类都归为己有,只分谷八石给杨继盛一家。杨继盛在1541年被迫分家后,因在国子监读书,成绩优异,经济状况转好。1543年春,杨继盛请兄长杨继昌及诸亲会饮,在妻子不知情的状况下要与杨继昌重新同居共爨,杨继昌则"喜而允之"。杨继盛以"坐监官盘费艮(银)二十余两,备衣服,供酒食,日以娱兄,兄甚喜"。"秋,得会试盘费三十两,与兄纳艮(银)为散官。"杨继盛第三次与兄长分而复合,"诸亲俱踊跃称赞,以为田氏复生"。杨继盛拿坐监官盘费银为兄"备衣服,供酒食",用会试盘费银为兄纳官,这也获得了兄长杨继昌的欢心。这件事也被王世贞写入行状、傅维麟载入《明书》,作为兄友弟恭、兄弟同居共爨的典范事例来颂扬。但在杨继盛的笔下,我们看到在杨继盛要与杨继昌重新同居共爨时,杨继昌是"喜而允之",而非王世贞、傅维麟笔下的"愧然许"。杨继昌之所以与杨继盛分而复合,并没有王世贞、傅维麟赋予杨继昌的人伦道德感,而是因为看到杨继盛分家后"农事所得反丰",又有坐监官盘费银、会试盘费银的收入。

根据杨继盛的记载，我们看到杨继昌大概没读过书，功利现实而不注重血缘亲情与人伦道德。他为了减轻生活的负担可以与母亲、幼弟分家；他为了多挣家财在父亲刚去世后就"与庶母争家财致讼"；他为了避免穷困可以与弟弟决意析居；弟弟经济状况一比他好，他又喜而复合。可见钱财是杨继昌最看重的，讲求实际、功利的性格使他处理与杨继盛的兄弟关系时完全以维护自家的财产利欲为唯一标准。杨继盛在1543年春与杨继昌重新同居共爨时，已经分别于1540年、1542年生育一子、一女；而据杨继盛记载，1543年杨继昌应该已有四子。兄弟两家合在一起形成同居共财共爨的大家庭，最有力的维系纽带是钱财。杨继昌对杨继盛的兄弟关系更直接表现为家庭财产的分享、对物质的需求。当兄弟两人在家庭财产上发生矛盾冲突时，这个勉强靠钱财维持的大家庭也就走向解体。

从杨继盛兄弟的第三次分家复合看到，杨继昌是见钱就喜。两家复合后，杨继盛拿不来钱甚而要花钱，杨继昌就怒。1544年，杨继盛又会试落第，则"兄又不喜"。1544~1546年，杨继盛在国子监从徐阶读书，"盘费不足，其饮食之类甚穷乏，狼狈不堪言"，幸于1547年中进士。杨继昌一直供养杨继盛上学读书二十多年，对杨继盛是抱有很大期待的。最直接的期待就是杨继盛通过参加科举做官，给家庭带来厚利。但杨继盛在南京为官三年考满回家，却"俸禄不能给衣食，何以有余资"，这让盼望杨继盛"官归厚利"的杨继昌"怒不可解矣"。杨继盛为官三年不仅没给杨继昌带钱回来，还去看望与杨继昌"大不相和"的叔叔，且在南京为叔叔做送终衣一套。叔叔"病卧数日死"，因"家贫不能备棺"，杨继盛又"窃为之买棺而葬之"。杨继盛为官后的行为与杨继昌的期望形成巨大反差，所以"兄之恨已入骨髓矣"。当杨继盛迫于生计不得不动用家中财产时，杨继昌这些郁积的怨恨就爆发了。

1551年杨继盛赴京考满，升兵部车驾司员外。因当时有开马市之议，杨继盛乃上《阻马市之疏》弹劾仇鸾，被下锦衣狱拷打，又被降为陕西临洮府狄道县典史。此时杨继昌与他发生了最激烈的家庭冲突。杨继盛在《自书年谱》中做了详细记载：

> 时予下狱，人有促兄赴京看者，兄曰："待打死后，车载来家看罢。"人劝兄送盘费者，兄曰："人家做官挣钱，他做官惹祸，便饿死

从他。"噫！平昔无情，犹望患难；患难若此，其狠何如耶。

　　予往临洮约五千里，顾（雇）车及盘费约得银五六十两，已既（一概）无处。时人见其降官，又不肯借贷，而兄通视若秦越，至此而困心衡虑极矣。计正无出时，一舍亲至，予告之以故，舍亲〔曰〕："终不然不赴谪所乎？公之家产有分也，可将地一顷当典与富家，回家看令兄如何处？"予遂从之，是虽迫于甚不得已而用权，然律之以道，不可谓之不得罪于兄也。归家，兄视之如草介（芥），恶之若寇仇，日佯乱骂，予遂避居于辛庄寺。时舍亲以银地言兄，遂有分居之议矣。时地三顷，予止分前典地，余俱为兄有，而各攒财产亦尽有焉。兄犹索前典地银，予曰："若此，则弟同妻子俱乞食之临洮矣。"兄恨入骨髓。临行之日，人有告予"兄欲打死者"，予曰："岂有此理！"及出门时，兄果率三侄赶予奔趋于房上，兄及侄砖石如雨，予自房跳下奔逃矣。二子在屋内炕上，兄从窗内打数砖，俱不中，二子幸无恙。兄知予逃，乃率三侄将车上行李用刀斫碎，复乘马提刀赶予，幸马蹶而止。家庭之变极矣，予所遭之穷何如哉！

在杨继盛的笔下，杨继昌为了自己的小家贪恋财物、心狠无情。杨继盛在仕途上遭遇第一次坎坷时，杨继昌带领三子对杨继盛大打出手，只因杨继盛无处筹措赴谪所的费用，在舍亲的帮助下，未经兄长同意，典当了家中一顷土地，筹措了五六十两银子。杨继盛未能满足杨继昌盼他做官挣钱的愿望，杨继昌本已对杨继盛"恨入骨髓"，杨继盛还典当家中三分之一的土地，这严重损害了杨继昌的财产利益，对杨继盛"视之如草介（芥），恶之若寇仇，日佯乱骂"。"望深则易怨。"[①] 要不到典地银钱的杨继昌愤怒至极，就带领儿子打上杨继盛家门。此事在后世刊刻流传的杨继盛年谱中均无记载，在杨继盛的行状、《明书》中更无。但此事对于杨继盛来说是家丑，杨继盛应不会捏造。而且在《祭易州杨五文》中，杨继盛写道："及予以谏阻马市被罚远谪，虽骨肉至亲亦恶其后于家而拙于官，乐其死而幸其不归也。西泉乃慰嘉礼送之意反股于初，则其相与之情已出

---

① （北齐）颜之推：《颜氏家训》卷1《兄弟篇》，第4页。

寻常万万。"① 其中，"骨肉至亲"应该就是长兄杨继昌。杨继盛在《父椒山谕应尾应箕两儿》遗嘱中称"你大伯这样无情的摆布我，我还敬他，是你眼见的"，应该指的也是这件事情。杨继盛称此事为"家庭之变极矣"。《诗经·小雅·棠棣》有言："兄弟阋于墙，外御其务。"杨继昌作为长兄，在弟弟杨继盛患难之际，非但没有尽心扶持，反而因弟弟自行典当了一顷土地而大动干戈，如此行为真可谓无情。兄弟俩大概从此关系决裂，再无往来，因为在杨继盛的《自书年谱》中此事之后再没有了关于兄长杨继昌的记载。

在四十年短暂的生命历程中，杨继盛历经五次分家；因家庭纠纷，家人两次闹到官府；共同生活时间最长的理应是最亲近的长兄杨继昌，平昔吝于钱财，让他生活穷乏狼狈，在其患难之际为了家财又与他大动干戈。正是这样的家庭生活经历，让杨继盛在生命的最后时刻对两个年幼的儿子放心不下，所以他预设了兄弟日后相处中可能发生的矛盾，并一一提出了解决的办法，制定了兄弟相处的原则，事无巨细地殷切叮咛两个儿子"和好到老"。

中国古代家庭中甚重兄弟关系，以兄仁弟悌、兄友弟恭作为兄弟间的基本伦理道德规范。但兄弟间的伦理道德规范没有强制力，兄弟关系在家庭中是较为平等的亲属关系，兄弟间关系的长期和睦，要靠个人的道德修养，靠家中的每个人都自觉遵守这些规范。冯尔康先生称，杨继盛"完整地接受了三纲五常的思想体系和伦理道德，身体力行，按封建道德讲，他是一个完人"。② 冯先生之所以得出如此的结论，是因为他依据的资料是杨继盛的遗嘱和后人作的传记。遗嘱所写可以说是杨继盛的家庭理想，而传记都写于杨继盛冤案被平反之后，来源于删改后的年谱。从杨继盛年谱手稿的全文看，在杨继盛自己的笔下，他"完整地接受了三纲五常的思想体系和伦理道德，身体力行"，但他在践行儒家的伦理道德过程中却是以自己现实生活的凄苦为代价的，在血缘亲情与财产利欲之间，在儒家的伦理道德与现实生活之间，杨继盛是矛盾而痛苦的。他在现实生活中并没有处理好与长兄杨继昌的关系，且兄弟关系还以冲突而告终。杨继盛《自书年

---

① （明）杨继盛：《杨忠愍集》卷2《祭易州杨五文》，第650页。
② 冯尔康：《古人社会生活琐谈》，第132页。

谱》手稿全文不仅为我们还原杨继盛兄弟关系的实态提供了重要的一手史料，而且对杨继盛的深入研究，对明清家庭史的研究都有重要的学术价值，应该引起学界的重视。

* * *

"兄弟者，分形连气之人也。"① 兄弟关系是人际五伦中天和的血亲关系，明代士人把兄弟间的相亲相爱、兄友弟恭视为人之天性。明代士人认为友悌、爱敬的兄弟相处之道可以维持兄弟间以血缘亲情为核心的至亲关系和极乐情谊。兄弟情除了血脉相连的先天血缘基础，更重要的是在家庭现实生活中的休戚相关、福祸相依、荣辱与共。明代士人在业举仕进中，兄弟经常分工合作，有人经营家业，有人业举，兄弟同时业举也可以一起切磋学问。在遇到疾病、丧葬或身遭外侮时兄弟之间还有相互救恤、扶持的义务。兄弟和睦同心，生产生活上协力合作，可使家业兴旺。在家庭面临变故时，兄弟间的救护可以使家庭克服困难走出逆境。这些生活中的现实需要，为兄弟和睦相处、同居共财提供了可能。明代士人也大力提倡称颂同居友爱的兄弟。明代士人娶妻生子后兄弟分家析产是很普遍的事情，士人多会为了家庭更好地经营存续而根据自家的实际情况决定分家的时机。分家时财产的继承与分割，施行诸子均分的原则。但在实际生活中，很多注重兄弟友爱的士人，分家时往往会让财于兄弟以维持兄弟和睦的关系。但是人与人修养不同，品性各异，在面对各自不同的利益之时，兄弟之间的矛盾争端往往也是不可避免的。杨继盛《自书年谱》手稿中详细记录下杨继盛与兄长的矛盾冲突，让我们深刻了解到明代士人在兄弟的血缘亲情与财产利欲之间、在儒家的伦理道德与现实生活之间的矛盾和痛苦。

---

① （北齐）颜之推：《颜氏家训》卷1《兄弟篇》，第3页。

第四章 婚姻生活

在中国古代,婚姻乃是结两姓之好,所以婚姻的缔结并不仅是当事男女双方的事情,更是牵涉两个家庭乃至家族之间的一件大事。婚姻的缔结和维系与家庭息息相关,婚姻生活是明代士人家庭生活的重要内容。本章对明代士人婚姻生活的研究不做全景式的勾勒,而是探讨明代士人婚姻生活中与其家庭维系、日常生活展开密切相关的内容。本章拟以明代士人婚姻的缔结、维系及变动为线索展开对明代士人婚姻生活状况的研究。

第一节 婚姻缔结

一 士人的初婚年龄

儒家礼仪讲究男女婚嫁以时,在明代国家也有律令规定男女婚嫁的年龄。如明太祖洪武三年(1370)下令,男子必须十五岁以上、女子十四岁以上,方可行聘礼。① 嘉靖九年(1530),大学士桂萼又向明世宗建议,重新申明明太祖的规定,要求男子必须在十四五岁以上、女子必须十三四岁以上,才允许行聘定之礼。② 明代的士人也认为男女婚嫁以时才能顺阴阳、保太和。叶春及认为:男子未到十六岁、女子未到十四岁成婚,乃是先时成婚,易夭折;男子二十五岁以上、女子二十岁以上尚未成婚,乃是过时,会得病;男女结婚的最佳年龄,应该是男子在十六岁至二十

---

① (明)申时行等纂《明会典》卷20《户部·婚姻》,中华书局,1989,第135页。
② 《明世宗实录》卷118,嘉靖九年十月壬戌条,上海书店出版社,1982,第2796页。

五岁之间，女子在十四岁至二十岁之间。① 明代士人的初婚年龄也基本在此年龄段浮动。

结婚是明代士人的人生大事，在士人的年谱中一般明确记载了士人结婚的时间。在笔者查阅的十余部明代京畿士人的年谱中，王兆吉及其长子太仪、长孙原溥都在十五岁娶妻，② 宛平王崇简十六岁娶妻，③ 孙承宗、鹿善继、申佳胤、申涵光、王兆吉次子、魏象枢、王熙都是在十七岁娶妻，④ 孙奇逢十八岁娶妻，⑤ 杨继盛、金铉十九岁娶妻，⑥ 魏裔介二十四岁娶妻⑦。虽然人数少、范围狭窄，并不能反映全部明代士人的初婚年龄，但从这些士人的初婚年龄我们可以看到他们全部在叶春及所说的结婚的最佳年龄段内，其中十七岁初婚的士人最多，说明明代士人一般在二十岁前结婚。一些士人妻子的碑传中记载了女子出嫁的年龄。明代士人家女子大多是在十五六岁时出嫁。如柏乡赵氏十五岁归吕显庭；⑧ 高邑四家庄郭华伯元配胡孺人年十六归郭华伯；⑨ 赵南星的知己开州人董司马，元配刘夫人十七岁时归董司马。⑩ 明代士人夫妇的实际初婚年龄以十五岁到二十岁之间为最常见。

---

① （明）叶春及：《石洞集》卷 7《惠安政书·昏十二条》，上海古籍出版社，1993，第 492 页，转引自陈宝良《中国妇女通史·明代卷》，杭州出版社，2010，第 217 页。
② （明）王兆吉：《王伯子自叙年谱》，《北京图书馆藏珍本年谱丛刊》第 64 册，第 399、410、423 页。
③ 《王崇简年谱》，《北京图书馆藏珍本年谱丛刊》第 67 册，北京图书馆出版社，1999 年影印本，第 391 页。
④ （明）孙铨：《高阳太傅孙文正公年谱》，《北京图书馆藏珍本年谱丛刊》第 55 册，北京图书馆出版社，1999 年影印本，第 123 页；（明）陈铉：《鹿忠节公年谱》，第 20 页。（清）申涵光：《申端愍公年谱》，第 143~159 页；（清）申涵煜：《申凫盟先生年谱略》，第 239 页；（明）王兆吉：《王伯子自叙年谱》，第 423 页；（清）魏象枢口授《寒松老人年谱》，《北京图书馆藏珍本年谱丛刊》第 73 册，北京图书馆出版社，1999 年影印本，第 370 页；《王崇简年谱》，第 402 页。
⑤ （清）戴明说：《征君孙先生年谱》，《北京图书馆藏珍本年谱丛刊》第 65 册，北京图书馆出版社，1999 年影印本，第 608 页。
⑥ 高朝英、张金栋：《杨继盛〈自书年谱〉卷考略（上）》，《文物春秋》2011 年第 2 期，第 64 页；（清）金镜：《金忠洁年谱》，第 9 页。
⑦ （清）魏荔彤：《魏贞庵先生年谱》，《北京图书馆藏珍本年谱丛刊》第 73 册，第 154 页。
⑧ （明）赵南星：《赵忠毅公诗文集》卷 16《明敕封吕母赵太孺人墓志铭》，第 487~488 页。
⑨ （明）赵南星：《赵忠毅公诗文集》卷 16《明敕封胡孺人墓志铭》，第 490~491 页。
⑩ （明）赵南星：《赵忠毅公诗文集》卷 16《明诰封董母刘夫人墓志铭》，第 485~487 页。

二 姻亲的选择

（一）门当户对

在中国传统社会，男婚女嫁大凡都要遵循门当户对的原则。不同的社会阶层各有自己特定的婚配圈子，一般互不逾越。潘光旦先生将门当户对的婚姻以物类相聚的道理来解释："以前中国有方以类聚、物以群分的说法，近代生物学家也告诉我们物类相聚的道理，最近优生学者更发见所谓类聚匹配的原则。其实在有人发见这原则以前，我们早就有这种经验，整个的生物界早就有这种经验，不过因为归纳式的思考还没有成为习惯的一部分，所以没有能简单的把它陈述出来罢了。《左传》上'齐大非偶'的一句话，就足以证明这种经验的存在，在后世家族制度日益发达，门第观念日益牢不可破，于是此种经验更成为日常生活里的一部分。"① 明代士人的婚姻也因袭中国"竹门对竹门""木门对木门"的传统，门当户对是缔结婚姻的前提。顺天潮县岳正家族是由军功家族转变成士人家族的。他父亲岳兴为洪熙宣德年间的安远将军轻车都尉同知府军前卫指挥使司事，兄岳详仕为武德将军正千户。② 岳正则世续武弁，独振儒服。正统十三年（1448），会试第一，赐进士及第，授编修，进左赞善。天顺元年（1457），改修撰，命以原官入阁。后谪钦州同知，戍肃州。成化初诏复修撰，又出为兴化知府。他有六女，"长聘天津右卫指挥金事吕昂，次适朱昶，次适监察御史李经，次适今少师兼太子少师、吏部尚书、华盖殿大学士李东阳，次尚宝司卿李珏，次顺天府学生李钺"。③ 可见岳正的女婿中虽有军官天津右卫指挥金事吕昂，但主要是士人，而士人李经、李东阳则来自世有勋望的军功家族。④ 岳正选择的女婿是与之门户相当的。又如永年申佳胤七岁父卒，时家贫中外无所倚，但他在1631年三十岁时成进士。其后申佳胤子女婚嫁均为科第之家：1635年子涵光娶妇卢氏，是甲

---

① 潘光旦：《明清两代嘉兴的望族》，《民国丛书》第3编第13册，上海书店出版社，1989，第120页。
② （明）岳正：《类博稿》卷9《岳母述》，第441b～443页。
③ （明）岳正：《类博稿》附录李东阳撰《蒙泉公补传》，第462～465页。
④ （明）李东阳：《怀麓堂集》卷48《明故文林郎河南道监察御史李君士常墓志铭》，第516～518页。

子科举人悭允公之女；1639 年为次子涵煜聘妇李氏，湖广道御史春蓁公之女；1643 年冬嫁女曲周路泽农，漕抚都御史振飞公之季子也。① 明代士人在墓志铭、神道碑、行状等碑传文字中大多详细记载了墓主与子女的婚姻情况，甚至记录到孙辈以及曾孙辈的婚嫁。在述及婚嫁配偶时，一般会详细记载对方的官职及科举功名，甚至记载其父祖的官职及功名。例如吕显庭与妻赵氏均出自柏乡无功名的一般富裕之家，其长子中进士，官至户部郎中。在赵氏的墓志铭中其子、孙、曾孙三代人的婚嫁情况均有详细记载：

> 男四。长兆熊，即给谏君，今为户部郎中，娶邑庠生魏大京女，封孺人，继娶忠义前卫武举官赵洪女。次应熊，廪膳生，娶邑人褚安邦女。次维熊，廪膳生，娶隆平庠生陈大猷女。次梦熊，举人，娶邑寿官任柱女。女一，适邑解元冯嘉遇子庠生思朴。孙男女十七人。自兆熊出者男四，曰升俊，聘高邑太学生郭霶女；曰升第，曰升华，曰升位。女一，字邑庠生魏文煜子洪载。自应熊出者，男一，曰升岳，娶邑武生赵大正女；女三，一适元氏太学生李栋子念忠，一适赵州举人屈其兴子庠生乘，一字赵州巩昌知府张居敬子驯。自维熊出者，男三，曰升中娶邑庠生李端蒙女，曰升公聘邑武举魏炳女，曰升寀聘冯思朴女；女二，一字邑庠生魏文焞子培。自梦熊出者，男二，曰升阶庠生，娶邑选贡生魏文煇女；曰升堂庠生，娶赵州庠生周杝女；女一。曾孙女三，一字宁晋郡庠生刘儒伟子显祖，给事中文炳之孙也，皆升岳出。②

可见吕显庭夫妇为平民百姓，其四子所娶元配也是功名最低的邑庠生之家的女子，或者无功名的百姓之家。四子均有科举功名，且有进士、举人，其孙辈的婚配门第也就相应上升，都是有科举功名的。诸如此类的记载举不胜举，其反映出明代士人通婚基本上在同类家族中进行，门当户对是缔结婚姻的原则。而所谓的门第是由科举功名决定的，家族因科举获得

---

① （清）申涵光：《申端愍公年谱》，第 143~159 页。
② （明）赵南星：《赵忠毅公诗文集》卷 16《明敕封吕母赵太孺人墓志铭》，第 487~488 页。

的社会政治地位决定了家族门第的高低。范氏在永乐年间迁吴桥，世皆耕读，直到范景文高祖为郯城丞才入仕途，门第略显。范景文曾祖、祖父只为诸生，父亲范永年也是在范景文中进士后以拔贡为官，可以说范景文家在范景文中进士前是很一般的士人之家，但范景文缔结婚姻的门第观念依然很强，他曾在母亲的行述中称："吾范之先，以儒世其家，其联姻必名阀有闻范者。马自太仆公显遂缔朱陈云。"① 可见以门第择婚是绝大多数士人的共识。

（二）年谊世交缔姻

明代科举兴盛，士人在科举生活中对同学、同年、同僚间的友谊很重视。一般而言，同学、同年、同僚间互相支持、互相帮助，成为士人一种有别于其他阶层而特有的关系。心志相投的同学、同年、同僚间往往依年龄长幼，以兄弟互称，都强调其友爱的特色。这种友谊还常常延及子孙，成为世交。很多士人利用年谊世交关系为子女缔姻，使朋友关系进一步延伸为亲属关系。例如杨继盛为两个儿子择亲均是他的同窗和同僚。杨继盛进士及第为官后，有媒举与显宦为亲，杨继盛称："彼富而我贫，门户不相对，素不甚相厚，心志不相孚，遂不敢许。"于是为子杨应尾聘李鹤峰第五女。杨继盛称："鹤峰者，幼年同窗，且刚直慷慨，心志与己同，遂结亲焉。"嘉靖癸丑年，杨继盛因弹劾严嵩入狱，众人疾仇远避。独同僚王继津肝胆相许，若亲兄弟。自杨继盛入狱，镇抚、刑部之保护皆靠王继津。杨继盛将子女婚事相托，王继津遂将一女许给杨继盛次子杨应箕。杨继盛于嘉靖乙卯年夏四月进定礼、用媒妁与王继津结亲。② 再如吴桥文学王德启，讳世德，德启其字，别号完初。父宏可公，讳禀诚，以辛卯乡荐，令山东成武县，王禀诚在王德启七岁时卒于官。王禀诚与范景文父亲范永年为笔砚至交，相厚善，"即古廉蔺、陈雷无以过"。王禀诚卒于官，范永年"哭之恸无异鹡原……王（德启）母张孺人鬈绖衰苴，握两孤自任归，内难外侮，旋抑郁奄伏沉疴"。范永年追念旧好，拊膺叹曰："王氏孤嫠其烬矣乎。虽有良朋烝也，无戒婚姻之约，中心盟之。夫岂忍忘其以弱

---

① （明）范景文：《文忠集》卷7《先母马宜人行述》，第560~563页。
② 高朝英、张金栋：《杨继盛〈自书年谱〉卷考略（上）》，《文物春秋》2011年第2期，第61~72页。

息矣。"遂将长女嫁于王德启。① 京师的张邦纪与举人李镜玉生同里,游同庠。张邦纪与李镜玉的季弟观察公联姻。② 孙奇逢四十年间与陈范彭三世交好,"欲以年谊联为婚姻,永此世好"。以旧好而缔新姻可说是"将世世丝罗,世世年谊,趣且益永"。③ 雄县东侯村王孙蕃,与孙奇逢五十年交好,孙奇逢的子孙与之两世联姻,王孙蕃女一适孙奇逢次子奏雅,次孙女适孙奇逢长孙澜。④ 在明代士人眼中年谊世交缔姻会带来许多益处,父祖辈相互之间的交好,延续至子孙后世,相互之间救助,有利于家业的兴旺、家庭在社会上显达。

一些士人还会与相熟的同年、同僚极力推荐之人结亲。如岳正就将一女嫁给了叶盛极力推荐的宣府诸生李士常。李士常为宣府都司学生,刻志问学,有名诸生间。叶盛为佥都御史北巡,赏爱特厚,就荐于岳正为婿。⑤ 岳正时自翰林出守兴化,叶盛写书给岳正推荐李士常:"是故都指挥佥事予素之子,今署都指挥佥事士章之弟,孝友而甚文。"岳正得书后称:"叶公正人也,言不谬。"乃将女岳得娍许之。⑥ 河间府交河余继登与真定府饶阳王命嘉靖甲子同举于乡,然并不认识。两人后来于万历丁丑相识于京师,万历戊寅年王命求余继登次女为子妇,余继登以地辽远未应。但是同年刘君两峰辈关说百端,余继登不得已将次女许给王命之子亮芳。⑦ 可见关系密切的同年的介绍推荐可以促成不熟悉的士人结亲,从一个侧面说明了士人对同年、同僚间友谊之重视。

(三) 缔姻尚才德

在明代士人的婚娶中,除了父祖荫德以外,本人的地位和声望也很重要。有士人撇开家庭门第,择婿论人品、才能,选妇重贤淑。婚姻在

---

① (明) 范景文:《文忠集》卷5《贺王甥申之首入泮宫序》,第 503~504 页;卷7《明节孝王母范孺人墓志铭》,第 548~550 页。
② (明) 张邦纪:《张文懿公遗集》卷8《明文林郎河南开封府尉氏县知县镜玉李公墓志铭》,第 86~88 页。
③ (清) 孙奇逢:《与陈范彭》,张显清主编《孙奇逢集》(中),第 702 页。
④ (清) 孙奇逢:《夏峰先生集》卷10《中丞生洲王公暨配李孺人墓志铭》,第 205~208 页。
⑤ (明) 李东阳:《怀麓堂集》卷48《明故文林郎河南道监察御史李君士常墓志铭》,第 516~518 页。
⑥ (明) 李东阳:《怀麓堂集》卷45《李士常妻岳氏墓志铭》,第 491~492 页。
⑦ (明) 余继登:《淡然轩集》卷6《凤翔令王君墓志铭》,第 909~912 页。

明代是女性生命里最重要的事情，女性只有通过婚姻，通过丈夫、儿子科举入仕，可以具有品官命妇的身份地位，妻以夫贵而得到荣宠，因此明代士人尤为看重为女儿选择什么样的丈夫。士人喜欢选有才能的男子为婿。如故城孙绪祖父生于永乐戊子十二月二十日，卒于成化乙巳十月二十八日。过继给沈三翁为子。童年代三翁应役，筑河堤于武城、张秋，输税于居庸，应驿卒于河间，踽踽独行不惧，且事随手立办，人皆叹其不凡。后垦田筑室，延师置塾。凡三翁所欲为者，皆先意为之。暇日灌畦莳药唯勤唯俭。乡进士何公肃看到孙绪祖父治家之才干，遂对三翁说："古所谓克家干蛊，于此子见之。吾甥女贤淑非此子莫可配。"① 又如文安县相庄王宗宝为光大家门，择良师督四子为学。其时姜璧方困于诸生，王宗宝见而奇之曰："世安有如生而长困厄者乎？"即延之与诸子共研席，时时资给其费。王宗宝有女四人，以次女归之。后姜璧中辛未进士，官至巡抚郧阳右佥都御史。② 高邑赵南星听闻内丘两崔皆才，见到崔元晖兄弟后认为他们皆端雅志识甚高，非流俗之所谓才，于是赵南星就令季弟孺卿与举人崔元晖结亲。③ 有些士人甚至愿意因士人在科举上的才能将女儿嫁之为侧室。如高邑四家庄郭叙夫娶申孺人，生二女一子，俱殇，年三十无子，申孺人乃劝其娶李孺人。④ 李孺人父李公故邑诸生，家于邑南门外，郭叙夫居门内。李公素重郭叙夫世积德，而且郭叙夫其时以诸生著名，李公认为郭叙夫"鸾翔蛟奋可立待无论，其后必昌"，遂将不轻易许人的女儿李孺人许给郭叙夫为妾。⑤ 在明代士人的这些例子中，我们几乎看不到女子本人对婚姻有什么选择与情感反应，她们基本上是被动地服从父兄的安排，家长们对女儿的婚姻也绝不会草率，会多方考虑，当作一件大事来处理，父兄多会为她们选择在科举的道路上已展露出才华的士人，希望其及第走入仕途，使家业昌盛。

---

① （明）孙绪：《沙溪集》卷5《先大父处士府君墓版记》，第542~544页。
② （明）余继登：《淡然轩集》卷6《赠观城县知县友溪王公暨配张孺人志铭》，第912~913页。
③ （明）赵南星：《赵忠毅公诗文集》卷16《明处士崔公暨配潘孺人墓志铭》，第498~500页。
④ （明）赵南星：《赵忠毅公诗文集》卷15《明故敕封文林郎朝邑县知县郭公暨配申孺人合葬墓志铭》，第447~449页。
⑤ （明）赵南星：《赵忠毅公诗文集》卷16《明敕封郭母李孺人墓志铭》，第489~490页。

在士人的婚嫁中对男子重视才能，而对女子更注重品性德行。因为女子嫁为人妇之后，家庭是其最主要的生活空间。士人家一般人口多，家庭关系复杂，女子要操持家政，处理复杂的家庭关系，有良好的品性德行对家庭和睦兴旺很重要。邯郸贾铎的兄长在正统年间藩臬云南，天顺年间为左副都御使，听闻邯郸周重莲（1421～1512）"性温纯，容淑婉，德幽闲，敦尚朴素，不乐花饰，姆教夙成"，于是为其弟聘为妇。①

在明代士人父母的品行也可能会成为士人婚嫁与否的参考条件。如藁城石麟"以事谪居韶州而没，其配徐孺人挈诸孤海峤万里，跋涉返葬"。赵王府纪善赵准听闻此事而称叹道："有妇如此，吾女宜事之。"遂以女赵氏许归徐氏之子石玉。②

（四）士商通婚

明代中晚期商品经济有了很大发展，商人入仕之途开通，商人的社会地位逐渐提高，使得士商通婚成为明代中晚期士人婚姻突出的特色之一。故城孙绪称："近日士大夫结婚颇不择可否，曾见有一二家累世剧盗以劫掠而致富，士大夫争与婚，风俗人品日污日下如此。"③ 在明代士人的碑传中有不少士商通婚的事例。如赵南星的知己开州人董司马，元配刘夫人先为江阴人，徙于州之吕丘集，以货殖雄于资，富而好礼，与董太公同里交好，于是两家幼而缔姻。刘氏十七岁嫁于董司马。在婚前，万历己卯年董司马为郡诸生，有声，婚后万历壬午董司马举于乡，己丑成进士，官至司马。④ 申氏为永年县科第世家，但到明末的申佳胤，七岁父卒，家贫，中外无所倚，靠母亲"纺绩以佐饔飧，有时不继"。申佳胤在九岁初就外傅，行里巷中目不旁视，读书刻厉不待督责。万历四十六年（1618），申佳胤十七岁。草堂翁靳一鹗，富饶多大度，好相人，一见申佳胤，奇之，使人道意，遂将女儿嫁给了他。虽然诸戚皆不悦地说："翁素贵，此女乃以字贫子耶？"但草堂翁未听亲戚的非议。婚后，天启元年（1621），二十岁的

---

① 《新中国出土墓志·河北》（壹），一九一《明故太孺人贾（瓒）母周氏（重莲）墓志铭》。
② （明）吴宽：《家藏集》卷69《太恭人石母赵氏墓志铭》，《景印文渊阁四库全书》第1255册，台北：台湾商务印书馆，1986年影印本，第674页。
③ （明）孙绪：《沙溪集》卷14《杂著》，第644页。
④ （明）赵南星：《赵忠毅公诗文集》卷16《明诰封董母刘夫人墓志铭》，第485～487页。

申佳胤以诗经中举。三十岁成进士。三子亦皆有文名。① 明代中下层士人家境寒微者不在少数，贫困士人要维持生计，在亟亟求学的路上，首先要跨过财富的门槛，没有稳定而持续的经济来源做支撑，求学之路会变得难于坚持，因此，生计无忧成为中下层士人问学之路上的一件要事。通过联姻，商人家中的财富可以周济士人进行科举，以缓解士人拮据的经济状况。士人肆力于业儒仕进，其科举的胜算也变大。士人一旦科举中第，入仕为官，联姻的商人家庭社会地位也会因此得到提升。

明代科举制度完善，科举成为一种相对较为公平的选官渠道，科举政治完全在政坛上占据了主导地位，士人热衷于科举考试，以取得进士身份为荣，这样做的目的就是跻身高级官僚队伍，有一个更好的前程。科第之家的子弟，在文化知识方面占有优势，门当户对是士人选择姻亲的基础，也是首选，士人多在门第相当的阶层内部缔姻。官宦士绅间的联姻，往往使各个大家族结合成更有权势的群体。士人科举仕进中形成的同窗、同年、同僚的年谊也成为婚姻的媒介，以婚姻关系加强科举中的朋友关系，进而扩大社会交往的圈子。科举入仕也加速了社会阶层的流动，祖辈的贵盛已无法维持家族的累世荣显，只有累世的科举入仕，才能有累世的显达。士人家族为在科举及第方面保持长久的优势，在积极督导自家子弟向学应举、在士人内部结亲的同时，家长们还将目光瞄向周围，才学优异、极具中式潜力的贫寒少年也被纳入缔结婚姻的范围，与此等人才结亲，助其步入青云，也成为一种维持家族门第不衰的方式。一些有才德但尚未中举的贫困士人，被一些富裕士人、商人之家看中，择为女婿，以期将来能科举中第入仕，给他们的家族带来荣耀和实际的利益。正如恩格斯所说："结婚是一种政治的行为，是一种借新的联姻来扩大自己势力的机会；起决定作用的是家世的利益，而决不是个人的意愿。"② 明代士人婚姻缔结的实质也在于此。士商联姻表面看似属于户不相称的婚姻，但往往能维持家族长久利益。明代士人姻亲的选择实际上还有很多其他因素，例如士人碑传文中对婚姻描述多有"本邑"或"同里"等地域因

---

① （清）申涵光：《申端愍公年谱》，第 143～152 页。
② 恩格斯：《家庭、私有制和国家的起源》，《马克思恩格斯选集》第 4 卷，人民出版社，1972，第 74 页。

素,还有个人的感情因素等,但这些都不能体现士人的阶层性特点。在明代,士人婚姻缔结首要标准是做官与科举的成就,士人被重视的才德也以科第为旨归。

三 姻亲往来

男婚女嫁使家庭间结为姻亲。姻亲往来将家庭的边缘扩大,使家庭生活从血缘延伸到了姻缘。明代士人阶层常利用姻亲关系来维持他们的社会地位,因此姻亲往来是明代士人婚姻生活的一项重要内容。姻亲关系中最密切的是儿女亲家、姑舅亲和两姨亲这些至亲关系,姻亲间往来走动也主要是在至亲之间。

(一) 儿女亲家间

儿女结婚,双方互称儿女亲家。明代士人儿女结亲前,多是同乡同里,或是同年世交,儿女结亲成为姻亲,关系更为紧密。如真定饶阳王命子王亮芳娶余继登女。王命与余继登结为儿女亲家后,余继登常指出王命为人行事之不足,王命也多虚心采纳,余继登记载道:"君负气自豪,意不可一世。予谓君君子知天下之不可上也而下之,时举礼自卑尊人之道砭君,君始不谓然,而后乃折服也。君善饮,饮如长鲸之吸川,大白数十可立尽。予谓君烂肠之药胡可常也,久之而君亦不复雄饮矣。君家颇裕而自奉甚简,淡然亦吝不以施人。予谓君损有余以补不足天之道也,行道有福。君深有味于予言,渐损资以周其乡人,若君者可与并为仁者也。"在王命为凤翔令而罢归后不能遣诸,胸中意忽忽不乐,疾遂作时,余继登乃遗书慰之曰:"君勿以功名介意,夫利泽及人之谓功,声闻长世之谓名。此两者君已得之于凤民,无庸介介也。"在王命去世后余继登还抆泪为其作墓志铭。① 儿女亲家间还有相互救助的责任。如李鹤峰是杨继盛的同窗,嘉靖辛亥年,杨继盛为子杨应尾聘李鹤峰第五女。嘉靖癸丑年,杨继盛因弹劾严嵩入狱,亲家李鹤峰多方奔走营救。而且李鹤峰还与杨继盛族兄东城到狱中探视杨继盛,并在狱中同宿两夜。杨继盛有感作诗:"寒灯高照影参差,樽酒长吟慰梦思。十载交游仍倚玉,百年骨肉更相知。追谈云雨

---

① (明)余继登:《淡然轩集》卷6《凤翔令王君墓志铭》,第909~912页。

如前日，品第亲朋异旨时。明月不嫌草榻冷，徘徊照我去迟迟。"① 在杨继盛入狱后，众人疾仇远避。而一二知己，如王西石之诰、张弘斋重，虽有眷恋之意，而尚有畏缩之状。独王继津肝胆相许，对杨继盛多方救护。杨继盛观其义气激发，情爱恳至，遂将子女托之。王继津将女许给杨继盛之次子。② 在杨继盛被杀后，因子应尾尚幼，王继津等又将杨继盛归葬容城。③

（二）翁婿之间

男女通过婚姻结合，女婿对于岳父母来说相当于半个儿子。明代士人与岳父母的关系大多很密切。士人娶妻多在二十岁前，这时也正是外傅读书学习之时，很多士人常跟随岳父读书治学。如岳正的女婿李东阳、李士常都从岳正为学。有些贫困的士人在读书时还会得到岳父家的资助。如文安姜璧困于诸生中，相庄王宗宝见而奇之，即延与诸子共研席，时时资给其费。姜璧在岳父资助下中进士，官至巡抚郧阳右佥都御史。④ 也有的士人在京为官，可以为女婿在京读书提供便利的处所。如真定饶阳王亮芳娶余继登女后，时时过余继登舍。王亮芳试有司为博士弟子后，父亲王命又遣王亮芳到余继登北京宦舍受学于贞复杨先生，由是恒止余继登宦舍，日坐斗室中手一编伊吾不辍。⑤ 但是岳父教女婿治学并不一定能达到很好的效果。如田治埏幼子为王余佑之婿，王余佑表示："成婚之后，即留贤婿于家，教之养之，惟力是视，毫不存世俗门面之礼，首开示以为学治生切实要务。"但女婿在王余佑处"十阅月……俗见未脱，客气未平，兼以寒家事体参差，家众议论多端"，因此"望望而去，志不复来"。⑥

自幼父母双亡、孤苦无依的士人，岳父母更会把其当儿子一样照顾抚

---

① （明）杨继盛：《杨忠愍集》卷3《族兄东城亲家鹤峰狱中赐顾同宿二夜感作》，第659~660页。
② 高朝英、张金栋：《杨继盛〈自书年谱〉卷考略（上）》，《文物春秋》2011年第2期，第61~72页。
③ （明）杨继盛：《杨忠愍集》卷3附录徐阶《明兵部武选司员外郎赠太常少卿谥忠愍杨公墓志铭》，第693页。
④ （明）余继登：《淡然轩集》卷6《赠观城县知县友溪王公暨配张孺人志铭》，第912~913页。
⑤ （明）余继登：《淡然轩集》卷6《茂才槐征王生墓志铭》，第888~889页。
⑥ （清）王余佑：《五公山人集》卷11《与田治埏》，第232~233页。

育。如吴桥王禀诚与范永年为笔砚至交，在王禀诚卒于官后，范永年追念旧好，遂将长女范景姒（1601～1639）嫁给王禀诚之子王德启。① 王德启"七岁而失父，十三岁而失母"。时范景姒年十五，庙见才三日。两孤茕茕相吊、伶仃光景。范永年遂将其婿"携之怀抱，顾之、复之、教之、诲之"。范永年"官于东则随之东"，官于湖、于松，则随之湖、之松，十年中无跬步离者。延师择友，陶成佳士，有声庠序。王德启在岳父母的抚育下，于辛酉补弟子员第一。② 范永年夫妇如王德启之父母，王德启也"固视为父母"。范永年夫妇只有范景文一子，范景文为官不能侍奉父母，王德启作为女婿侍奉范永年夫妇身边，代范景文尽子职。范景文记载其情景称："予依依两尊人堕地来未作经年别，迨各从仕难尽膝下欢，则以晨昏温情托之君，而君为省起居、侍匕箸，病而理医药以代尽子职。两尊人忘予之远也，予亦自忘其在远，以稍释岵屺之恋。然则予之得为子以无忧，两尊人实德启力为多。"岳父病肺于湖，王德启至左右问视，不解衣寝，逾月以为常。③ 又如赵州张时泰父亲张暹在其七岁时卒，张时泰与嫡母、生母生活日益贫困。张时泰六岁曾求婚于柏乡大石桥滑翁，滑翁爱张时泰器宇而许之。及张时泰娶滑太宜人为妻后，滑翁怜其单子，移张时泰至大石桥同居。滑翁明阴阳形家之术以教张时泰。张时泰在丧父困窘之时，得到岳父滑翁的扶持教养。因滑翁无子，在滑翁殁后，张时泰乃竭资以葬滑翁，尽哀而哭之。滑氏坟在柏乡，张时泰为使子孙不忘滑翁恩情，使张氏子孙世世享祀滑翁，就将滑翁葬于桥西北里许。④ 又如高邑四家庄郭华伯中进士为侍御，元配胡孺人年十六归。在郭华伯削籍归里时，岳母赵卒，次年其岳父卒，皆侍御为葬之，情礼俱尽，里中皆啧啧称叹。⑤ 女婿安葬岳父母的事例在明代士人的记载中并不少见。在岳父母去世后，女婿还会带领妻女至坟前祭拜。如岳正与岳父情投道契，天顺元年八月岳正责成甘州，十一月二日过咸阳。咸阳是其岳父故乡，于是岳正"备牲醴羞果之

---

① （明）范景文：《文忠集》卷5《贺王甥申之首入泮宫序》，第503～504页；卷7《明节孝王母范孺人墓志铭》，第548～550页。
② （明）范景文：《文忠集》卷5《贺王甥申之首入泮宫序》，第503～504页。
③ （明）范景文：《文忠集》卷7《文学王德启墓志铭》，第547～548页。
④ （明）赵南星：《赵忠毅公诗文集》卷15《明赠奉直大夫知州张公暨配滑太宜人墓志铭》，第442～445页。
⑤ （明）赵南星：《赵忠毅公诗文集》卷16《明敕封胡孺人墓志铭》，第490～491页。

奠，敬携妻女躬步墓下，谨拜手顿首"，作文祭拜。①

可见翁婿关系类似于父子关系。无父母、孤贫的女婿和无子女的岳父母之间的关系会更为密切。

（三）其他姻亲间

因女儿外祖父母与外孙有着血缘关系，在女婿卒而女儿独自养孤困难时，外家可以负责抚养外孙。如祁州李节妇于氏，二十九岁时夫卒，遗孤艾兰才三岁。于氏上事孀姑，下抚稚子，久之家计益窘，至不能饔飧，于是挈子若女就养外氏，外氏数岁相依不忍言劳。于氏在儿成立后才自外氏归。其子艾兰弱冠成饩士，甫壮登贤书。于氏在欣喜之时还不忘教导儿子："尔有今日，尔父之目可瞑，尔母之心稍惬。然非外氏岂能有今日耶？"艾兰泣而受教。② 外家资给外孙，外孙不仅要谨记，还要在科举入仕后回报外家。如柏乡处士赵克进之长女十五岁归吕显庭。赵氏归吕显庭十九年而生子四人，兄弟四人少皆魁垒不群。长子兆熊始读经时外家资给之甚厚，后中进士，官户部郎中；子应熊、维熊为廪膳生；子梦熊为举人。吕显庭、兆熊父子在既贵后回报外家亦甚厚。赵氏的母亲年老而就养于吕家。③ 在女儿早亡后，年幼的外孙、外孙女会被外家抚育。如藁城周德贞是藁城石玉的外孙女，因其父母从石玉按察三晋，生周德贞于石玉公舍。周德贞在六岁时母亡，外祖母赵恭人亲鞠育之，勤勤恳恳固非一日。赵氏还将她嫁到自己娘家为孙妇，在嫁之日，外祖父母抚其背垂泣而遣之。在其于弘治十三年二十三岁去世时，舅父石珤又将其葬于藁城之城西。④

士人和妻子同辈的兄弟姐妹间关系也比较亲近。如柏乡冯仲昌、冯季壮是赵南星的妻弟，赵南星待之如亲兄弟，指导他们读书为文。冯仲昌，名嘉遇，在赵南星的赞赏鼓励下肆力于学。冯仲昌每作文就求赵南星赏定，赵南星也多所刺讥，冯仲昌无不怡怿与称赏之不殊。两人平时也多杯酒论文。赵南星游长安遇到孙文融，孙文融称赵南星之文似《史记》，赵南星就取《史记》精读，并贻书冯仲昌使之也读《史记》，因此冯仲昌之

---

① （明）岳正：《类博稿》卷8《祭外舅姑墓文》，第425b~426页。
② （清）孙奇逢：《夏峰先生集》卷8《李节妇于氏传》，第173~174页。
③ （明）赵南星：《赵忠毅公诗文集》卷16《明敕封吕母赵太孺人墓志铭》，第487~488页。
④ （明）石珤：《熊峰集》卷10《故甥赵妇周氏圹记》，第659~660页。

文也有《史记》之致。赵南星还将所听闻的孙文融论文之语，每每举以告之冯仲昌。在赵南星的鼓励指导下，冯仲昌为文殊似赵南星，并于己卯乡试举第一。① 冯仲昌的弟弟冯季壮，名嘉图，别号猗庵，生三岁而父见背。十数岁以两兄之命从路养虚学。路养虚乃冯之甥，于季壮为兄。既而母又见背。时赵南星为官户部，冯季壮乃从姐夫赵南星学于京师。其为文跌宕疏莽不事微巧，有雄迈之气。为诸生食廪后，冯季壮大比连不售。冯季壮看到兄长冯叔开弃诸生为真定标营中军，时时过家，乘骏马，束金带，里人荣之。冯季壮就谋于赵南星，希望向兄长冯叔开一样弃文从武。赵南星谓之曰："今天下久无事，文吏生贵甚，待武弁不以礼。叔开性柔善濡忍，君刚人也，岂能堪其摧笞哉？"冯季壮乃塞默而退遂止，后专为诗欲以陶写情志，成诗后即示赵南星，雄迈如其文。② 妻子兄弟早逝，士人还多抚育其子女成立。如万历年间南和人白储玿，执义好德，亲亲匪懈。元配陈恭人之兄，以弱冠乡荐早逝，遗孤属白储玿。白储玿为妻兄治丧，经纪成礼，还抚育其子有名诸生间。③ 亲姐妹的丈夫间互称"连襟"，他们会一起切磋学问，交往如兄弟。如李东阳与李士常分别娶岳正之女。他们同从岳正为学，后都中进士。在李士常卒后，李东阳写《祭李士常文》，其中记载了两人十余年的交往："姻联交通，我弟君昆，维月之夕，与风之晨，燕我会我，倡和并陈，扬□时务，讨论典坟，箴我砺我，匪惟昵亲，十有余年，独往孤存。"④ 正是两人十多年的亲密交往，在成化乙巳春三月李士常以御史巡河南，李东阳与倪舜咨诸公出饯城西僧舍，李士常也意眷眷不忍别。当听闻李士常病殁于河南，李东阳惊愕相吊，既而又与姻友潘时周会哭。李士常归葬路过京师寓诸郊数日，李东阳亲往哭奠之，并为李士常撰写墓志铭。⑤

婚姻是人生的一次蜕变，明代士人结婚后，各种社会关系升级，需要

---

① （明）赵南星：《赵忠毅公诗文集》卷16《明解元冯仲昌暨配张孺人合葬墓志铭》，第459~460页。
② （明）赵南星：《赵忠毅公诗文集》卷16《明文学冯季壮墓志铭》，第478~479页。
③ （明）刘荣嗣：《简斋先生集·文选》卷4《明赐进士太常寺卿华池白公墓志铭》，第456~459页。
④ （明）李东阳：《怀麓堂集》卷42《祭李士常文》，第457~458页。
⑤ （明）李东阳：《怀麓堂集》卷48《明故文林郎河南道监察御史李君士常墓志铭》，第516~518页。

日益成熟的心智来处理好各方面的关系，因此也要担起生活的更多责任。姻亲交往是士人建立异姓情谊的纽带，扩大了其活动领域，增强了家庭抵御丧亡贫困风浪的能力。从这个角度再次可以说明婚姻是一种家族事务，是两个家族间的联姻结亲。在明代社会伦理的意义上，虽然以男性血统为主的宗亲关系要比姻亲关系重要得多，但在日常生活中，士人的邻里、同窗、同僚、朋友等通过各种联姻建立姻亲关系，异姓士人共享姻亲关系为他们带来的人缘、财富、社会地位等方面的资源，相互信任、救助。姻亲的交往活动使得士人家庭的各种势力得到扩充，家庭生活以自家为点，向外延伸、发展。尤其士人的科举文化修养不仅与家学传统有关，也多受到姻亲的熏染和资助。故姻亲关系是明代士人家庭生活中除宗亲关系外，最重要的关系网络。在明代士人留下的文字中，不时表现出他们对姻亲的重视，也可见姻亲往来对士人的重要性。因此在明代传统的宗法社会中，士人对婚姻的选择很慎重，希望结成的新家庭能在宗亲和姻亲间发挥良好的作用。

第二节　夫妇生活

夫妇乃人伦之始，"夫妻关系在中国古代家庭生活中具有核心意义"。[①] 明太祖朱元璋总结历代经验得失时有言："治天下者，修身为本，正家为先。正家之道始于谨夫妇。"[②] 作为人伦之始的夫妇关系自古及今都受到重视。不管是男人还是女人，可说都是通过婚姻进入人生的一个新阶段。夫妻关系研究也是明清家庭史研究的重要内容之一，学界已经取得了不少成果。明清时期就夫妻关系在礼制、法律上形成了一套严密的秩序和规范，已有研究成果主要从礼制、法律的角度来探讨明清家庭中夫妻的权利地位问题。[③] 不少学者还试图描述明清时期夫妻关系的实态，探讨明清家庭生

[①] 张国刚：《"立家之道，闺室为重"——论唐代家庭生活中的夫妻关系》，《清华大学学报》（哲学社会科学版）2008年第1期，第46~62、159页。

[②] 《明太祖实录》卷31，洪武元年三月辛未朔条，第10535页。

[③] 参见王明霞《从明律看封建家庭的夫妻关系》，《松辽学刊》（社会科学版）1992年第4期，第74~77页；徐泓《明代家庭的权利结构及其成员间的关系》，《辅仁历史学报》第5期，1993年，第168~202页。

活中夫妻关系出现的一些新转向。① 这些研究成果使我们对明清时期的夫妻关系有一个概貌性的把握。但是明代士人实际生活中的夫妻关系如何？在日常生活中夫妇如何相处、夫妇感情怎样？这仍然需要深入细致的研究。

一　夫妻之间

明代人们依然处在传统的生活形态之中，士人理想的家庭生活仍然是男主外、女主内的性别分工模式，传统礼法要求夫妇最重要的是对上孝敬父母、尊长，对下繁衍教养子孙。其实明代士人在日常生活与科举为官中夫妇之间的相处内容很丰富。明代是科举鼎盛时期，科举入仕是士人一生的生活主轴。士人要想在科举与为官中取得成功，在生活中离不开妻子的支持和帮助，即所谓"夫妇者相扶以生者也，相扶以生者人道之常也"。② 保定唐县寇文渊就自称："我能举于官而无内顾思者，宜人（妻李氏）克相之也。"③ 下文我们主要论述士人在科举入仕和日常生活中夫妇如何相扶以生。

（一）日常生活中

为了维持家庭的正常秩序与生活，丈夫要在外努力经营，妻子要在家辛勤劳作，操持家务。一些出生于贫寒耕读之家的士人，夫妇双方需要共同担负赚取生活费用、维持家计的重任。如内丘崔科，字云程，别号禹门，颖慧兴学，不督而勤，十三能属文，为诸生后益自负奋学。然家日贫，父亲数谯，其不治生产以养父母，崔科遂归家与诸佣保杂作，有间则披诵田圃间。崔科三十多岁时母亲卜孺人卒，父亲继娶李氏，家益贫。李

---

① 参见赵毅、赵轶峰《悍妻与十七世纪前后的中国社会》，《明史研究》第 4 辑，黄山书社，1994，第 197～206 页；赵世瑜《冰山解冻的第一滴水——明清时期家庭与社会中的男女两性》，《清史研究》1995 年第 4 期，第 93～99 页；赵轶峰《儒家思想与十七世纪中国北方下层社会的家庭伦理实践》，《明史研究》第 7 辑，黄山书社，2001，第 210～229 页；张国刚主编，余新忠著《中国家庭史》第 4 卷《明清时期》，第 292～323 页；陈宝良《从"义夫"看明代夫妇情感伦理关系的新转向》，《西南大学学报》（人文社会科学版）2007 年第 1 期，第 48～55 页；陈宝良《正侧之别：明代家庭生活伦理中之妻妾关系》，《中国史研究》2008 年第 3 期，第 123～144 页。
② （明）宋濂：《文宪集》卷 74《朝京稿卷第四·柳氏二节妇传》，正德本。
③ 《新中国出土墓志·河北》（壹），一六八《明故寇（文渊）宜人李氏墓志铭》。

氏不慈又怨贫，挑拨崔科父子关系，崔科裸身出，携妻子儿女避居唐山之柏人城，有生徒数十人从崔科为学。崔科授徒于外，赚取馆资。妻潘氏躬纺织舂汲，日夜矻矻，或为人缝裳刺绣，以补贴家用。在夫妇二人的共同努力下，崔科与子元晖、敬叔在读书科举中得以橐饘不绝。后来元晖举于乡，家才稍温裕。① 又如完县县学生李枝母冀氏（1502～1542），在十四岁嫁给李迪后，助李迪蚕绩农种，且经纶有道。② 一些士人夫妻还需解决一家老小的生计，共同承担起养老扶幼的家庭责任。河间肃宁易经文乃是一个一生业儒而未中举的士人，在他业儒时，父母年老，二弟幼弱，家中贫困，俯仰咸倚易经文。为了养家，易经文乃开乡塾，训诲里中弟子，借其修脯以供甘脆、给饘粥。③ 由于易经文旦暮持一编与诸生相劘切，家中事务皆倚靠其妻张氏。张氏躬机杼，操井臼，拮据奉舅姑，下逮两叔姒。因屡值岁祲，脱粟之食，日或不继，张氏捐嫁时衣妆以佐凶岁，至并日而食无吝色。④ 可见家境贫寒的士人家庭，要夫妇相与为生计，一起操持家庭生活，丈夫在外教书，妻子在家中辛勤经营，以免于饥寒之患。

有的士人略有家产，在贤能妻子的辅助之下，家庭会逐渐丰裕起来。如清河樗轩公居邑庠，产不甚丰。其妻顾氏出于清河右族，生有异质。顾氏在嫁给樗轩公后，纲纪于间，尽厥心力，用亦赖之不乏。顾氏又劝丈夫樗轩公断饮事，淬砺日奋于学。樗轩公得以食廪学舍，而家道渐渐宽裕。⑤ 又如故城宋良筹十七岁娶妻王氏。宋家旧简素，西郊瘠田仅百亩，日费恒瑟瑟然，王氏节缩斟酌稍得优裕。王氏衣袵躬自调制，其他如井臼绩纺诸琐务亦任之不厌。王氏日淅米为炊辄取一合贮别器，名曰盆余，旬积月累所获益夥，常用以备空乏乞丐之需。以是宋良筹可闭门罗书史，丹铅点勘三十余年。⑥ 再如文安王仪自己绊身于庠舍，虽然家道中落，继妻宋荣勤约自将，粒蓄丝累，凡岁时养祭之需、宗姻问遗之礼，逮裘葛米盐琐细之务，咸力任之，营办罔不给足。王仪以是得肆力于学行，登嘉靖癸未

---

① （明）赵南星：《赵忠毅公诗文集》卷16《明处士崔公暨配潘孺人墓志铭》，第498～500页。
② 《新中国出土墓志·河北》（壹），二一四《明故李（枝）母冀氏墓志》。
③ （明）余继登：《淡然轩集》卷6《封工部主事龙川公墓志铭》，第908～909页。
④ （明）余继登：《淡然轩集》卷7《封安人易母张氏墓志铭》，第908～909页。
⑤ 《新中国出土墓志·河北》（壹），二一六《明故孙（琦）母顾太孺人合葬樗轩公墓志铭》。
⑥ （明）宋诺：《宋金斋文集》卷1《显妣太宜人王氏述》，第330～332页。

(1523)进士第,初授灵璧县知县,累官至山东按察司副使、副都御使。①还有一些士人不屑理家事,妻子则承担起家中诸事。如柏乡吕显庭趺落好饮酒,不屑问家事,一以委妻赵氏。赵氏勤劬黾勉极力支持,不至乏绝。②略有家产的士人,依靠父祖留下的家业,妻子兢兢业业、勤俭经营一家之务来满足家人的日常之需,士人便可全身心地投入举业中。

家道殷实的士人娶得贤妇,夫妇会琴瑟静好,伉俪之情甚笃。如宣府李士常生于宣府军功之家,娶岳正之女岳得娍为妻。李士常家居,伉俪相宾友,久无懈色。李士常还称赞其妻曰:"吾妻之归也,不及舅姑,每闻经述先行则慨慕泣下。事诸姊甚谨而和。从子程秀幼失怙恃,抚鞠备至。经于此无内憾焉。"③ 赵州张仲贤与赵南星同砚席,最厚善。元配石孺人始归张仲贤时,舅姑俱存,家道殷富。石孺人为冢妇,家政皆所摄理,内奉养能欢舅姑,外羞宾客,妇道甚备。仲贤得内助,一意趋学,出而从师结友,无所还顾。但仲贤久不遇,赖石孺人琴瑟之好以不至郁郁。夫妇伉俪之情甚笃。④ 一些家境饶裕的士人好予乐施,以赢得在社会上的名望,妻子多会相助。如文安相庄王宗宝家颇饶裕,然自奉简淡,独好予乐施出于天性。宗族多赖以举火者。壬子岁饥,出粟百余石赈其乡人,庚申再饥再赈如前。王宗宝还助人还贷。其妻张孺人素娴姆训,贞静有妇德,在王宗宝有所欲施或时不给时则斥簪珥以佐其意。⑤

一些士人在家庭遭遇变故之时,妻子会以自己的聪明才智综理家中诸般事务,使家业免遭族中无赖者的侵夺。如吴桥范永年三岁丧父,母亲又早卒,被祖父母抚育长大。妻马氏自幼被范永年祖母宋太姑养为女孙。马氏虽垂髫,识度俨然成人,摄家政,井井治办,敕断有条。范永年十三岁时祖父殁,因范永年兄弟终鲜,茕孓无倚,族之豪无赖者,虎视眈眈。马

---

① 《新中国出土墓志·河北》(壹),二三七《明山东按察司副使王君(仪)继室宋孺人(荣)墓志铭》。
② (明)赵南星:《赵忠毅公诗文集》卷16《明敕封吕母赵太孺人墓志铭》,第487~488页。
③ (明)李东阳:《怀麓堂集》卷45《李士常妻岳氏墓志铭》,第491~492页。
④ (明)赵南星:《赵忠毅公诗文集》卷10《寿张母石孺人八十序》,第262~263页;卷16《明浮山训导绍峰张公元配石孺人墓志铭》,第494~495页。
⑤ (明)余继登:《淡然轩集》卷6《赠观城县知县友溪王公暨配张孺人志铭》,第912~913页。

氏与庶太姑帷中授秘画御之，豪谋以阻，释禫，称有家。① 马氏之女范景姒也如其母亲一样极其聪明能干，步入夫家三天，婆婆去世。时丈夫王德启十三岁，范景姒十五岁，两人孤苦无依，家中仆婢胠箧以去。王德启从兄任侠累讼破产，王德启虽推所分膏田美宅给之，犹眈眈不休。② 面对家务纷纭，十五岁的范景姒以身综理，司管钥，敕臧获，阃之内外一人处理得井井有条，丈夫王德启得以专心攻举子业。③

儒家历来强调同甘苦、共荣辱的夫妇道德观念。吴宽曾说："召南之化，及于大夫之妻。惟妻之贤，可见家之齐也。少同其贫，老同其贵。"④ 士人的妻子不仅在其夫为诸生家境贫困之时辛勤操持家政，在丈夫、儿子中第做官后，自己成为命妇后也多能一如既往地操持家政，保持家庭的兴旺发达。如藁城石玉之妻赵氏，石玉"为诸生，尚贫，凡舂汲纺绩之劳皆身任之，旦暮为衣食计，不使其姑有不足之意。后公既贵，自内台擢臬长，日则出治公务，若阃以内事亦皆身任之。迨公归老于家，禄俸绝矣，所以助于内者益勤，尤不使其夫有无聊之叹也"。⑤ 赵氏在石家一生辛劳操作，以贤德称。故城周世选嘉靖壬戌中进士，为人耿直，为官明断。周世选元配黄夫人通《孝经》《列女传》诸书，与其协德同心。自为妇及贵显，躬亲中馈，董治女红，绝无纨绮金珠之奉。爱育子女九人皆自乳哺。⑥ 开州人董司马之元配刘夫人习女红中馈之事，善蚕，每躬亲督妇女纺绩。在刘氏封夫人显贵后，儿子董琨认为母亲既贵又多病，劝其不要再操劳。但刘氏则说："嗟尔不闻女子生而弄瓦乎？纺绩职也。吾殊不觉其劳。"以是布帛恒有余，以与姻族之贫者。⑦

有些士人在外为官，妻子不随丈夫到任所，而是独自在家乡耕织，勤俭治家。高邑李五伦，字慎之，别号北滨，以岁贡起家，谒选得河间府训

---

① （明）范景文：《文忠集》卷7《先母马宜人行述》，第560～563页。
② （明）范景文：《文忠集》卷7《文学王德启墓志铭》，第547～548页。
③ （明）范景文：《文忠集》卷7《明节孝王母范孺人墓志铭》，第548～550页。
④ （明）吴宽：《家藏集》卷69《太恭人石母赵氏墓志铭》，第674页。
⑤ （明）吴宽：《家藏集》卷69《太恭人石母赵氏墓志铭》，第674页。
⑥ （明）周世选：《卫阳先生集》卷首《南大司马卫阳周公传》，第553～556页。
⑦ （明）赵南星：《赵忠毅公诗文集》卷16《明诰封董母刘夫人墓志铭》，第485～487页。

导,既而为南阳府、东昌府通判。① 元配袁太安人,在李五伦为官河间、南阳、东昌时,皆不之任,称:"任中闲,吾性所不能,即恐坐杀。"则居家督耕种蚕织,俭薄易奉,恒如未贵时。以是李五伦所至,厉清节,空囊往来,而田园不荒,资业犹存。在子李汝立成进士为翰林后,袁太安人勤俭如昔。李家田宅皆在东村,自汝立第后乃于城中置宅,欲以逸袁太安人,袁太安人弗乐,曰:"是不便督作,将使田园荒芜。"李汝立以鲜衣进,袁太安人则曰:"此安坐无事者所服,吾不能也。"袁太安人治家勤俭,坚持一生,到八十二岁尚健,仍然督耕种蚕织如向时。② 又如凤翔知府王默,字浴净,号贵一,清苑之石桥村人。大父士、父钟华以耕读起家,多隐德,生子三,王默为其仲。平生慷慨磊落,万历癸卯举于乡,四厄春官,遂丙辰谒选得东昌府高唐州。三年丁继母艰,天启壬戌复除陕西陇州,期年升巩昌府靖虏卫同知。历五年,崇祯乙丑行取户部山西司员外。又三年出守陕西凤翔,以病归。元配于宜人,生而寡言笑,动以礼自绳。王默宦游多地,于宜人未尝一抵任所,躬井臼,勤绩纺,忘其富。事舅姑,执馈帷,谨让姒娌,抚卑幼,橐中无锱铢之蓄。尝集小儿语以训其子。临诀嘱其子善事庶母,治丧勿厚。③ 通州张育泉,讳汝济,字仁父,别号育泉,中隆庆丁卯乡试,屡不第。丙申谒选天官曹授山东蒲台县令。张育泉官职很低,但妻萧氏生于庐陵汉阳世家,生而贞静,自甘粗粝以佐清操。④

在士人得疾时,妻子大多会废寝忘食地伺候于床前。如文安王仪正德辛未(1511)得疾,几殆。继妻宋荣忧懑至忘寝食,夜必焚香露祷愿以身代,感梦神人授以剂,王仪乃良愈。⑤ 又如河间肃宁易经文夫妻相敬如宾,先是易经文生疾,妻张孺人日侍汤药不懈。日侍起居,至目不交睫,无怨

---

① (明)赵南星:《赵忠毅公诗文集》卷14《明敕赠儒林郎右春坊右赞善李公暨元配袁太安人墓志铭》,第420~423页。
② (明)赵南星:《赵忠毅公诗文集》卷10《寿李母袁太孺人序》,第257~258页;卷14《明敕赠儒林郎右春坊右赞善李公暨元配袁太安人墓志铭》,第420~423页。
③ (清)孙奇逢:《夏峰先生集》卷9《凤翔知府贵一王公暨配于宜人合葬墓志铭》,第186~187页。
④ (明)张邦纪:《张文懿公遗集》卷9《明文林郎蒲台令育泉张公暨配萧孺人合葬墓志》,第90~93页。
⑤ 《新中国出土墓志·河北》(壹),二三七《明山东按察司副使王君(仪)继室宋孺人(荣)墓志铭》。

色。这时又有诸戚党以请贷至者，张孺人又为其设食饮，给道里费以厌其欲。张孺人素强无疾，竟以照顾丈夫生病，加之操劳亲戚之事而委顿不支，于万历甲申冬十二月初十日卒，得寿六十三。易经文在妻卒后，意忽忽不乐，比归襄张孺人葬事，不数月亦不起，于万历乙酉年十月十六日卒，寿六十五。①

通过上文可见，士人不管家境是贫是富，在日常生活中，都需要妻子承担起家庭内部各种事务，消除科举入仕的后顾之忧。士人外出问学期间，需要妻子主持家政，处理家中的琐务。士人中第为官宦游外地，家业渐大，更需要妻子经营家业，使家庭正常健康地运转，使士人不以家中事务为忧，安心在任所尽忠职守。

（二）科举仕进中

士人的妻子不仅在日常生活中以自己的贤惠和才干把家政处理得井井有条，以消除士人科举入仕的后顾之忧，还会直接支持鼓励、辅佐丈夫读书业举、中第为官。明代士人的科举之路是异常艰辛的，陈宝良先生通过统计考察指出，在明末，生员的数量已达60万人之上，士人在科举仕进中如千军万马在挤独木桥，其过程的千辛万苦超乎常人之想象。② 面对残酷的竞争，士人要夜以继日地奋力苦读。士人挑灯夜读时，妻子常篝灯纺绩以佐之。如范景文记载母亲马氏与父亲范永年相敬如宾。马氏每篝灯纺绩，以佐范永年夜读。轧轧之声，常与鸡鸣相和。③ 故城宋良筹之妻王氏勤膏火以佐诵读，还时举古人寸阴、分阴之说以讽之。宋良筹闭门罗书史，虽屡踬场屋而志益励。④ 开州人董司马嗜学，吟披恒至丙夜，元配刘夫人以纺绩伴之，交相勖勉。万历己卯董司马为郡诸生有声，壬午举于乡，己丑成进士。⑤ 妻子以纺绩的轧轧之声陪伴士人度过漫漫长夜，士人从妻子的佐读中感到温暖与支持，这鼓励着士人在无涯的学海中勤奋用功。妻子也会在佐夫夜读中提高自己的文化修养。如赵州张时泰娶妻滑

---

① （明）余继登：《淡然轩集》卷6《封工部主事龙川公墓志铭》，第908~909页；卷7《封安人易母张氏墓志铭》，第908~909页。
② 参见陈宝良：《明代儒学生员与地方社会》，中国社会科学出版社，2005，第269~273页。
③ （明）范景文：《文忠集》卷7《先母马宜人行述》，第560~563页。
④ （明）宋诺：《宋金斋文集》卷1《显妣太宜人王氏述》，第330~332页。
⑤ （明）赵南星：《赵忠毅公诗文集》卷16《明诰封董母刘夫人墓志铭》，第485~487页。

氏。滑氏因自少与张时泰食贫，铅椠机杼共一室，遂能通儒书解大义。在子伯简幼时，张时泰恒出授徒，滑氏就为子授书。①

一些士人夫妇二人均出身于书香门第，自幼都受父兄之教，能读书为文，婚后夫妇二人会一起读书。如吴桥王德启父亲为举人官县令，王德启天性慧，和渊静口，不言臧否，凡夫少年嗜诱一切不犯其高，素日间扫一室，沦茗焚香几上，书史及所爱玩笔砚，非至精莫御。②妻范景似，其父亲范永年、兄长范景文均有文名，范景似则生而婉娈有令仪，长娴姆训，慧心驯行，女工针繐，不习而精。范景似还暇喜焚香读书，经史大义，无不通晓，凡古嘉言善行，一过目辄记忆弗忘。婚后，范景似时手一编与夫共读，丙夜青灯荧荧。③又如邰公子和凤为观察邰公永春之长子，娶太仆崔公景荥之女为妻。邰公子才美勤学，好读书史。崔氏幼而聪明，端重言动不苟，父亲教之书得古淑媛事喜甚。崔氏十五适邰公子和凤后，夫妇并称，邰公子时时与妇谈说善恶兴败之迹，击赏刺讥之如对朋友，节妇心益晓泠，与邰公子相期为古贤人。④夫妇荧荧一灯相对，妻子陪伴丈夫读书直至夜分，士人应受到更多的勉励。

科举的激烈竞争往往使士人在科举的路上时不时经历落第的失落和无助，这时妻子往往能及时地安慰鼓舞丈夫，使其重拾信心。如吴桥范永年累九举不第，抑抑弗得意。妻子马氏从旁慰之曰："学殖不勤则子之过，乃耕而不获，岂无天道焉。"⑤士人埋头苦读需要长期的坚持，在出现懈怠之时，妻子多会及时勉励与鞭策。如文安王仪元配邢氏不禄，娶保定宋荣为妻。宋荣祖宋祯累官太仆寺卿，父宋昂为鸿胪寺序班，宋荣自幼有贤淑声。婚后，王仪读书意稍倦怠，宋荣辄微言以讽之。王仪以是得肆力于学行，登嘉靖癸未进士第。⑥有些士人有诸般嗜好，他们或好弈，或好绘事，或嗜酒等，以至移情于嗜好而荒废了学业，贤惠的妻子往往能及时发现问

---

① （明）赵南星：《赵忠毅公诗文集》卷15《明赠奉直大夫知州张公暨配滑太宜人墓志铭》，第442～445页。
② （明）范景文：《文忠集》卷7《文学王德启墓志铭》，第547～548页。
③ （明）范景文：《文忠集》卷7《明节孝王母范孺人墓志铭》，第548～550页。
④ （明）赵南星：《赵忠毅公诗文集》卷13《邰节妇传》，第361～362页。
⑤ （明）范景文：《文忠集》卷7《先母马宜人行述》，第560～563页。
⑥ 《新中国出土墓志·河北》（壹），二三七《明山东按察司副使王君（仪）继室宋孺人（荣）墓志铭》。

题，并帮助和规劝丈夫改掉这些不良的嗜好，使丈夫走上科举正途。如清河樗轩公天性敏达夷旷恃不苦问学，率不事生业，颇以谈饮自豪。妻顾孺人切劝之曰："所贵丈夫之自立也。于家昌业，于国昭名。学不积不名，业不力不昌。君其图诸。"樗轩公为之悚然听纳，断饮事，学淬砺日奋。①明代士人多视中进士为官为正途，在屡试不第的情况下，谒选得官往往不被人重视甚至被人耻笑，士人多心中郁郁不得志，有些妻子理解丈夫的心情，会予以宽解。如宁晋周孺人沉静寡言笑，兼备四德，归安定公。安定公苦学攻文，名声蔚起为诸生，己巳拔入太学，数预秋试不得举，谒选得安定。安定公志蜷局不伸，以时辈升第者多轻薄，内不能平，时露其悲愤激烈之气，周孺人则谆谆宽解之，欲其夷芒铲锐。②有些士人性情急躁易怒，遇事多不冷静，妻子往往佐以和婉静默，消解士人怒气。如长垣崔景荣母刘孺人篝灯侍夫夜读无少倦，夫每不能忍不平之事，刘孺人辄从旁解之勿令宿怒。③完县县学生李枝母冀氏生于士大夫家，十四归李迪。李迪性躁寡学，冀氏长于料事，凡迪所为，知其舛错败裂，恳切进谏，百计止之。李迪能消祸未形，祛灾将露，冀氏之功居多。④保定府唐县人刘乾二十岁娶王氏为妻。⑤王氏与刘乾共同生活十年而卒，刘乾在王氏的墓志铭中记载，刘乾遇事发怒时，妻王氏则因势利导地劝他："予气局躁而不静，刚而无谋，遇事辄发，略无含蓄，委曲以底于全而不伤之意怪怒四出以罹百咎，妻不忍余之气懑而计拙也。时利导之以一二言，必深识而切中，余喜其良也。试尝从之，则事去，而余之怒亦去矣。深夜闲语亦可与远大其家之计……君子曰清苦而贞柔，静而慧，吾妻有之。妻名存，吾字之以云在。"⑥

士人苦读为的是能入仕为官。士人成为有职位在身的士大夫后，随着任满，他们的妻子可以获得封赠而成为命妇以改变身份和地位。金铉称：

---

① 《新中国出土墓志·河北》（壹），二一六《明故孙（琦）母顾太孺人合葬樗轩公墓志铭》。
② （明）赵南星：《赵忠毅公诗文集》卷16《明王母周太孺人墓志铭》，第488~489页。
③ （明）余继登：《淡然轩集》卷7《敕封太孺人崔母刘氏墓表》，第928~930页。
④ 《新中国出土墓志·河北》（壹），二一四《明故李（枝）母冀氏墓志》。
⑤ （明）刘乾：《鸡土集》卷4《年谱》，第502页。
⑥ （明）刘乾：《鸡土集》卷4《妻王氏墓志铭》，第486页。

"廉静寡营，士之大节也，中馈乱其志，无坚操矣。"① 作为官员的妻子，对为官的丈夫能否保持清廉的节操影响很大。为了丈夫能在为官之路上避免被罢免、被诬陷甚至是被处决等种种危险，妻子多会竭尽所能勉励规劝丈夫为官清廉，甚而为丈夫能很好地处理政务而提供建议。如开州人董司马在任河南司理时，夙夜营职，又时时随直指行县。有孙指挥者被讦畏罪馈珠而假以橘，司马欲镌之，其妻刘夫人曰："不受。"又有诸生田养民黜而赇于家，董司马不得已闻诸当道，刘夫人曰："公心迹既白，第请移其狱于他官足矣。"后来董司马历任山东、淮南、三楚等地，刘夫人多所匡正。② 又如周世选元配黄夫人与公协德同心。有母党老姬尝来京邸舍中，一日怀重资为人脱罪，黄夫人即戒门者绝其来。周世选操履严慎，与得黄夫人这样的良内助有很大关系。③

高彦颐曾这样评价明清家庭中的女性："虽然男性一直宣称对家庭财产拥有法律权力，并且父亲享有对妇女和孩子的权威，但作为家务的实际管理者，母亲及儿女的教育者，家庭主妇无疑拥有充分的机会，对家庭事务产生影响。在每日生活的场景中，女性很难是家庭体系的旁观者。"④ 杨继盛也曾撰文总结女人在家中怎么才算是成功理想的女人。"植德幽贞，宜享年有永"，"相夫柔顺，宜偕老百年"，"教子有成，又宜膺其诰封而享其报"，"兹固理之必然者也"。如果女人享年不永，那么"人而有子是谓不死，子孙绳绳无穷，是即已寿之无穷也"。"妻之于夫在尽其相之之道而已"，如"治家教子俱有成绩，则相夫之道已尽"，是虽先夫而亡"百年事业固已毕矣"，也可谓相夫偕老。如"存虽未有宠命之封"，在殁后能"膺诰命之赠"，也可谓教子而享其报。⑤ 通过杨继盛的总结，对照上文士人笔下的士人夫妇的生活，可见虽然女性在家庭生活中扮演了主角，孝敬公婆，相夫教子，操持家政，和睦亲戚邻里，但不难发现，妻子的任何活动都充满了男性士人的利益，明代士人所说的夫妇相扶以生，是妻子以单极的男权为中心，辅助士人丈夫科举仕进。在夫妇生活中士人妻子要以男性

---

① （明）金铉：《金忠节公文集》卷 5《公祭王年嫂梁孺人文》，第 482 页。
② （明）赵南星：《赵忠毅公诗文集》卷 16《明诰封董母刘夫人墓志铭》，第 485~487 页。
③ （明）周世选：《卫阳先生集》卷首《南大司马卫阳周公传》，第 553~556 页。
④ 〔美〕高彦颐：《闺塾师——明末清初江南的才女文化》，第 12~13 页。
⑤ （明）杨继盛：《杨忠愍集》卷 2《同乡祭太孺人耿母毋氏文》，第 648~649 页。

士人家庭、家族的长远利益为中心来行事。

二 婚姻变动

在明代士人的婚姻生活中，夫妇双方相扶以生，稳定的婚姻对家庭生活的维系尤为重要。但各种不稳定因素会渗透到家庭生活当中，原有婚姻有时会出现变动。婚姻出现变动不仅仅明代士人家庭有之，其他时代其他阶层的家庭也都存在，这里将着重探讨士人家庭婚姻变动的特点。明代士人家庭中夫妻离婚现象罕有记载，能找到记载的基本是由于夫妇一方死亡而引起的婚姻变动。

（一）士人丧妻与再娶

在家庭生活中妻子能尽心尽力地侍奉翁姑，将家务处理得井井有条，士人才能够安心读书科举，在中第入仕后安心在外任官，勤于公务。如果士人遇事着急发怒，妻子还能采取有效的方法循序渐进解除丈夫的困惑，使之减轻忧烦，心绪安宁，是士人称道赞赏的。在日常生活中，妻子能成为士人的贤妻良友，夫妇会建立起深厚的情感。李贽就曾称："夫妇之际，恩情尤甚，非但枕席之私，亦以辛勤拮据，有内助之益。若平日有如宾之敬，齐眉之诚，孝友忠信，损己利人，胜似今世称学道者，徒有名而无实，则临别尤难割舍也。何也？情爱之中兼有妇行、妇功、妇言、妇德，更令人思念耳。"① 明代很多士人对妻子的情感很少在妻子生前表达，而是在妻子去世后，通过悼亡诗文来表达夫妻恩情。明代士人留下了不少悼亡诗来表达自己的丧妻之痛。如大名府浚县人王越（1423～1498），字世昌，景泰辛未（1451）进士，官至兵部尚书。成化弘治年间，王越身经十余战，以边塞战功封威宁伯，又加少保兼太子太傅。这样一个以军功显赫著称的显贵士人，在丧妻后依然泪流成河："别人妻死泪悬河，冷眼傍观每笑他。轮到我来妻也死，泪痕更比别人多。"② 明末的刘荣嗣与妻子生活三十四年，妻亡后写《悼内》诗四首：

---

① （明）李贽：《焚书》卷2《书答·与庄纯夫》，《四库禁毁书丛刊》集部第140册，北京出版社，2000年影印本，第200页。
② （明）王越：《黎阳王太傅诗文集二卷》卷上《丧妻》，第456页。

其一

春来日日老，常慨故人稀。少者复先逝，天乎安可凡。生于我共出，卒视尔孤归。今昨成千古，迎眸百事非。

其二

三十有四载，怡然甘苦辛。谁能富与贵，只似贱而贫。忍忆别时语，弥伤梦里身。一官何足恋，忽忽尽冬春。

其三

生时了不异，殁后始知才。书画从予好，米盐能自裁。佐谈消旅况，相劝返山隈。杂佩迟良友，开答问子来。

其四

愁云将索祭，西望隔疏林。此夜孤坟月，当时同穴心。恩勤得儿女，劳勚在稠衾。飘泊仍淹滞，悲来岂易任。①

鉴于士人丧妻后的悲痛，亲朋好友多会劝其节哀顺变，将悲怀之情放于心中，不要徒自伤神。如刘乾曾写诗安慰朋友廷允兄丧内："春水浮花出武陵，冷烟空锁芙蓉屏。虚堂影转桐花月，梦入相思话离别。君在草窗间，妾在泉台下。相思不相见，惟有清泪泻。愿君娶妻莫太迟，但愿诸儿如妾时。"② 赵南星也曾写诗劝慰朋友道："双龙有时乖，鸾凰有时只。运数已前定，何用自煎迫。寸心若相忘，转盼即移易。寸心不相忘，九幽岂能隔。人生天地间，谁其年满百。试问西王母，彭祖亦殇客。庄缶有深情，伤神竟何益。"③

悼亡诗可述士人丧妻后的悲怀之情，但诗字数有限，难以尽抒士人之情。明代士人在妻亡后还会写可长可短的祭妻文来表达对妻子的怀念。孙奇逢妻槐氏在万历戊午七月二十七日以疾终于内寝。越三日，孙奇逢作《祭亡妻槐氏文》而奠之。其文如下：

呜呼痛哉！尔虽吾妻也，实吾友也。忆尔十七岁而于归，犹及奉衰

---

① （明）刘荣嗣：《简斋先生集·诗选》卷3《悼内》，第529～530页。
② （明）刘乾：《鸡土集》卷1《慰廷允兄丧内》，第409页。
③ （明）赵南星：《赵忠毅公诗文集》卷2《慰范赵州悼内》，第63页。

姑于十病九残之时，吾嘉尔之孝。处妯娌于七零八落之日，吾嘉尔之和。哀孤寡，怜贫穷，举念存天地生人之心，吾嘉尔之慈爱。甘淡泊，乐缝纫，一日周日月久长之虑，吾嘉尔之俭勤。凡此皆妇道之常也。

犹记丙辰岁，余以上策不留，忧形于色，尔慰余曰："今次不成，还有下次，况有子可教以读书。即到底不成，未尝见布衣便可轻、富贵遂可喜。"嗟乎！此岂妇人女子之言哉？故曰吾妻实吾友也。十八年来，辛苦勤劬。吾之莱尔者已多，而茹苦食淡，不慕通显，甘守清贫，此犹吾之所难望于尔，而幸得之于尔。乃今溘先朝露也耶！

二女三男，出嫁而得所者，每念之犹涕下。今二姐年十一，南山八岁，高山六岁，斗山周岁，谁为尔鞠育而抚摩者乎？此尔目所以不瞑，而吾肠所以寸断也。非独兴怀于镜破，惨目于台空，而有情者牵衣而问，无知者矢口而啼，此何等景象也？我心岂木石哉？连日只知尔之病，不料尔之死。尔曾无一语及后事，果尔亦不料至此耶？抑恐其伤余，而故隐忍其病，迨病笃而遂不能言耶！呜呼痛哉！追念从前，尔不负余。由今思之，尔之愁肠苦衷，余知之而不能体之，余觉有负于尔。尔纵不怨望于余，实余之所酸心痛鼻，而不能自禁者也。嗟乎，等死耳！有死而为人所恨者，有死而为人所怜者，今尊长俨然于上，卑幼俯伏于下，尔也不愧父母、不愧丈夫！先死者固可惜，而后死者更可怜。尔今殁矣，吾于尔永别矣。敬以一言告尔，尔之母垂白而寡，尔生不能尽之情，吾自不忘。吾之两先人在地下，得尔善事之，则又何恨于死也。①

孙奇逢称与自己生活十八年的妻槐氏为良友，因为槐氏不仅能谨守妇道之常，即孝奉衰姑、处妯娌和睦、慈爱孤贫、持家勤俭，还能在孙奇逢科举不第时开导安慰他，甘守清贫。有二女三男，四人还幼，鞠育需人，死者不能瞑目，生者肝肠寸断。孙奇逢在亡妻忌日时依然思念妻子："何事耳常鸣？恍闻病苦声。别离方一岁，哽咽尽生平。入室思良友，独居忆旧盟。庶羞聊荐享，相信在幽明。"② 从士人诗文可见，士人与妻子的感情

---

① （清）孙奇逢：《夏峰先生集》卷12《祭亡妻槐氏文》，第261~262页。
② （清）孙奇逢：《夏峰先生集》卷14《亡妻忌日》，第285页。

深厚主要源于妻子淑惠贤德,与丈夫患难与共、同甘共苦、共育子女。当生活中这个相互扶持的力量失去时,士人的生活会一下子陷入困厄之中,这就使得与妻子生前的平淡但实在的生活更显得珍贵和令人怀念。睹物思人,人去室空,生死茫茫,贤惠之妻的消逝让士人悲怀不已。丧妻多年后,有些士人在妻子的生辰或忌日等特殊日子里往往会追思妻子。如高阳孙承宗在妻子王氏去世六年后的生日,看到儿子们设食祭祀,想起妻子生前对自己的规劝,怆焉作诗:"予当赋归来,子肯劝予驾。予岂更遭回,相与安乡舍。禄久恩愈深,宦长责难卸。念尔平生言,谁复为世藉。歇后射伊优,风前料穮稏。亦既乐且耽,而乃忧天下。弄兵九地惊,执法千夫讶。予本澹荡人,逢场辄欲罢。室别六经年,家别四历夏。眷焉望并州,羁如不复暇。准既惭中书,恂宁堪再借。胡不从有劳,而图一时蜡。胡不送五穷,而为七萃裼。念尔其茹荼,知予非啖蔗。弦月下检关,有怀歌子夜。"① 在亡妻忌日要到时孙承宗也会深夜不寐,悼念亡妻:"不念规予意,番来定世波。军中长不寐,地下近如何。绝塞传烽急,浮云变态多。西原千里月,夜雪几经过。"②

育有子女的妇女在去世前最放心不下的是自己的子女遭到后妻的摧残。如完县县学生李枝母冀氏生于士大夫家,年十四归李迪,但李迪性躁寡学,冀氏应呼唤如对官长,奉饮食须举至齐眉,而恒惧其反目。冀氏生子三人、女三人,常泪指其子女曰:"予近年来不乐在人间,但不忍佳儿佳女受继妇之折。"还话及闾里妒后妻妖媚之状,无母儿女受嫉之残。冀氏在膺疾大渐之时对婆婆说:"妇尽孝不终,反遗群儿见累。"希望婆婆照顾自己的子女。她还不放心,乃以首触其长子李枝嘱咐道:"今日子母肠断,尔弟妹无知,赖汝抚字。"③ 冀氏在去世前的不放心缘于所见闻的后妻虐待前妻子女之事实。在明代士人家庭中也确实有后妻虐待前妻子女之事。如内丘礼义乡诸生崔科,母卜孺人卒后,父迎继室李氏。但崔家因耕读为业,家中贫穷,李氏不慈又怨贫,日夜多方蝎潜崔科,崔父也食其潜而大恶崔科。崔科时已三十余岁,娶妻十多年,已经有子,惧伯奇之祸,

---

① (明)孙承宗:《高阳集》卷1《端五先一日有作》,第47页。
② (明)孙承宗:《高阳集》卷3《子月十八日子夜不寐次日为王夫人忌辰》,第57页。
③ 《新中国出土墓志·河北》(壹),二一四《明故李(枝)母冀氏墓志》。

乃避居唐山之柏人城,柏人故多姻戚皆怜之。赵南星也称崔科是"遭天伦之变",崔科则愁苦发愤授生徒为学。① 故城周良佐在读书业举之时丧母,以家督领事,日课僮奴力作,给朝晡,遂废博士业。其父义轩翁又娶继配王氏,生子良材而卒。义轩翁又继娶胡氏,胡氏对良材多次弗以为子,良材靠长兄周良佐在继母前多方维护才生存下来。② 有些继母甚而会对前妻之子进行鞭笞。如滦州赵申宠在母孙氏去世后,继母刘氏少慈爱,尝以微罪鞭笞之,虽隆冬,单衣跪而受杖,赵申宠未尝有怨色。③

其实一般育有子嗣的士人,妻亡续娶时大多会慎重选择慈爱贤德之人,以使家庭和睦。如文安士人王仪元配邢氏卒,所遗女甫两岁。王仪乃续娶保定人宋荣为妻。宋荣来自士大夫之家,祖宋祯累官太仆寺卿,父宋昂为鸿胪寺序班,宋荣自幼有贤淑之名。宋荣嫁给王仪后,抚爱邢氏所遗女如己出,长而嫁,于己女无分毫殊。④ 高阳孙承宗仲兄孙敬思侧室王孺人生有三子,在万历三十一年（1603）十二月十六日殁,年仅四十九岁。元配段孺人,以病不育,但少养杨氏女为女,又养马氏子为子。段孺人于万历三十五年八月二十日辰时六十七岁时卒。在段孺人殁后,有新寡拥多赀者愿续为室,孙敬思称:"此有不可居而他适也。予敢贪多赀而以身事妇人,且有赀必骄,以吾爱子事骄母,必两不安。"遂绝之。乃继娶待子妇慈穆的吴孺人。⑤ 容城孙奇逢的元配槐氏于万历四十六年七月二十七日以疾终于内寝,年仅三十四岁。槐氏与孙奇逢共同生活了十八年,生二女三男,长女出嫁,次女年十一岁,三子分别为十八岁、十六岁、一周岁。天启元年八月,三十八岁的孙奇逢继娶邑明经杨慎斋廉女杨氏为妻。后继室杨氏与孙奇逢又生子三人,但杨氏能抚非己出之子女,终生无间言,槐氏之子女也各不见其为异母。而且元配槐氏有母年老,杨氏还迎养于家,

---

① （明）赵南星:《赵忠毅公诗文集》卷16《明处士崔公暨配潘孺人墓志铭》,第498~500页。
② （明）申时行:《赐闲堂集》卷22《赠通议大夫工部左侍郎北原周公墓表》,第460~461页。
③ （清）孙奇逢:《夏峰先生集》卷9《汀州府同知赵君墓志铭》,第195~196页。
④ 《新中国出土墓志·河北》（壹）,二三七《明山东按察司副使王君（仪）继室宋孺人（荣）墓志铭》。
⑤ （明）孙承宗:《高阳集》卷17《明乡饮大宾义官仲兄再吾暨配段氏合葬墓志铭》,第413~417页。

事之如母，被里党称贤。孙奇逢终生贫旅，不事家人产，尝以一布囊贮米，经年不能满，杨氏毫无愠色。① 除续娶贤德之人外，一些士人还会选择亡妻的姐妹来续弦，希望与前妻有血缘关系的后妻能善待子女。如定兴鹿善继元配王氏于 1600 年卒，1601 年鹿善继娶继配王氏，为前妻妹妹。② 大兴金铉十六岁时父亲为其聘上林苑监监丞朱公家麟第二女。崇祯元年，十九岁的金铉成三加礼娶为元配。婚后第二年，朱氏就因生子，产后感疾而卒。崇祯三年夏四月金铉就继娶了元配的胞姊为妻。③ 有些士人丧妻时既有成人的子女，又有幼子需要抚育，还会不续弦而纳妾来解决家中面临的问题。如真定的王兆吉 1609 年三十七岁，是年十二月十八日午时其妻生次子。1610 年其妻于五月二十三日在与他及其母亲谈话之时，忽感崩漏病，下血如注，昏倒在地，面无人色，床褥呻吟，诸药不效，至六月二十一日遂长逝。王兆吉此时家已衰落，经济拮据，于是借银一百两为妻办丧事。面对孀居之母含悲、襁褓之儿失恃的悲痛景象，1611 年王兆吉母亲思为其行续弦之事。王兆吉乃对母亲说："子女俱长，恐事有不便者。"于是母亲为他娶一民家女王氏以为侧室。王兆吉记载娶王氏为妾后的生活：王氏方十三岁，"人品亦甚端洁，喜得禀性温良，幼而知事，兼蒙予母抬举而教诲之，子女俱与之相宜，渠亦善于承应，可谓得人矣。予之次子更为之依附焉"。此后妾王氏与王兆吉一直一起生活。在 1625 年王兆吉五十三岁时，王氏还主持操办了次子的婚事。子妇过门不惟琴瑟甚调，且与王氏相处甚善，俨然以尊长目之，这让王兆吉心中很欣慰。④ 但也有士人所纳之妾会恃宠无忌，反而害死子嗣。如上文真定饶阳王命，在元配李氏、继李氏相继卒后所娶妾赵氏，慧而善媚，恃宠无忌，不仅窃家中藏金贿赂家中诸臧获，还在子王亮芳劝父王命娶继室后，买毒置食物中害死王亮芳。⑤

从明代士人留下的文献看，在妻子去世后，士人如果还没有子嗣，一般会再娶。如刘乾在嘉靖五年二十岁时娶王氏为妻。⑥ 但王氏"独以形貌

---

① （清）戴明说：《征君孙先生年谱》，《北京图书馆藏珍本年谱丛刊》第 65 册，第 622~668 页；第 66 册，第 1~4 页。
② （明）陈铉：《鹿忠节公年谱》，第 25 页。
③ （清）金镜：《金忠洁年谱》，第 8~33 页。
④ （清）王兆吉：《王伯子自叙年谱》，第 412~424 页。
⑤ （明）余继登：《淡然轩集》卷 6《凤翔令王君墓志铭》，第 909~912 页。
⑥ （明）刘乾：《鸡土集》卷 4《年谱》，第 502 页。

枯瘠，血不受精，用是十年而不孕"。王氏于嘉靖十五年丙申夏四月骨立而死。刘乾"惧无后之训言，乃再婚于徐妹"。① 嘉靖十六年丁酉春正月，刘乾娶徐氏为妻。徐氏"为唐之名氏"。父亲双溪先生以乡贡受命领教诸城。② 刘乾娶徐氏为妻后于嘉靖十七年戊戌正月廿一日生长子刘迟，嘉靖二十一年闰五月庚申又生子刘迈。③ 一些士人所娶之妻屡丧，而不得已改纳妾。如大兴人金铉就接连三次娶妻而亡，故不复续，乃于崇祯十四年春二月十二日娶颖叔毛君义妹王氏为侧室。但崇祯十七年李自成攻破北京，金铉于三月十九日投水殉国，侧室王氏亦从金铉母入井殉难。④ 一些夫妻情深的士人，在丧妻后会誓不再娶。宛平的王崇简与妻子梁氏共同生活了二十三年，夫妻感情很深。梁氏死后，王崇简在自撰年谱中记载道："梁夫人贤而有礼，阃内之务调理咸当，二十三年予并不经理。迨其殁，予始知拮据之艰。病革嘱予娶继室，予感伤无已，矢不复娶。"⑤ 不过，王崇简虽因对梁氏情深没有再续弦，却先后纳妾五人来侍奉起居、主持家政。⑥

士人妻亡后是否再娶，这一现象曾引起顺天府漷县人岳正的关注，他曾作文如下：

妻亡而不再娶，礼乎？曰非礼之经，礼之权也。男子生而愿为之有室，将以传继嗣、奉宗庙，是固不可以不娶。娶而不幸或亡，则为之原情制服，服尽而再娶焉。不如是则继嗣不传、宗庙莫奉，亦君子之不得已者，礼之经也。娶矣或中道而丧，或垂世而逝，不独有子也而又有孙，不独有孙而又众且贤也。如是而复娶，不幸而遇不肖之妻，其不至于虐孤遗、间骨肉，产荡而家破者不已焉。然则继嗣不绝，宗庙有承，与其再娶以乱吾家，孰与不娶以全吾美，此礼之权也。西安陈君景常者，家富而睦。景常尝娶于冯，生二子，曰志、曰意。而冯以疾卒，景常为之制服，服已而誓不复娶。有劝之者，辄曰：

---

① （明）刘乾：《鸡土集》卷3《祭妻墓文》，第468页。
② （明）刘乾：《鸡土集》卷2《赠双溪先生任诸城司训序》，第454页。
③ （明）刘乾：《鸡土集》卷4《年谱》，第502页。
④ （清）金镜：《金忠洁年谱》，第8～33页。
⑤ （清）王崇简：《青箱堂文集·年谱》，第553页。
⑥ 王崇简夫妇的生活将在下节专门论述。

"妻妾之奉，人情也。吾非恶此而逃之。然高宗贤君也，而以之逐孝已。吉甫贤臣也，而以之杀伯奇，或出于人之所不意。吾所以上法曾子，而下从王骏者，殆以此也。况吾二子者，甘旨之奉尝足吾安之而不知其劳。诸孙之继嗣者又森然未艾，而烝尝者之有其人也。又何必急于自奉，而忘利害之或然者哉？"今若干年矣。夫富者心易荡，壮者欲易生。若景常者，当壮年处富家而不事再娶，非达礼之经而以权行之者，能是乎哉？①

此文虽是岳正应朋友之邀赞颂西安富人陈景常之作，但从中也可窥见明代士人对妻丧后再娶与否的态度，即是否再娶要以传继嗣、奉宗庙、家业的兴旺、家人的和睦相处为旨归。士人的这一观念也在上文所述明代士人的家庭生活中得到证实。丧妻后，士人是否续娶，会娶什么样的人，多以自己的家庭情况做出不同的决定。

（二）妇女的守贞与再嫁

明清时期是贞节观念不断强化的时期，明代已将贞节观念深化为一种社会的规范。② 在这样的社会环境中，明代士人夫妇是受社会正统伦理道德左右之人，他们为了声誉和地位自觉不自觉地坚定实践着社会之主流观念。士人对妻子的要求是"一女不嫁二夫""从一而终""饿死事小，失节事大"。可以说，在明代妇女保持对丈夫的忠贞是第一要义，不仅丈夫在世时要保持贞节，而且在丈夫先逝的情况下，妇女也要为他守节，不应再嫁。士人家中如有子女，丈夫先去世的话，中老年妇女一般会守寡不嫁，此为士人家中常事，一般很少引起关注，没有什么记载。在士人文字中留下记载的，有夫死而以死殉节者，如赵南星就曾为这样一个女子作传：

郜节妇者观察郜公永春之冢妇，太仆崔公景荣之女也。幼而聪明，端重言动不苟，女媭侍之如严主，翱翱如也。教之书得古淑媛事喜甚，安得见之。太仆生子迟，奇之不啻子。十五适郜公子和凤，姑

---

① （明）岳正：《类博稿》卷4《赠陈景常序》，第387b~388页。
② 详见费丝言《从典范到规范：从明代贞节烈女的辨识与流传看贞节观念的严格化》。

曰苗恭人,如姑者四人,郜公子之母张也,诸姑情性不一难事,节妇柔良恪慎竭心力聊调之,咸底于欢,孝哉之誉。夫妇并称,郜公子才美勤学,好读旧史,时时与妇谈说善恶兴败之迹,击赏刺讥之如对朋友,节妇心益晓泠,与郜公子相期为古贤人矣。节妇生子寿,儿三岁而郜公子死。疾革之时,郜公子谓节妇曰:"不悟将去汝,汝当春华时,其自为计。"节妇曰:"何子之畜人以禽鹿也?有如不可讳,即同死耳。"郜公子默然。既而复谓之曰:"父七十余老矣,儿幼,汝岂无死也。"郜公子遂死。当比时郜公既痛心垂老而丧壤子,又恐妇之相随以死而幼孙无依,则戒家人勿哭,使其姑守之,劝妇为邵太孺人。邵太孺人者郜公之母,郜公二岁而孤,邵太孺人抚之以至成名,朝廷旌其宅里曰郜节妇。节妇志已决而不得死,每哭辄呕血数升,病年余竟死,年二十一耳。赵魏之间闻之皆曰:"郜公、崔公当世之廉贞人也,在朝皆忠臣,固宜其有节妇也。"节妇之所不为邵太孺人者,邵太孺人贫苦伶俜不得弃幼孤而死,节妇生长富贵中,舅姑父母俱存,孤无可虑,故得以遂其志也。节妇殁未几,有司闻之于朝,旌其宅里亦曰郜节妇云。①

郜公子疾革之时,为了年轻的妻子以后能有好的生活要她自为计,妻子却以同死来对。郜公子既而又以亲老儿幼为由希望妻子活下来,但妻子志已决,每哭辄呕血数升,虽有家人的守护与劝导,却病年余而死。崔氏十五岁适郜公子,育有三岁之子,在五六年的夫妇生活中建立了深厚的感情,丈夫在临死之际要妻子为了好好生活而改嫁,妻子却以死来报,夫死年余而病死。从赵南星的记述可见郜氏夫妇双方父亲都是朝中廉贞之忠臣,他们自幼就受到儒家伦理道德的教育和熏陶。婚后郜氏夫妇也将自幼习得的儒家伦理道德内化为生活中的行为规范,夫妇相期为古贤人。

在士大夫之家,妇人以死殉节多会被家人阻止。如锺正和之妻张氏,父张公翰翔为金事,以病瘐早归,日以《列女传》诸书授之,读之每至贞顺节义事辄叹羡之,年十六归锺正和。锺正和父亲锺顺溪举进士为令尹,廉正不畏强御,转南比部而殁。锺顺溪殁未几,而锺正和母周孺人、兄太

---

① (明)赵南星:《赵忠毅公诗文集》卷13《郜节妇传》,第361~362页。

和夫妇及兄岱和相继去世。四丧在堂，锺正和与妻张氏俱未二十，向之投为义男者皆化为盗，而太和之一二执友受赇潜助之讦告以出，锺正和如天塌地陷，无复生理。此时张氏生子缉才一年。锺正和面对亲人接连故去，孤弱不支，感慨痛尽，呕血数升，犹力举四丧，二十一岁时去世，时张氏才十九岁。锺正和去世后，张氏引刃自决，母亲袁孺人夺其刃，举子缉慰之曰："若能保此子，则汝夫有后。我老矣，汝死谁为抚育者乎？"张氏引刃自决被母阻止，及殓时复以首触棺角，入寸许，流血升余，又被救起，头伤三月后始平复，却因破伤风成头风心痛痼疾，随其终生。锺家仅遗田二百余亩，张氏日事纺绩以为尸饔之资，还延师教子缉学为诸生，五十三岁时以头风心痛却医药而殁。① 像郜节妇这样以死殉节的妇人在明代士人的记载中并不多，因为大多数士人认为："妇人家有夫死同死者，盖以夫主无儿女可守，活着无用，故随夫亦死，这才谓之当死而死，死有重于泰山，才谓之贞节。若夫主虽死，尚有幼女孤儿无人收养，则妇人一身乃夫主宗祀命脉一生事业所系，于此若死，则弃夫主之宗祀，隳夫主之事业，负夫主之重托，贻夫主身后无穷之虑，则死不但轻于鸿毛，且为众人之唾骂，便是不知道理的妇人。"② 因此士人认为妇女丧夫后的生死要以夫家的宗祀命脉为重，他们倡导和颂扬的是如锺节妇那样年轻守寡，常年矢志守节，抚孤子成名者。因为妇人这样做虽然苦了自己却延续了夫主宗祀命脉与一生事业，使士人的家庭世代传衍下去，如果子孙能科举入仕还能光耀门楣。

一些士人卒于官，任所又离家乡数千里之遥，能携幼子将丈夫归葬又抚子成进士的妇人是颇受尊敬的。如藁城石麟官临晋县学教谕时，其妻时氏夫人弃中馈，乃娶藁城县令长女徐氏为继室，徐氏出广信上饶名族，父又为县令，性婉嫕幽洁而有烈志。石麟因罪谪韶州英德河泊使，在任一年而卒于官，石麟时年三十二，徐氏时年二十六，元配时氏留下子石玺，徐氏有子石玉。广东距北方且数千里，冲突瘴疠，出入鱼龙之窟。徐氏独毅然携两子扶柩北上，力图返葬藁城。徐氏悬命舟楫，矢心节义，过父母之邦而不留，终于还藁城以葬夫。徐氏此行使乡人莫不壮而悲之以称贤。徐

---

① （明）赵南星：《赵忠毅公诗文集》卷13《锺节妇传》，第362～363页。
② （明）杨继盛：《杨忠愍集》卷3《赴义前一夕遗嘱·愚夫谕贤妻张贞》，第675～676页。

氏又苦节脱簪珥以供子科举。天顺甲申年，石玉举进士，徐氏喜且悲泣谓姻党曰："昔吾问关岭海之间，涉澎湃，履巉岩，冒险冲危，万死一生。岂知今日得复见吾儿成立邪！"徐氏的贞节之行被县大夫上于郡，郡又奏之天子。为励风俗，天子旌表其门曰贞节。对于此事，徐氏只是凄然曰："吾以酬吾志而已，而顾蒙宠命俾有今日，归报于地下宜无憾矣。"① 携子千里归葬的节妇世所少见，普通士人家庭的妇人在年轻丧夫后，能矢志守节，抚幼子成进士，也是士人大加称赞的贞节之行。如岳正友人王执中五岁丧父，母亲刘氏年二十六，时王执中弟弟才三岁。刘氏禀命既无舅姑，而应门又乏仆婢，徒以区区少娶携抱孤孺，励志操于死生之外，立门户于殄瘁之余，远嫌别疑，吞茹艰苦万状千态，以教子积学，奖励戒饬，卒底于成。王执中自郡庠入太学为诸生，登进士第，拜官监察御史。王执中中第为官后为母亲建贞节堂，还集成诗卷，称颂赞扬母亲刘氏之贞节。岳正也称赞刘氏道："家非公族之尊显，身非大夫之命室，操烈丈夫之志，成孤童子之名，此予所谓有敬姜之贞节而其实又过之者，非虚言也。"② 又如京师张邦纪的父亲早逝，其母抚育张邦纪兄弟二十年，寒而衣，饥而食，为了供其读书，又周旋于会文之资，竭蹶于笔砚之费，母亲所做的这一切皆阴为之庀，毫不令子知其筹划。母亲为了玉子于成而若忘其苦，甘之如饴。张邦纪最终以科举中第籍恩纶以酬母亲抚养之劳，母亲也怡然受之。③ 余继登认为："妇节难，在士夫家尤难。田妇野女澹泊素甘心无二虑，士夫闺合其于纷华靡丽狎目熏心，一旦寂守空闺，母子形影相吊，悠悠岁月历数十年而介然漠然无盛衰之感，此非心坚金石者未可易言，故曰难也。"④ 都门刘谏议母胡孺人就是这样一个在士大夫家守节抚子成进士的节妇。胡孺人二十九岁时夫死，子才十余岁，当时胡孺人伯姒居尊官显荣赫奕，独胡孺人单门弱息，但胡孺人谢妍华，攻苦食贫，日夕督子于学，历百艰使子成进士。刘谏议为官后具母胡孺人事疏闻于朝，下之部部覆如其言得谕旨表厥宅里。胡孺人益叹息曰："未亡人始望不及此，其及此天也。

---

① （明）石珤：《熊峰集》卷6《先祖赠监察御史府君墓表》，第603~605页。
② （明）岳正：《类博稿》卷8《题王氏贞节堂诗卷后》，第426~427页。
③ （明）张邦纪：《张文懿公遗集》卷3《潘母苦节诗序》，第45~46页。
④ （明）余继登：《淡然轩集》卷3《贺刘谏议母胡太孺人贞节序》，第820~821页。

吾侥天之幸，以报夫子足矣，而忍自以为名哉。"闻者益贤孺人。① 以上这些节妇都抚子成进士，老绥禄养，又得到朝廷旌表，晚载荣名，虽过程至难至苦，但苦尽甘来，她们是幸运的。有些母亲却在儿子中进士前就去世，儿子不能报母亲抚育之恩，南宫得意之时，想起守节之母是悲泣痛心的。如碧潭母幼而守节，茕茕独立，兼仰事俯育之任，十年中穷困怫郁，艰难险阻备尝之，却逝于碧潭成进士前。碧潭中第后思母之苦节，而竟未获享一日之奉、沾一命之荣，泣数行下，沾藉襟袖。碧潭只能在给假省墓时将同年友阐扬其母慈淑、嘉述芳踪的诗歌刊刻于里以表依依之情。②

　　在竞争激烈的科举路上，尤其明代中后期，中第者在士人中所占比例是很小的，并不是每个守节妇女都能因子中进士为官而得朝廷旌表。一些困顿于科场的士人之家，会因家中有奇节之妇而被朝廷旌表。如河间吴桥王庆我就是一个困于公车，以束脩养家的士人，他与范景文为友。王庆我曾向范景文讲述家中祖母、姑母、母亲三人苦节之事："忆大父捐馆舍时，大母方二十七龄耳，遗孤伶仃，先君尚在襁褓，姑方离于怀，萧然壁立，四顾靡依，夜绩朝爨，抚子若女以至成立，饮痛吞声，几出万死一生矣。比姑长适陈氏子，未二年而所天亦折，孑然一身，归依母家。嗣子未立，外侮环至，而意卒不悔也。当其时两嫠相吊，悲风夜号。幸先君生计渐拓，携赀营殖入供潆瀣，而母氏躬操作佐之，中祖母欢，以无失姑氏意。而孰意彼苍不仁，酷罚相继，先君复中道见背，茕茕孀影且并母氏而三哉。一门之内数年之间丧车频驾，白昼为昏，挫志摧肝，泣泪成血，三母日夜教督不肖兄弟。又如大母之抚先君与姑，且上无片瓦、下无卓锥，历十岁七迁其居。三老人望不肖无异望岁矣。今头颅如许，尚困公车，仅以四方束脩资为姑氏置田庐，立嗣子，终其馀年，而三釜有待，一命未沾，吾何以报余母若大母哉。"③ 王氏一门两代三妇以节著称，直指廉其节行，具以状闻于朝，诏旌其门建楔褒赉。范景文称此可谓人世至荣。又如柏乡冯仲昌，万历己卯乡试举第一，生于嘉靖癸丑三月十二日，卒于万历辛巳二月十八日，时年二十九岁。其妻张孺人是荥阳令张公之女。冯仲昌卒之

---

① （明）余继登：《淡然轩集》卷3《贺刘谏议母胡太孺人贞节序》，第820~821页。
② （明）张邦纪：《张文懿公遗集》卷3《潘母苦节诗序》，第45~46页。
③ （明）范景文：《文忠集》卷5《赠王庆我一门三节奉诏旌闾叙》，第502~503页。

时，张孺人痛哭欲绝，然视之有二男、二女，以此强活。在夫死之后，张氏又连经子女之丧。两女许聘未久而死，次子思若又在六岁时登高坠地，一股枯不能行，绵绵连连十三年而死。唯有子思朴与之相伴。张氏日日流涕，却独自经营家业，及子思朴能读书，稍惰即箠之，威加于折菱，博求名师不惜供给之费。思朴为诸生督之愈严，望其继父之志。张氏多病，为子读书又虑资用之不赡，乃肠回腹转，宵昼靡宁，劬劳不可名状。为了子思朴，张氏在病重之时依然要其后事葬欲蚤、欲薄，及他纤悉曲折无所不至。张氏鞠躬尽瘁死而后已的节妇之行在其将殁时，直指使者以贞节表其宅。①

很多士人家庭的守节之妇不能受朝廷旌表，士人就会请亲戚朋友中的有名望者撰文宣扬其苦节。如李景尼母张氏，年十六归其父九苞公，年始十九父赍志以殁。是时堂以上白发萧萧，有姑待养，遗孤长时可，两岁余，次行可，即景尼，甫三月耳。张氏曰："未亡人唯有相从地下，他所不及也。"遂绝粒。姑薛、母王再四泣谕之曰："女若此图其易矣，呱呱两儿命寄如线，李氏其不血食乎？曷若为其难者。"数日稍进勺水，毁容茹淡，奉孀姑，育两子，躬亲纺织，细大兼营。姑病而请以身代，子长而诫以就学。夫子有兄贫，而粟粒以周，殁而棺衾以葬。张氏饮冰茹雪五十年，以节著，却没有得到朝廷旌表，于是李景尼请求孙奇逢："余兄弟谫陋无闻，实惭我母，敢借仁人一言为重。"孙奇逢为李景尼纪念母张氏的《代成有终卷》写序文，宣扬张氏之节。② 又如吴桥诸生王德启天启甲子年应试京师，七月二十四日以暴疾客死旅邸。③ 妻范景姒闻讣，一痛而殒，久之乃苏，绝粒数日，恨不相从地下，父母及兄长范景文指怀中呱呱勉以立孤抑情自活，察其意中无日不切同穴之思，以至幽忧癙痗而病。范景姒二十岁即称未亡人，洗净铅华，长斋佛前，十五年中含辛茹苦，以教其子。盼盼于子之成立，子王孙锡秀朗茂美，食廪学宫，又见孙枝，王氏一线瓜瓞以绵。崇祯己卯旧恙复发，于十月十一日卒，才三十九岁。闻讣，远近疏戚，无不痛失母仪，且共叹其为真孝女、真节妇，兄范景文为其写

---

① （明）赵南星：《赵忠毅公诗文集》卷16《明解元冯仲昌暨配张孺人合葬墓志铭》，第459~460页。
② （清）孙奇逢：《夏峰先生集》卷5《代成有终卷序》，第79页。
③ （明）范景文：《文忠集》卷7《文学王德启墓志铭》，第547~548页。

墓志铭与祭文，记其十五年守节艰苦备尝、死而不朽之行。① 祁州李节妇于氏，定州卫籍，而家于祁之曲堤村。于氏幼娴女训，十五岁归李君好古，称好合，无奈琴瑟中断，李好古竟赍志以殁，于氏才二十九岁，遗孤艾兰才三岁。于氏水浆不入口者数日，誓以死殉。父母泣谕曰："昔人称死节易、立孤难，徒引决为快汝志毕矣，其如藐孤何？"氏悟曰："吾不能取李氏孤儿长养成立使延一线，吾何以见夫子于地下？"乃强存视息，上事孀姑，下抚稚子，饥而食，寒而衣，劳瘁千端，艰苦万状。父母怜之，微讽以他室富贵，则悲号不食曰："如不谅，予誓有一死，敢二其心乎？"父母初以爱生怜，继以惧生敬，无复再为是言矣。久之家计益窘，至不能其饔飧，挈子若女就养外氏，而付其姑于叔弟。岁时归省甘旨不缺，至祭祀必躬必洁，勿之有悔。外氏向固以惧而生敬者，数岁相依不忍言劳。后自外氏归，孤儿渐有成立，乃一意训读，不丙夜不休，书声与机声相响答。又时取儿课文观之，视所点窜为忧喜，懔然义胜于慈爱而能劳，以故孤儿弱冠成饩士，甫壮登贤书，氏为之喜加一餐，继而泣对艾兰曰："尔有今日，尔父之目可瞑，尔母之心稍愸。然非外氏岂能有今日耶？"艾兰泣受教。于氏守节三十八年，六十七岁卒。孙奇逢为于氏作传称赞道："盖至是良人有母，氏为之拮据敬养，始无愧为李家妇。良人有子，氏为之鞠育抚摩，始无愧为李家母。良人有子宜教，氏为之训诲启迪，始无愧为李家师。良人有子宜家，氏为之内外经营，始无愧为李家督。氏之所以隐忍不死，视毕命一旦冻饿人之父母而斩绝人之后嗣者，其难易何如哉？"孙奇逢认为，于氏"三十八年孤灯夜雨、茹盐食淡之苦，揭日月而行中天节已成矣，岂复以旌不旌遂有显晦哉？"②

一些士人妻子在夫卒后即便无子也会为夫守坚贞不毁之操。如上文提到的吴桥王庆我的姑母，"适陈氏子，未二年而所天折，孑然一身，归依母家。嗣子未立，外侮环至，而意卒不悔也"。王庆我姑母一直在母家守节，靠侄子王庆我以四方束脯资置田庐、立嗣子，终其余年。③ 又如金铉的朋友张德夫之妻梁孺人，在张德夫生时能够与之安于茹苦食贫；在张德

---

① （明）范景文：《文忠集》卷 7《祭胞妹王母文》，第 569～570 页；卷 7《明节孝王母范孺人墓志铭》，第 548～550 页。
② （清）孙奇逢：《夏峰先生集》卷 8《李节妇于氏传》，第 173～174 页。
③ （明）范景文：《文忠集》卷 5《赠王庆我一门三节奉诏旌闾叙》，第 502～503 页。

夫病且及死时，能面誓柏舟，钉百岁同归之谊；在张德夫捐馆后，无子弗计，无生活资弗计，抚一女坚白之诚久而弥笃，六七年如一日。梁氏虽然守节时间短，又无子，并不能得到朝廷旌表，却被张德夫朋友金铉称赞为节妇，他认为梁氏以纯一之守，坚贞不毁之操，含弘光大于百世，虽死犹生，今生无憾。①

在明代士人观念中，妇之事夫犹臣之事君，从一而终是妇女的最好选择。因此在明代士人家庭中，与士人丧妻后一般会再娶或纳妾形成鲜明对比的是，士人要求家中妇女在丈夫死后为夫守节。明代朝廷建立了贞节妇女的旌表制度，对贞节妇女大加倡导。士人也记录了大量贞节妇女的典型，希望妇人以此为榜样并加以模仿与实践。在明代士人的家庭生活中，守节之妇是大量存在的。如余继登认为，朝廷"褒扬海内妇人女子之节烈者以惇伦励世、厚俗维风"。在嘉万之世，"国家道化所翔洽最久。亡论郡国岁所上贞女节妇事后先相望，即都门之内荐绅之家数月来有幽闺娣节者二焉"。②孙奇逢也称："祁州古立节地也。民淳俗美……至闺中之妇，夫逝而守节终身者，踵相接也。"③士人在倡导妇人守节的同时，其实也看到了妇人在夫死后，以死殉节为易，守节则更难。士人不仅用笔记录下了寡妇守节的艰辛，更认为妇人守节之难为天下之至难。杨继盛就称："成天下之事功易，立天下之节义难。语节义之难者，又莫难于妇人之所守。……惟夫妇人之守节，则抚而幼孤，振而先业，阴柔之身，百责所萃，其负荷之难如此。内无所藉，外无所资，茕然独立，狼狈无依，其植直之难如此。斯须检点之，或疏，则群议纷然而起，凛凛焉，戒慎避嫌之心自少至老，一时不敢少懈，则必有圣人之资，圣学之功者，始足以守之而不渝，其操存之难又如此。则视丈夫之成事功、立节义者难易何如也？是妇人之所守不为天下之至难者欤？"④

因士人强调家中女性的贞节，现有文献很少有士人妻子在丈夫卒后改嫁的记载。但是一些开明的士人对于已聘未娶的女子，如果男方早逝，会希望其再嫁。如王余佑子王咸十四岁夭亡，王余佑已为其聘妇，王余佑

---

① （明）金铉：《金忠节公文集》卷5《祭节妇张年嫂文》，第479页。
② （明）余继登：《淡然轩集》卷3《贺刘谏议母胡太孺人贞序序》，第820～821页。
③ （清）孙奇逢：《夏峰先生集》卷8《李节妇于氏传》，第173～174页。
④ （明）杨继盛：《杨忠愍集》卷2《集张节妇册叶诗文序》，第635～636页。

"每念婚媾之情，伤不自禁。惟觉子妇以得家为幸，盖视儿不忍复动忆念，故视妇如女，愿其速有所归，勿复作牵系耳"。① 在士人观念中，妾如家中奴仆和财物，不要求其守贞洁，因此在士人死后，一些没有生育子女的年轻的妾是可以改嫁的。如杨继盛于1551年2月买的妾槐氏，因年幼且未生育子女，杨继盛赴义前一夕叮嘱其妻："二贞年幼，又无儿女，我死后就着他嫁人，衣服首饰都打发他。我在监三年，他发心吃斋诵经，是他报我的恩了，不可着他在家守寡。"② 又如真定王兆吉的父亲官至光禄寺卿，曾先后纳妾黄氏、李氏，黄氏为宜真县人，李氏乃真定府民女。王兆吉父亲于1591年八月十三日感急火之症，并于第二年四月初二日捐馆舍。妾李氏纳于1582年，到王兆吉父亲病时已经到王家十余年，没有子女，王兆吉父亲病中就让她还其母家，任其别聘。妾黄氏未记载纳于何时，在1580年曾生一女却于1582年殇于痘。1601年王兆吉父亲病卒已经快十年之时，黄氏突起再嫁之心，王家人百计留之，势不可挽。虽然王兆吉夫妇不胜心酸，顾恋之切，王兆吉母亲亦为之垂泣，但是王兆吉母亲还是从黄氏之请，让她嫁给了真定任挥使。王兆吉还将财礼银十两、素用家火、衣物以及使女一口悉付黄氏，让她带走。③ 可见在明代士人家庭，妾再嫁是很正常的事情。

三　妻妾之间

"父子之道，天性也"，"父母生之，续莫大焉"。中国传统儒家文化以人伦天理为纲常，男性子嗣的延续对于中国人极其重要，明代士人也把子嗣问题提到天理的高度。但在实际的家庭生活中，士人的妻子可能会因诸种原因而无子。从明代士人婚姻的缔结可以看到，士人的婚姻涉及错综复杂的人伦关系，同时受礼教家族间权力、经济利益等诸多因素影响，士人在妻子常年无子的情况下，一般不会休妻。但是在以孝治天下的人伦宗法社会，子嗣香火的问题必须解决，纳妾生子成为士人补救妻子不育的重要措施。

---

① （清）王余佑：《五公山人集》卷7《王绥妇》，第164页。
② （明）杨继盛：《杨忠愍集》卷3《赴义前一夕遗属·愚夫谕贤妻张贞》，第675～676页。
③ （清）王兆吉：《王伯子自叙年谱》，第397～408页。

有些士人的妻子是因病而不育。如高阳孙承宗仲兄孙敬思，其元配段孺人以病不育。虽然段孺人少养杨氏女为女，又养马氏子为子，教之入泮，授田庐如诸儿，但是孙敬思仍然娶妾王氏生子三人。① 有些士人妻子曾生育子女，却夭殇，为延续子嗣起见，妻会配合和支持丈夫纳妾，甚至极力劝不愿纳妾的丈夫纳妾。例如高邑四家庄郭叙夫娶申孺人，生二女一子，俱殇，申孺人感愤悲号遂病，病厄累月日不起，郭叙夫也因此年三十无子。② 申孺人乃劝丈夫娶李孺人，李孺人逾年生长子郭华伯，后又生子二人。③ 再如赵州张暹端介有韬谞，乡间重之，娶阎氏，年四十未有子，不肯置妾，阎氏力劝之，乃娶高氏为妾而生子张时泰。④ 有些士人的妻子生育了女儿，但没有儿子，也会劝丈夫纳妾生子。如高邑李五伦以岁贡起家，谒选得河间府训导，后又为南阳、东昌府通判。元配袁太安人唯举一女，久无子，袁太安人乃劝李五伦娶赵氏及董氏。⑤ 在李五伦五十一岁时，赵氏生长子李汝立，既而董氏生汝实，赵氏又生国任，袁太安人均爱之如己所生。⑥ 士人如果久无子，不光妻子会劝其纳妾，一些亲戚朋友也会劝说帮助他纳妾生子。如高邑阎维邦，五十无子，高邑四家庄的郭九贡助之娶小妻，果生子。郭九贡的姐夫元氏李君无嗣，他就劝姊为畜妾，妾也未生子，以其侄为继。⑦ 一般士人有多子多福的观念，有些士人的妻子虽然自己育有子女，但为了多生育，妻子也会主动为夫纳妾。如开州人董司马与元配刘夫人在万历庚辰年生子琨，在董司马中进士为官后，刘夫人曰："吾多病，无望生子。"就为丈夫谋置妾佟氏，后果举子玧。在玧已为诸生后，刘夫人又为丈夫置妾赵氏，次年生子璇。⑧

---

① （明）孙承宗：《高阳集》卷17《明乡饮大宾义官仲兄再吾暨配段氏合葬墓志铭》，第413～417页。
② （明）赵南星：《赵忠毅公诗文集》卷15《明故敕封文林郎朝邑县知县郭公暨配申孺人合葬墓志铭》，第447～449页。
③ （明）赵南星：《赵忠毅公诗文集》卷16《明敕封郭母李孺人墓志铭》，第489～490页。
④ （明）赵南星：《赵忠毅公诗文集》卷15《明赠奉直大夫知州张公暨配滑太宜人墓志铭》，第442～445页。
⑤ （明）赵南星：《赵忠毅公诗文集》卷14《明敕赠儒林郎右春坊右赞善李公暨元配袁太安人墓志铭》，第420～423页。
⑥ （明）赵南星：《赵忠毅公诗文集》卷10《寿李母袁太孺人序》，第257～258页。
⑦ （明）赵南星：《赵忠毅公诗文集》卷15《明从仕郎两淮盐运司经历郭公暨配罗氏吕氏合葬墓志铭》，第455～457页。
⑧ （明）赵南星：《赵忠毅公诗文集》卷16《明诰封董母刘夫人墓志铭》，第485～487页。

在士人的观念中，女性在家庭中的理想角色是贤妻良母。明代士人认为，贤良的嫡妻不仅要配合丈夫娶妾纳婢，甚而要主动为丈夫纳妾，更要在家庭生活中处理好与妾的关系，还要作为母亲管教养育妾生的孩子如己出。藁城石玉有子五人，其三庶出，石玉妻赵氏遇其母既善，所以爱而教之者，与己出等。赵氏还说："吾夫尝羡窦氏五桂，今不幸弃诸孤，忍负其志而不力教乎？"赵氏善待妾室与庶子，丈夫去世后力教诸子，吴宽称"其贤如此"。① 又如开州董司马的元配刘夫人生有一子琨，因自己多病，为了广子嗣，为夫两次置妾佟氏、赵氏。佟氏生子琬，刘夫人慈之教之若己子琨，还将琬培养成诸生。赵氏生子璇时，刘夫人病，摩弄之忘其病，逾岁携之归家。在刘夫人病笃之时，尽倾其囊中所有令三子等分之。赵南星称赞刘夫人："无妒忌之行，惠及于下，能尽其心。妇人之性尤多妒忌，故以进贤为难……夫人既有子，又置左右以多之，诚得之天性，亦刑于之所染也，岂非贤哉。"② 再如高邑李五伦的元配袁太安人对妾赵氏生的长子汝立尤甚喜，推燥就湿，视之不啻己出。对妾董氏生的汝实，妾赵氏又生的国任，袁太安人爱之如汝立，其出嫁于柏乡赵氏的女儿也视弟弟们不啻同胞。子汝立苦学，每读书恒至夜分。太安人欲其卧，不从，曰："孰也，读书而病者乎？"太安人怜其志，则为之酾酒胹肉具诸饮食，令无饥渴。汝立资敏而学锐，弱冠即成进士，升龙凤之署，今国任亦轩翥将翔矣，太安人之教也。袁太安人一钱不妄出，外家有私乞者即正色拒之曰："吾家仅足支耳，宁不为儿子计耶？"赵南星大赞曰："太孺人之贤达，闺中所未易得也。自后妃以至于士庶人皆欲得意，得意矣皆欲成子姓，以无子为极悲，即他人有子，非吾子也，勤家节用之意往往而衰。太孺人顺所天之志，轸宗祀之重，以有子为喜而无人我，可不谓贤乎？人之所谓极悲而以为极喜，然诚可为极喜也。有子如汝立者荣耀光华同于自出，而声名过之可不谓达乎？"③ 没有子女的士人妻子对妾生的儿子更是视若己出。高邑四家庄郭叙夫元配申孺人生二女一子，俱殇，申孺人感愤悲号遂病，病厄累

---

① （明）吴宽：《家藏集》卷69《太恭人石母赵氏墓志铭》，第674页。
② （明）赵南星：《赵忠毅公诗文集》卷16《明诰封董母刘夫人墓志铭》，第485~487页。
③ （明）赵南星：《赵忠毅公诗文集》卷10《寿李母袁太孺人序》，第257~258页。

月日不起。① 申孺人乃劝郭叙夫娶李孺人，李孺人逾年而生长子郭华伯。子生未月而李孺人病，申孺人使乳母乳之，而自推燥就湿抚之，申孺人直以为己子，李孺人亦若非己出也。② 李孺人又生子二人，申孺人每自养之，爱与李孺人等。内戚有私乞者，申孺人则恚曰："谓我无子耶？今有子矣，勿复言。"疾革复有言者，申孺人犹叱之。在申孺人卒后，子郭华伯悲不胜，以申孺人爱之不啻出也。赵南星称赞申孺人："嗟乎贤哉！妇道非成子姓之难，而深惟嗣续无子而有子之难，申孺人亲行之可不谓之贤乎？"③

可见士人在碑传文中将嫡妻为夫纳妾、视妾子如己子抚育作为妇女贤德来称赞，其实这与明代国家政治体制中的封赠制度密切相关。官员个人在任职期间能够忠于职守、勤于政事，考满可以封赠妻子、父母乃至祖父母。士人是明代国家官员最主要的来源。但是在明代尤其晚明士人科举入仕之途日益狭窄，中第为官困难，嫡妻单纯依靠丈夫并不一定会得到封赠成为命妇。而在士人家中不管儿子是嫡母所生还是妾所生，只要儿子为官封赠父母，嫡母、生母都可得到封赠，如高邑的申孺人、袁太安人均是以妾所生子而得到封赠。或许这是士人妻子主动为丈夫纳妾生子，管教养育妾生的孩子如己出的重要原因。明代朝廷只封赠嫡妻，妾不能靠丈夫而封赠以改变身份与地位，但是她可以通过儿子长大后入仕得到朝廷的封赠。如高邑四家庄郭叙夫妾李孺人，生子四人，虽然长子郭华伯一出生就被嫡妻申孺人养为己子，直到申孺人卒后，长子郭华伯才知自己是李孺人所生。但郭华伯于壬午举于乡，次年成进士，试宰朝邑，申孺人、李孺人均以子朝邑三年最封为孺人。

明代士人纳妾除了生育子嗣的考虑外，还有不少其他的原因。明代士人科举入仕后风行纳妾，如杨继盛虽在《自书年谱》中多处称自己经济拮据，但他1547年中进士，在选南京吏部验封司主事后，于是年九月买妾刘氏。在1549年刘氏死于南京后，杨继盛又于1551年二月买妾槐氏。杨继

---

① （明）赵南星：《赵忠毅公诗文集》卷15《明故敕封文林郎朝邑县知县郭公暨配申孺人合葬墓志铭》，第447~449页。
② （明）赵南星：《赵忠毅公诗文集》卷16《明敕封郭母李孺人墓志铭》，第489~490页。
③ （明）赵南星：《赵忠毅公诗文集》卷15《明故敕封文林郎朝邑县知县郭公暨配申孺人合葬墓志铭》，第447~449页。

盛在纳两妾时，妻张氏早生有子女，而两妾均未生育子女。① 还有一些士人妻子不愿随在外为官的丈夫去任所，就替丈夫纳妾侍奉照顾丈夫的起居。如吴桥范永年由督府参军晋南京部郎。其妻马氏坚不随任，置二媵以侍，独在吴桥日含饴弄内外孙以为娱乐。② 在士人为官遇到挫折或获罪时，妾还会长斋礼佛为士人祈祷平安。如杨继盛的妾槐氏在杨继盛弹劾严嵩入狱三年中发心吃斋诵经。杨继盛赴义前一夕感念槐氏之行，便嘱其妻张氏："二贞年幼，又无儿女，我死后就着他嫁人，衣服首饰都打发他。我在监三年，他发心吃斋诵经是他报我的恩了，不可着他在家守寡。"③ 又如戴明说的侧室胡氏在戊子秋戴明说以无辜之累对簿比部，胡氏誓长斋礼佛，戴明说完聚后益持诵专挚，谢铅华，淡俭乐施。在士人的家庭生活中，妾还是协助嫡妻操持家务的助手。岳正妾周氏在岳正为翰林编修时归岳正，以佐宋夫人馈事。岳正自翰内阁为权势所构，谪甘肃，宋夫人以法从戍。岳正母刘太夫人又老且病，周氏与嫂子陆孺人侍汤药，亲为扶掖，顷刻不离侧。刘太夫人感之，病且革口授遗教数百言，大半皆孺人事，令其孙婿庶吉士王瓒书之以贻岳正。④ 又如戴明说的侧室胡氏，攻织纴，一切丝麻布帛之务，虽微物必尽致极精微。教勉诸妾婢有加无妒，驭仆妇得大体。⑤

明代施行一夫一妻多妾制婚姻，妻妾在法律与礼制层面有着等级差异，妾视士人夫妻为太君主母。⑥ 在家庭生活中，妾要善事士人夫妻。如颜习斋的妾田氏："田名种宜，有女德，柔顺而正。事先生十八年，未尝一昵近，未尝仰首一视先生面也。事女君如慈母，死后数年，女君时时哭焉。"⑦ 戴明说的侧室胡氏事戴明说的母亲及妻子孝勤谨慎。戴明说为官，胡氏勤励夙夜佐戴妻鸡鸣寐旦之儆无倦色。在胡氏疾革之时她还谓侍妪曰："我身在报恩，太君主母有日，恐不可复。我渐长解事方堪策䇲，正

---

① 高朝英、张金栋：《杨继盛〈自书年谱〉卷考略（上）》，《文物春秋》2011年第2期，第61~72页。
② （明）范景文：《文忠集》卷7《先母马宜人行述》，第560~563页。
③ （明）杨继盛：《杨忠愍集》卷3《赴义前一夕遗属·愚夫谕贤妻张贞》，第675~676页。
④ （明）李东阳：《怀麓堂集》卷85《岳孺人周氏墓志铭》，第906~907页。
⑤ （清）戴明说：《定园文集·侧室胡氏墓志铭》，第76~77页。
⑥ 参见陈宝良《正侧之别：明代家庭生活伦理中之妻妾关系》，《中国史研究》2008年第3期，第123~144页。
⑦ （清）李塨：《颜习斋先生年谱》，第83页。

恐太君主母失我一左右劳瘁之人言念伤心耳。"① 妻妾共事一夫，士人希望妻妾关系融洽和谐，要求妻不悍妒，妾不专宠，双方相互谦让，在生活中，妻妾要分工合作，亲如姊妹。如高阳孙承宗仲兄孙敬思元配段孺人待妾王孺人慈爱有礼，而王孺人又善事段孺人，不啻段孺人事先太夫人。妾王孺人生三子，子性翩翩则王孺人之功为大，而终始拮据以大孙氏门阀则段孺人称内德。② 岳正妻宋孺人与妾周氏，不仅在岳正生前和睦相处，在岳正卒后，仍然礼均兄弟，有故家风范。③

明代士人对妾的记述不多，如有记载一般也是其为士人生子的情况，或者是孝勤谨慎侍奉士人夫妻、与嫡妻和睦相处的情景，多为一幅幅令人歆羡的家庭和乐图。但或许这只不过是士人的一种美好理想，或是士人生活中的少数典范例子，因为在写这些和美场景、妻妾之贤德时，士人往往在文中称一般妇人之性尤多妒忌，称贤达不妒的女子是闺中所不易得之人，或许士人家庭中妻妾间矛盾冲突才是常事。如杨继盛的《自书年谱》手稿中，从出生到七岁母亲曹氏去世基本是父亲杨富妻妾间矛盾的记录。

在杨继盛的笔下，父亲杨富的妻妾矛盾很尖锐，杨富的妻妾各自生有子女，杨富夸赞刚出生的杨继盛生而不凡，能改换门闾，光大宗族，就引起妾陈氏的忌妒。由于妻曹氏"性最柔善，通不敢语"，妾陈氏善妒专权，妻妾矛盾逐渐升级公开化，到杨继盛五岁时，竟到了要曹氏娘家兄弟干预告官以致分家别居的地步。在分家后矛盾仍然没有化解，陈氏还挑唆曹氏与长子儿媳的关系。父亲妻妾的矛盾导致杨继盛幼年的生活"狼狈孤苦"。④

杨继盛家世业耕读，父亲没有功名，只是一般殷实的富民，一妻一妾矛盾尚且如此尖锐，在一些富贵士大夫之家，家庭关系复杂，牵涉的家庭利益更多，妻妾间的关系或许更为复杂。有些士人家妻子早亡，妾甚而会恃宠无忌而害死嫡妻之子。如王氏为真定饶阳著姓，王命父文学举嘉靖庚子乡荐，令延津，后官行太仆丞。王命于嘉靖甲子举于乡，但久淹公车。

---

① （清）戴明说：《定园文集·侧室胡氏墓志铭》，第 76~77 页。
② （明）孙承宗：《高阳集》卷 17《明乡饮大宾义官仲兄再吾暨配段氏合葬墓志铭》，第 413~417 页。
③ （明）李东阳：《怀麓堂集》卷 85《岳孺人周氏墓志铭》，第 906~907 页。
④ 参见高朝英、张金栋《杨继盛〈自书年谱〉卷考略（上）》，《文物春秋》2011 年第 2 期，第 62 页。

王命先娶李氏卒，继娶李氏又卒，乃娶赵氏女为妾。王命与妻有子王亮芳，嘉靖戊子年入为博士弟子，后娶余继登次女。余继登在王命的墓志铭中记载了妾赵氏恃宠无忌害死王亮芳之事：

> 赵慧而善媚，既蛊君（王命），遂恃宠无忌，间窃君所藏金赂诸臧获，既久而中外臧获无非为赵者，生（王亮芳）惧伤君意不敢以告。但乘间言："古云朽木不可为柱，卑人不可为主，父何不立继也？"君领之，旋以语赵，赵大恚恨，始厚赂诸臧获为魇镇符不效，则市毒置食中以毒生与予女。予女食少但病卧，得不死。生食多病遂甚，不能言，然犹能于床褥间顿首指口求饮，赵禁不与饮，遂死。既死，而君不悟也。赵喜得计，益以厚赂潜纳他人弥月子为子，而君不悟也。君弟顺庵君为君备道其事，而君犹不悟也。比赵死前事悉露，检视藏金悉归乌有，盖君始悟而悔恨已无及矣。①

前文提到的高邑四家庄郭叙夫家，虽然是被赵南星称道的妻妾和睦相处的典范之家，但从申、李二人的墓志铭也可看到妻妾间无奈隐忍、并不完美的一面。虽是申孺人劝夫娶妾李孺人，在娶李孺人后申孺人劬心家务，旋旋矻矻如曩时，但申、李二人间的和睦是以妾李孺人事申孺人极恭谨、委曲求全得来的。虽如此犹有谗口界之者，李孺人只能绝不言，而癙忧熏心遂长有病。李孺人嫁到郭家逾年而生长子郭华伯。生的第一个儿子就被嫡妻申孺人直以为己子，李孺人只能若非己出。直到申孺人卒后，长子郭华伯才知自己是李孺人所生。郭华伯少时不知其非申孺人所生，在申孺人卒时郭华伯曾说："嗟？天乎夺吾母而付之庶母之手，吾其能活乎？"郭华伯的这一担心也从侧面说明申、李二人间非真正和睦。②

一妻多妾婚姻是中国传统社会长期存在的现象，明代士人作为社会上层人士，也多是一妻一妾或多妾。这种婚姻是畸形而不健康的，是传统男

---

① （明）余继登：《淡然轩集》卷6《凤翔令王君墓志铭》，第909~912页。
② （明）赵南星：《赵忠毅公诗文集》卷15《明故敕封文林郎朝邑县知县郭公暨配申孺人合葬墓志铭》，第447~449页；卷16《明敕封郭母李孺人墓志铭》，第489~490页。

权社会的产物。其以承嗣为冠冕堂皇的理由，但以无视女性的利益和尊严为代价。在明代士人的叙述中，士人似乎也看到了这种婚姻生活的复杂性。为了在现实生活中维持齐家的状态，士人希望妻妾通过努力提高自身的品德修养，以隐忍和主动谦让来换取妻妾的和谐融洽。在妻妾间发生矛盾时士人会将其归因于女人的嫉妒天性。其实这是一个包括社会制度、文化、历史、心理、经济等因素的复杂问题，并不能单纯靠伦理道德解决。

第三节　夫妇之情——以王崇简为例

王崇简是数以万计的明代士人中的普通一员，经明清易代的社会巨变，清朝时他仕途顺遂，与长子王熙曾先后任礼部尚书，成为清初汉官门第颇为显赫者。受礼法的束缚，明清士大夫的闺闱之事在个人的文集中大都只是偶有一二生活片段的记录。王崇简却是个颇具生活情趣、情感细腻的士人，家庭观念浓厚，重视亲情，重视家庭生活。在其诗文集、年谱中，王崇简或触景生情即兴写诗，或回顾人生、追忆往事，将整个生命历程中与一妻六妾的生活点滴记录下来，为我们提供了窥视明清之际士人一生夫妇生活的第一手材料。学界对王崇简的研究大多只关注到他在明清之际的际遇与诗歌创作。① 笔者梳理王崇简与妻妾的生活记录，深入其家庭生活，以期呈现明清之际王崇简与妻妾鲜活生动的生活图景。王崇简亲笔书写了自己与妻妾的情感与生活，他对夫妇生活、情感的体悟，对当时夫妇间伦理规范的看法，或明或暗、或深或浅地流露于字里行间。王崇简叙写家庭琐事的诗文承载了明清之际士人的家庭观念。

一　王崇简的生平

王崇简，字敬哉，顺天府宛平人，生于明万历三十年（1602），卒于清康熙十七年（1678）。为便于王崇简与妻妾生活的展开叙述，现通过其

---

① 参见刘仲华《明清之际一个普通士人的人生际遇——王崇简生平与出处》，《石家庄学院学报》2007年第5期，第61~66页；刘丽《王崇简其人其诗》，《阅江学刊》2009年第3期，第127~130页。

年谱、行状、墓表等传记资料,① 整理其生平,大概如下。

万历三十一年,王爵将两岁的王崇简过继给其弟王爱为嗣。王崇简三岁随父王爱到陕西任所,五六岁时父母就教他诵诗习字,他也自幼喜文好学,十三岁就想参加童子试。但他人生坎坷,七岁丧父,十四岁丧母,十六岁娶梁氏为妻。夫妇共同生活二十三年后,梁氏病卒。梁氏去世后,王崇简连纳三妾却都早逝。在明朝灭亡前的四十余年里,王崇简是个孜孜苦读、希望博得功名的普通士人。从他的自撰年谱看,从八岁出就外傅开始,直到崇祯十六年(1643)中进士,他的生活基本是在拜师问业、访友求学、庵寺苦读、不断应试中度过的。王崇简十七岁、二十岁、二十二岁三次参加童子试后才成为顺天府学附学生,二十三岁、二十六岁两应乡试后中举。从崇祯元年至崇祯十三年,十几年间王崇简五次应会试五次落第,直到崇祯十六年八月第六次参加会试,才终于以第145名考中,殿试三甲第282名,在户部观政,时年四十二岁。在明朝末年动荡混乱的社会中,王崇简是京城里一个汲汲于功名的读书人。但刚中进士不到半年,还未授官,明朝就灭亡了。

崇祯十七年,李自成起义军攻陷北京,王崇简携家眷避难吴越间。未几,清朝定都北京。顺治二年(1645),王崇简返京,顺治三年考选庶吉士,后授秘书院检讨,累迁国子监祭酒、宏文院侍读学士、詹事府少詹事,寻迁国史院学士,又擢为吏部右侍郎、左侍郎,最后升任礼部尚书,加太子太保。顺治十七年,其长子王熙加礼部尚书,以父子同列礼部尚书,引为盛事。是年王崇简得下血病,在顺治十八年解任调理,并于康熙三年以原官致仕。王崇简悠游林下凡十几年,康熙十七年患病,于同年十一月病卒,时年七十七岁,赐谥"文贞",入祀乡贤祠。

王崇简品性醇厚,为人处事谦谨和善,明清之际的文人名士都喜与他往来结交,如董其昌、吴伟业、龚鼎孳、孙承泽、宋琬、申涵光等人。他们或流连山水寺庙间,或雅集楼台亭园里,相互间诗文唱和。王崇简所作

---

① (清)王崇简:《青箱堂文集·年谱》,第553页;(清)汪琬:《尧峰文钞》卷21《光禄大夫太子太保礼部尚书王公行状》,《景印文渊阁四库全书》第1315册,台北:台湾商务印书馆,1986年影印本,第414~419页;(清)徐乾学:《憺园文集》卷32《光禄大夫太子太保礼部尚书诰赠太子太傅保和殿大学士谥文贞王公合葬墓表》,《四库全书存目丛书》集部第243册,齐鲁书社,1997年影印本,第273~275页。

之诗，或幽忧沉郁，或清新整丽，其为文则典雅翔实，见重当世。有《青箱堂诗文全集》《冬夜笺记》《谈助》等行世，还辑有《畿辅明诗》。王崇简还工于书画，且喜好收藏书画、古籍。

王崇简自顺治二年返京补官，十余年累迁至礼部尚书，仕途上一帆风顺，生活安逸，尤其致仕后的晚年，子孙绕膝，尽享天伦之乐。他的六个儿子也都相继入仕："长熙，保和殿大学士礼部尚书；次橩，桃源县知县；次然，广西布政使司布政使；次照，浙江金华道参议；次燕，贵州巡抚都察院副都御史；次默，刑部郎中。阀阅之盛，时无其比。"① 王崇简晚年能子孙满堂、家业兴旺，他的一妻六妾功不可没。《宛平王氏宗谱》卷3《本族宗支鉴定》中比较完整地记载了王崇简的妻妾及其子女的情况：

> 夫人梁氏，同邑人，抚治郧阳都察院右副都御史应泽第二女，万历三十年闰二月十八日生，崇祯十二年十月二十三日卒，年三十八，合葬公墓，赠淑人，晋夫人，又晋一品夫人，又晋一品夫人。副赵氏同邑人，明万历三十八年三月初三日生，国朝康熙二十二年十一月二十七日卒，年七十四，封宜人，赠恭人，晋夫人。周氏同邑人，明崇祯七年五月十五日生，国朝顺治十年十二月二十七日卒，年二十，赠夫人。田氏大兴人，年二十二卒。黄氏同邑人，年二十七卒。李氏，大兴人，年六十三卒。蔡氏，同邑人，年五十五卒。并葬公墓次。子六。熙梁夫人出，橩、然、照赵出，燕、默周出。女五。长适国子监博士安肃陈万策孙、锦衣卫堂上金书左军都督府都督佥事居恭子、安徽寿州州同承吉；次适太仆寺卿大兴张邦经孙、天启丁卯科举人永桢子、福建按察使弘俊；次适太仆寺少卿同邑米万钟孙、江苏沭阳知县寿都子、翰林院编修汉雯。并梁夫人出。次适张弘俊胞弟庠生弘佐，赵出。次适都察院右都御史吏部左右侍郎大兴孙承泽子、湖南岳州知府道林，田出。②

---

① （清）王士禛：《香祖笔记》卷2，《景印文渊阁四库全书》第870册，台北：台湾商务印书馆，1986年影印本，第399页。
② （清）王惺等纂修《宛平王氏宗谱》卷3《本族宗支鉴定》，清乾隆六十年（1795）青箱堂刻本。

通过宗谱中对王崇简一妻六妾记载的顺序和生卒年月的详略，明显可见在后世子孙心目中王崇简的妻妾有着地位高下之分。身份和生育子女的情况决定了她们在家族中的地位。梁氏生一男三女，因儿子王熙官至太子太保礼部尚书而诰赠一品夫人，又是正妻，地位最尊。妾赵氏生三男一女，妾周氏生二男，均以所生子为官而诰赠夫人，位居梁氏之次。妾田氏生一女，黄氏、李氏、蔡氏无子女，在宗谱中她们的生卒年月都未记载，地位又低于赵氏、周氏。王崇简与一妻六妾的日常生活是什么样，在王崇简的情感世界里她们的地位次序是否与其在家族中的一致呢？

二 王崇简对妻子梁氏的追思悼念

崇祯十二年十月二十三日，王崇简年仅三十八岁的妻子梁氏病逝。王崇简随即写了五首诗来抒发丧妻的悲痛：

（一）昼亦仍有日，夜亦仍有月。如何朝夕眼前人，容光一旦歇？

（二）物物经营心，事事笔墨迹。奈何委弃衣裳不复惜？

（三）十六为妇靡弗劳矣！二十三年式相好矣！

（四）吁嗟乎！天高其上，地厚其下。天地无情，使我与汝一死一生！

（五）我入自外，塞默哽咽。丝竹铩响，衾枕寂然。儿女遑惑，当食不食，当眠不眠，望其母来还。①

这五首诗是王崇简对妻子梁氏深厚情感的一种表达。王崇简"塞默哽咽"只因夫妻一生一死，生死相隔，永不得见。丧妻后的"衾枕寂然""儿女遑惑"更使王崇简思念"二十三年式相好矣"的梁氏。二十三年的共同生活，让王崇简追忆不已的是夫妻朝夕相处中梁氏"物物经营心，事事笔墨迹"的生活点滴。

在梁氏去世的第一年，王崇简压抑不住内心伤怀的情感，写下了很多情感真挚、凄婉的哀悼诗文。花红燕语的春日，"空闺春气至，白日照窗

---

① （清）王崇简：《青箱堂诗集》卷2《悼内》，第58页。

前"，王崇简"思乱恒多悔，忧深不识天"。① 荒店夜雨的旅途中，王崇简将丧妻的万端愁绪倾注笔端："微雨一灯照，潇潇空外音。人从今夕老，愁自去年深。"② 月凉影疏的秋夜，王崇简孤枕难寐，一首《多忆》满含对梁氏离世的不尽哀思："多忆愁难寐，无聊恒夜分。孤眠依故剑，灭烛想遗文。"③ 深秋月冷星高之夜，王崇简形影相伴，忽然梦醒，满目人去室空的凄凉场景，忆起与亡妻昔日相濡以沫的时光，难禁思妻之情："半生无契阔，一日竟成虚。……断肠当轩处，桐阴叶复疏。"④ 京城夜晚繁华热闹的街巷对丧妻的王崇简来说充满哀伤与凄凉，月影伴着楼钟与宫漏在凄凉之中倾诉着王崇简丧妻的悲愁和孤独："月影照不寐，孤情何所将。幽香怀燕寝，华烛忆私妆。风定楼钟细，星高宫漏长。愁人无意绪，街巷独彷徨。"⑤

王崇简在丧妻后的寻常日子里悲愁难寐，到了悼祭亡人的时节追忆亡妻，更是肝肠寸断。在十月朔寄寒衣之时，"不堪举首泪纵横，肠裂心摧恨未平。泉室有无知节序，寄衣果否到幽冥。寒云肃肃深秋色，残箨潇潇草木声。可记去年今日事，尚摧楮絮上先茔"。⑥ 梁氏去世后的第一个忌日，王崇简将丧妻一年的悲痛和哀念倾注于《亡室初忌》一诗："去年当此日，恻恻到于今。剩字含悲拾，遗红拭泪寻。怀深终夜梦，痛历四时心。何地幽魂在，寒风吹暮林。"⑦ 元夕之夜本该是灯火辉煌、游人如织、家人团聚的热闹佳节，但丧妻后的王崇简却："年来哭汝泪，嘉节倍难禁。儿女生前梦，琴书死后心。临灯无仿佛，对月但萧森。此夕知何夕，空闻漏响沉。"⑧

王崇简对梁氏的追思悼念不光在梁氏新亡之时，在王崇简后半生三十多年里不时撰写诗文追忆。琴断六七年后，王崇简对亡妻梁氏的思念依旧。顺治二年，王崇简流寓江南，远在他乡想起亡妻："谁说能忘却，思来泪满襟。镜空当日影，琴断六年音。龟茧持贫意，糟糠约己心。孤坟明月冷，狐兔可

---

① （清）王崇简：《青箱堂诗集》卷3《春日悼往》，第59页。
② （清）王崇简：《青箱堂诗集》卷3《旅夜雨》，第60页。
③ （清）王崇简：《青箱堂诗集》卷3《多忆》，第64页。
④ （清）王崇简：《青箱堂诗集》卷3《梦中月夜怀内作》，第63页。
⑤ （清）王崇简：《青箱堂诗集》卷3《月夜街步》，第64页。
⑥ （清）王崇简：《青箱堂诗集》卷3《十月朔日为亡室寄衣》，第64页。
⑦ （清）王崇简：《青箱堂诗集》卷3《亡室初忌》，第64页。
⑧ （清）王崇简：《青箱堂诗集》卷3《元夕怀内》，第66页。

无侵。"① 入仕清廷、官位荣显后王崇简依然难忘梁氏。顺治三年,本是高兴的观剧娱乐之时,王崇简作诗表达不能与梁氏共享优越生活的憾恨、愧疚之情:"灯前一夕事,梦里七年心。尚有衾裯泽,何闻琴瑟音。""歌后多兴感,伤心揾泪频。悲予有此日,愧汝是全人。"② 康熙五年,王崇简致仕在家,享受子孙绕膝的天伦之乐,忆起梁氏与自己共同生活的艰辛:"携手当良宵,高天月正午。相为伉俪缘,忻畅何栩栩。莫云连理枝,莫云双栖羽。慨叹糟糠人,半生徒辛苦。"③

梁氏是怎样的一个女子?为何在其去世后,王崇简后半生一直写诗追思,"眷怀永伤,未尝不若昨日亡也"?④ 为何即便在其离世三十多年后,王崇简依然"半生追悼即沾巾,况复秋来入梦频"?⑤ "情感是一个人对他生活中所发生的事情,对他所认识或所做的事情的内部态度的不同形式的体验。"⑥ 三十多年里王崇简在字里行间透出对梁氏的真情诚非虚文可具。

三 王崇简与妻子梁氏的生活

明清时期科举的强大魅力吸引着绝大部分士人走科举荣身之路,王崇简也不例外,与梁氏共同生活的二十三年,他一直在参加科考。王崇简七岁丧父、十四岁丧母,"怙恃无依,几废学,以室人叩难然后知困"。⑦ 1617 年王崇简与梁氏新婚,"英颖超举,气摄千人"的梁仲木来省其姐,梁氏对王崇简说:"吾弟今十四岁耳,善读书而能为诗,已数年矣!"王崇简"为之起敬。由是论文赓诗,逞逞逊谢不及"。⑧ 是梁氏称赞弟弟的话与梁仲木的才华激励因丧母而废学的王崇简重拾科举仕进的信心。1618 年王崇简十七岁,第一次应童子试未录,"始知问学求友"。梁氏在以后的二十多年一直陪伴着王崇简,在竞争激烈的科考路上给予他支持和慰藉。王崇简三应童子试,两应乡试,二十六岁中举。梁氏"无过喜之色,曰:'此

---

① (清) 王崇简:《青箱堂诗集》卷 4《忆亡室》,第 79 页。
② (清) 王崇简:《青箱堂诗集》卷 5《观剧怀内二首》,第 91~92 页。
③ (清) 王崇简:《青箱堂诗集》卷 21《观剧感怀二》,第 219 页。
④ (清) 王崇简:《青箱堂文集》卷 8《诰赠一品夫人梁夫人行状》,第 493 页。
⑤ (清) 王崇简:《青箱堂诗集》卷 24《梦赠一品夫人》,第 230 页。
⑥ 〔俄〕彼得罗夫斯基:《普通心理学》,龚浩然等译,人民教育出版社,1991,第 412 页。
⑦ (清) 王崇简:《青箱堂文集》卷 6《大士画像记》,第 409 页。
⑧ (清) 王崇简:《青箱堂文集》卷 4《梁仲木遗诗序》,第 359 页。

未足竟子之志也。'"让王崇简戒骄戒躁,继续努力。从崇祯元年至崇祯十二年梁氏去世,王崇简四次应会试四次落第,一再饱尝科举路上的落寞辛苦。梁氏则"无过戚之色",给王崇简以最大的信任和支持,鼓励他"遇自有时也"。直到去世前在病榻上,梁氏还对王崇简中第寄予殷殷期盼:"辛勤半生不得见子一日之得志命也,何如?"① 梁氏不仅直接支持和鼓励王崇简参加科举,更在日常生活中任劳任怨,一人操持家政,让王崇简安心举业、静心求学读书。梁氏"以澹约自持黾勉,有亡日必登记,且以治生纤啬非丈夫所宜知,予以故不孰何家事,得读书无内顾";嫁入王家前公婆就已去世,但梁氏"岁时修祀必躬涤濯羞骏烝,思慕若曾侍膝下";梁氏与王崇简的两庶母相处二十年,"未尝一失言色";迎养王崇简本生母焦太夫人,梁氏"瀹瀡襦缊之奉,笃敬倍至";王崇简喜欢与四方来京城的名士交结,梁氏"虽蔬食酒浆未尝不以时具"。② 梁氏在王家一直辛勤操劳,"至将革之前夕检点管钥",才交付王崇简。③ 正是梁氏"物物经营心,事事笔墨迹",④ 使王家"门内巨细秩秩"。⑤ 无怪乎在梁氏生前,王崇简在山中读书时给梁氏写诗谈说家事,称赞她"凭君门内事能闲"。⑥ 梁氏卒后二十余年,王崇简于顺治十八年修撰家谱,称赞梁氏的贤德,"予三十八岁前阃内事无一经意,三十八岁后阃内事无一如意,其贤可知矣"。⑦ 在梁氏去世三十二年后王崇简又撰写《诰赠一品夫人梁夫人行状》来书写、称赞梁氏的妇德,希望懿范子孙。王崇简夫妇在王崇简科举路上的生活记录展示了在明清士人科举仕进是家庭生活的主轴,科举中第是士人夫妻共同的心愿。夫妻作为人生伴侣,要共同面对科举路上的艰辛和坎坷,相互扶持、相互支撑。士人安心读书,妻子作为贤内助要治理家中一切事务,无私奉献。明清士人以科举中第、封妻荫子、光宗耀祖为荣。王崇简在梁氏去世四年后的崇祯十六年八月第六次参加会试终于中第,虽然在坎坷的科举路上实现了夫妻共同的心愿,而且入清后仕途顺遂官至礼部尚书,但未能给

---

① (清)王崇简:《青箱堂文集》卷8《诰赠一品夫人梁夫人行状》,第493~494页。
② (清)王崇简:《青箱堂文集》卷8《诰赠一品夫人梁夫人行状》,第493页。
③ (清)王崇简:《青箱堂文集》卷8《诰赠一品夫人梁夫人行状》,第493页。
④ (清)王崇简:《青箱堂诗集》卷2《悼内二》,第58页。
⑤ (清)王崇简:《青箱堂文集》卷8《诰赠一品夫人梁夫人行状》,第494页。
⑥ (清)王崇简:《青箱堂诗集》卷2《山居贻内》,第50页。
⑦ (清)王崇简:《青箱堂文集》卷12《家谱·内传》,第541~542页。

辛苦一生的妻子梁氏生前带来荣耀或许始终是王崇简心中的遗憾，因此王崇简在诗文中不时流露出不能与梁氏共享荣显后优裕生活的内疚之情。

在中国传统社会，婚姻者，合二姓之好，上以奉宗庙，下以继后世。王崇简与梁氏的婚姻很重要的目的依然是家庭子嗣的繁衍。据王崇简年谱记载，梁氏分别在1618年、1619年、1620年、1621年、1624年、1626年、1628年、1633年、1634年生育了九个孩子，"生四男子，存者熙。生五女子，一以痘殇，三适人，一将聘卒"。[1] 可见梁氏仅间隔一两年就生育一个子女，与王崇简共同生活的二十三年基本是在怀孕生育中度过的。因所生儿子夭折，梁氏在二十岁时还主动为王崇简纳妾赵氏。梁氏对赵氏"时为理筓栉，饰容止。妾将产，夜半澎雨，夫人趋视，止之不听也"。[2] 梁氏主动为丈夫纳妾、宽慈不妒、善待妾室也为王崇简大加称赞。王崇简夫妇共同承担生儿育女、教育下一代的重任，但在孩子年幼之时，似乎梁氏付出更多。在长子王熙刚出生时，梁氏"珍惜倍笃，虽有乳媪，恒亲自抱持不释也"。到其学走路时，梁氏"恐致颠仆，戒无置之地"。王熙四岁出痘，王崇简与梁氏"怜惜护视，不遑寝食"。[3] 梁氏不仅对孩子倾心疼爱，还以自己的才学教育他们，"子女五六岁即以《孝经》《论语》口授之；或深夜缝纫，子女环坐，为道古人言行之足法者；清昼之暇即令儿女鼓琴学字"。[4] 王熙回忆在五岁时母亲就教他《孝经格言》，六岁时教他《大学》《中庸》，还每日督他写字一幅。王熙回忆："伯仲二姊皆能读书识字，尝看予写字兼就余学琴，母夫人为色喜。"[5] 王崇简的长女在梁氏的教导下诗文琴画皆通："及六七岁，汝母即教汝《女儿经》，朝夕口中朗朗可听。我与汝母笑曰：'此女颖慧，惜不是男！'八九岁时，汝母教以写字，字即成行，教汝《孝经》《大学》，即成诵。及十岁娴女红，女红之暇即批阅《闺范》……旁及琴画，皆略知其意。"[6] 在王崇简的笔下，夫妇养儿育女的生活是繁重、平淡、琐碎的，但同时我们也可感受到王崇简与梁

---

[1] （清）王崇简：《青箱堂文集》卷12《家谱·内传》，第542页。
[2] （清）王崇简：《青箱堂文集》卷8《诰赠一品夫人梁夫人行状》，第493页。
[3] （清）王熙：《王文靖公集·年谱》，第738～739页。
[4] （清）王崇简：《青箱堂文集》卷8《诰赠一品夫人梁夫人行状》，第493～494页。
[5] （清）王熙：《王文靖公集·年谱》，第738～739页。
[6] （清）王崇简：《青箱堂文集》卷9《哭伯女文》，第517页。

氏在享受"骨肉之乐蔼然门内"的家庭温馨。①

　　王崇简与梁氏都出生于明后期京城里的诗书之家,两人的父亲都是万历年间的进士,从小都受过很好的家庭教育。王崇简五六岁时父母就教他诵诗习字,梁氏在幼年时和弟弟们一起读书,亦被父亲称赞"惜此女非男"。② 王崇简称,梁氏"幼承中丞公训,与仲木、公狄、析木诸弟偕学。及归余,俨一良友"。③ 王崇简与梁氏在原生家庭的熏陶下,都颇具文化修养。婚后夫妻两人亦有共同的兴趣爱好,志趣相投。王崇简喜读吕坤的《闺范》一书:"余尝慨明吕新吾先生《闺范》一书,实切闺教。"④ 梁氏嫁到王家后,亦"喜阅吕公坤所著《闺范》,或姑姒相聚辄为诵说,娓娓不倦"。⑤ 梁氏还"口授以教"女儿们,并希望王崇简重梓以"广为教妇女之助"。⑥ 王崇简喜欢买书、读书、藏书,梁氏把首饰卖掉支持他买回自己喜欢的奇书。⑦ 王崇简工于书画,《图绘宝鉴续纂》中称其"命笔立意,不落窠臼,真右丞逸致衣钵"。⑧ 梁氏也具有一定的笔墨书画修养,所画白描大士像被当时书画名家董其昌称赞不已,将她比于管道升。⑨ 拥有与王崇简相近的修养与才华,使梁氏在谦卑温和、贤明慈爱的普通主妇的基础上展现出了别样的风采,使她走进了具有文人情怀的王崇简的精神世界。夫妻因相近的修养与才华有了艺术品位,彼此欣赏,更使夫妇情感有了志趣雅合。梁氏窗前作画的情景成为王崇简对妻子最美好温馨的回忆。顺治二年王崇简流亡江南,作诗曰:"忆昔春和日,窗开花影前。笔轻空色相,□广静诸天。只可闺中奉,何堪史氏传。慈悲多护法,兵火或能全。"⑩ 数年后,王崇简又作《大士画像记》详述梁氏生前于春暖花开的日子作画的情

---

① （清）王崇简:《青箱堂文集》卷9《哭伯女文》,第517页。
② （清）王崇简:《青箱堂文集》卷8《诰赠一品夫人梁夫人行状》,第493~494页。
③ （清）王崇简:《青箱堂文集》卷6《大士画像记》,第409页。
④ （清）王崇简:《青箱堂文集》卷3《女鉴序》,第344页。
⑤ （清）王崇简:《青箱堂文集》卷8《诰赠一品夫人梁夫人行状》,第493~494页。
⑥ （清）王崇简:《青箱堂文集》卷3《女鉴序》,第344页。
⑦ （清）王崇简:《青箱堂诗集》卷2《卖珠易书》,第50页,崇祯八年,王崇简作诗曰:"闻有奇书落上方,归谋async解明珰。购来且向清宵坐,字字翻开明月光。"
⑧ 于安澜编《画史丛书》第2册《图绘宝鉴续纂》卷2,上海人民美术出版社,1963,第33页。
⑨ （清）王惺等纂修《宛平王氏宗谱》卷5附载《董文敏公题大士像一则》文中有:"京师王敬哉内子善画大士像,盖管夫人之流亚也。"清乾隆六十年（1795）青箱堂刻本。
⑩ （清）王崇简:《青箱堂诗集》卷4《忆亡室白描大士董玄宰年伯有题语》,第80页。

景及其甲申之乱后大士像失而复得的惊喜。① 梁氏所画白描大士像因书画名家董其昌的赞誉题语而成为家族重要的文化财富和家族荣耀，载于族谱，为子孙代代相传。其更为王崇简倍加珍视，妾田氏、季女也因能临摹梁氏遗笔略能仿佛，颇得王崇简钟爱。

梁氏病卒后，王崇简在自撰年谱中记载道："梁夫人贤而有礼，阃内之务调理咸当，二十三年予并不经理。迨其殁，予始知拮据之艰。病革嘱予娶继室，予感伤无已，矢不复娶。"② 梁氏死后，王崇简虽然先后纳妾五人，却再未续娶。梁氏能让王崇简官位荣显后仍然不断写诗文追思悼念，除了梁氏"贤而有礼"，又有才情的个人因素外，或许还和王崇简的人生经历有很大关系。王崇简七岁丧父、十四岁丧母，在其"怙恃无依"之时，十六岁娶梁氏为妻，梁氏温柔贤惠、与之情趣相投，有这样的女子为妻相依、相伴、相助，这给失去亲人的王崇简以及时的心理慰藉。王崇简与梁氏在共同生活的二十三年里，两人在科考路上相互信任扶持；在日常生活中孝养亲长，抚育子女；两人还志趣相投，读书作画。在王崇简的笔下，其夫妇生活没有刻意营造的浪漫艳情，更没有感人肺腑的话语，有的只是春日里在家园笑看子女逐蜂折花，③ 于饭后之暇、窗晴几净时和妻子展纸作画，在夏夜里与妻子一起坐听儿女弹琴。④ 王崇简夫妇在平淡的生

---

① （清）王崇简：《青箱堂文集》卷6《大士画像记》记文如下：余室人梁氏幼乘中丞公训，与仲木公狄、析木公诸弟偕学。及归余俨一良友。余幼遭悯凶，先大夫、先淑人早逝，怙恃无依，几废学，以室人叩难然后知困。忆读书宜轩时，饭后翻阅卷帙，室人见昔人大士像，学临之，即得其笔意，然不欲多画，恐闻见人间也。窗晴几净时，余强之再，偶一属笔，终不欲多画。一日董思白先生过斋中，见之称善，因题云于一毫端现宝王刹向针锋里转大法轮。既而复题一卷，易一像去，岁在乙丑（1625）。室人绝不复作。追己卯亡后仅遗二像，一成轴，一尚未装。甲申寇祸，余流离南奔，先人万卷遗书无半楮存者。乙酉冬杪余归，偶从马上见其帧于市，购得悲喜如梦。因念思白先生题卷不可得，刘雨若适以当日摹勒初榻见贻，惊若天合。熙儿请再摹之石，亦存其母遗之永思也。构小楼龛以奉之，而刻石壁上，时戊子仲秋也。妾田氏临室人遗笔略能仿佛，妾今亦亡。第409页。
② （清）王崇简：《青箱堂文集·年谱》，第553页。
③ 王崇简在崇祯初年曾作《春园》诗三首，诗中有"最怜幼女多奇好，笑指人攀高处枝"及"隔径履声鸣历历，逐蜂稚子折花归"的诗句。（清）王崇简：《青箱堂诗集》卷1《春园》，第44页。
④ 崇祯十二年，王崇简作《夏夜听儿女弹琴》一诗："吾家有娇女，志气多清沉。日长刺绣间，端坐理素琴。小弟年十二，弦诵及古今。姊弹声和穆，弟弹气肃深。触挽各如志，弦弦父母心。月明帘影静，良夜永徽音。"（清）王崇简：《青箱堂诗集》卷2《夏夜听儿女弹琴》，第58页。

活中相互恩爱，和谐相处，共同谱写出美好的生活乐章，形成了亲密的夫妻关系。这些人们再熟悉不过的夫妻日常生活情节，很难引起生活在和平安乐社会的人们的注意，但在明清之际这样一个动荡不安的历史时期，王崇简实现了"亲健家安无异愿"①，家庭生活的幸福与温馨成为王崇简经历明清易代战火后最珍贵的记忆。

四 王崇简与妾室的生活

王崇简一生中除了娶妻梁氏，还纳妾六人。明清时期人们纳妾的原因，郭松义先生总结为五个方面：一是地位和权势的象征；二是生育子嗣、繁衍后代；三是协助处理家务；四是夫妻关系不好，娶妾以缓和矛盾；五是贪恋美色，满足肉欲。② 王崇简为何一生纳妾六人之多？王崇简与她们的情感生活又如何呢？

从《宛平王氏宗谱》卷3《本族宗支鉴定》中记载的王崇简的妻妾情况可知，妾赵氏在家族子孙心目中的地位仅次于王崇简的妻子梁氏，为六妾中地位最尊者。那么在王崇简的情感生活里赵氏是六个妾室中地位最高、最受宠爱的吗？综合《宛平王氏宗谱》与梁氏的行状可知，赵氏（1610~1683），宛平人。因梁氏所生子女接连夭折，天启元年（1621），十二岁的赵氏被买为妾。赵氏从十二岁到六十九岁与王崇简共同生活了五十七年，在王崇简去世五年后七十四岁时才去世。赵氏是王崇简最早纳的妾，是妻妾中与王崇简共同生活时间最长、生育儿子最多的人，但在王崇简的情感生活里赵氏或许并不被王崇简重视。王崇简对赵氏的直接记载只有其生育子女的情况，他在家谱内传中称赵氏是梁氏"二十岁所买妾"，梁氏在世时"产男一、女一，男不育，今产三男橚、然、照"。③ 在王崇简自撰年谱中也只记载赵氏崇祯八年（1635）生一女，崇祯十五年十二月生男橚，顺治四年（1647）九月生男然，顺治七年二月生男照。赵氏的情况我们只能在王崇简的诗文中间接地了解到一些。赵氏或许来自贫苦之家，根本不会打扮自己，因为梁氏还给她"理笄栉，饰容止"。④ 赵氏到王家十

---

① （清）王崇简：《青箱堂诗集》卷1《春园一》，第44页。
② 郭松义：《伦理与生活——清代的婚姻关系》，第350~370页。
③ （清）王崇简：《青箱堂文集》卷12《家谱·内传》，第541~542页。
④ （清）王崇简：《青箱堂文集》卷8《诰赠一品夫人梁夫人行状》，第493~494页。

多年后才生第一个孩子，在临产之时，"夜半澍雨"，梁氏要去探视，王崇简却劝止梁氏。① 从此事可见赵氏在王崇简心目中远逊于妻子梁氏。梁氏去世后，王崇简在崇祯十三年写诗悼怀："死不复生，如梦已失。谁云不知，我怀不一。思从中来，如月如日。岂无他人，匪我同室。"② 此"匪我同室"之人当指赵氏，因为此时王崇简还未纳妾田氏，身边只有赵氏一人。王崇简在妻子去世后，认为身边唯一的妾赵氏"匪我同室"，可见在王崇简心目中赵氏不能与其在情感与精神上沟通。崇祯十七年李自成攻占北京，王崇简的"两妾、儿妇及两幼女、儿橒避于家人王风亲家"，李自成带兵去山海关后，王崇简入城，"携一妾一女一媳乘乱出城。一妾一女一男避之家人王玉家，未及偕行"，直到在文安县纪克明家暂时安顿下来后，王崇简才"接取未出城子女"。③ 据王崇简长子王熙自撰年谱记载："五月朔，文贞公携余及庶母田、余妇金、一幼妹乘乱出城……七月，文贞公遣人接取前留在京庶母赵宜人及一幼妹至文安。"④ 在战乱之中，王崇简将与其生活了二十多年的赵氏及其子女留在京城两月之久，而将崇祯十三年冬刚纳的妾田氏与长子王熙夫妇紧携身边，可见赵氏在王崇简心目中地位不仅远逊梁氏，甚至不及刚入门的田氏。

　　王崇简的第二个妾田氏（1627～1648），大兴人，纳于梁氏去世后一年，是年十五岁。田氏与王崇简共同生活了八年，1644～1645年随王崇简流亡东南地区，王崇简称："甲申寇变，随予流离备历艰辛"，⑤ "流离相偕，万死一生"。⑥ 田氏在顺治四年（1647）正月生一女，第二年七月病卒，王崇简很悲伤，写了《悼妾》《中秋感怀》《题亡妾灵几》《季夏感昨岁亡妾病中事》等诗追悼。田氏给王崇简留下了"犹记当轩理素纨"⑦ 的美好记忆。在崇祯十七年的战乱之中，王崇简将田氏紧携身边，赵氏与其所生子女却被留在沦陷的京城，可见王崇简喜爱田氏远胜赵氏，或许除了田氏年轻貌美外，还在于田氏略有仿佛梁氏的才气，其能临摹梁氏的白描

---

① （清）王崇简：《青箱堂文集》卷8《诰赠一品夫人梁夫人行状》，第493～494页。
② （清）王崇简：《青箱堂诗集》卷3《怀内》，第59页。
③ （清）王崇简：《青箱堂文集·年谱》，第555页。
④ （清）王熙：《王文靖公集·年谱》，第743页。
⑤ （清）王崇简：《青箱堂文集》卷8《侧室黄氏墓志铭》，第480～481页。
⑥ （清）王崇简：《青箱堂文集》卷12《家谱·内传》，第541～542页。
⑦ （清）王崇简：《青箱堂诗集》卷6《悼妾四》，第104页。

大士像。① 田氏病卒后，王崇简于当年十二月纳周氏为妾。周氏（1634～1653），宛平人。王崇简将周氏与田氏并称，说她们都是"明智女子"。②周氏与王崇简共同生活了五年，在顺治九年十月生子王燕，顺治十年十二月生男王默，以产后遇寒，病三日卒。在周氏去世后的一年里，王崇简亦写了很多诗来追思周氏：《悼妾周姬》的长诗抒发了佳人早逝、幼子无母的悲痛，及人生无常的感慨；③ 路过周氏的礼佛楼下听到磬声，入室看到悬挂的周氏遗像，都禁不住想起与周氏如梦般的五年相处，希望月下香魂来见；④ 在夏雨连宵之时，听着雨打芭蕉，王崇简忆起去年与周氏"共坐小轩东"的时光；⑤ 由于周氏病亡，王崇简充满了伤心和惆怅，本该热闹快乐的元宵佳节也没了节日气氛，匆匆而过。⑥ 到了清明、中元这样的悼亡时节，王崇简更是"徒叹芳辰至，翻增百绪生"，⑦ 幻想着周氏能有清魂来聚。⑧ 由诗文可见，周氏在王崇简的日常生活和情感世界里占有重要地位。梁氏去世后，赵氏不为王崇简所喜，纳妾田氏、周氏这样有才智的女子或许填补了王崇简在丧妻后情感和精神上的空缺。

---

① （清）王崇简《青箱堂文集》卷6《大士画像记》一文中记载："妾田氏临室人遗笔略能仿佛，妾今亦亡。"第409页。
② （清）王崇简：《青箱堂文集》卷8《侧室黄氏墓志铭》，第480～481页。
③ （清）王崇简：《青箱堂诗集》卷8《悼妾周姬》，第135页。
④ （清）王崇简：《青箱堂诗集》卷9《亡妾礼佛楼下闻磬》一诗："逶迤楼径接重轩，绣佛居中日闭门。经字不堪翻贝叶，磬声无奈遇黄昏。垂帘灯影留余想，倚槛花枝识故痕。果否皈依情商在，珊珊月下有来魂。"第135页。卷9诗《睹周妾遗像》："入室人如在，伤心遗像悬。素怀难向说，幽意复何传。惝恍非临镜，依稀岂各天。花枝仍照户，香散故窗前。"第136页。
⑤ （清）王崇简《青箱堂诗集》卷9《雨后感怀》："绣幕培芳兰，讵云胜霜雪。数载袭幽馨，岂忍成摧折。矧我同心人，何堪忽死别。去夏雨连宵，中怀相向说。此夕揽薄衾，滴沥增凄咽。宛转念今昔，柔肠几欲绝。目张耳复鸣，孤灯半明灭。"第136页。卷9《难忘》："时雨当宵歇，开帘值好风。无言如有待，孤兴与谁同。窗月依然白，榴花何复红。难忘昨岁事，共坐小轩东。"第138页。卷9《雨夜》："雨急雷殷云欲垂，芭蕉声乱倍凄其。何期今夕幽窗下，愁忆昨年坐对时。"第138页。
⑥ （清）王崇简《青箱堂诗集》卷9《元宵后感怀（周妾新亡）》诗："春来忽忽上元过，无奈伤心触目何。缥缈彩云眼底化，依微落月梦中多。那堪更秉兰闱烛，不独难听锦瑟歌。惆怅莫知嘉节去，梅花依旧满残柯。"第135页。
⑦ （清）王崇简：《青箱堂诗集》卷9《清明》，第136页。
⑧ （清）王崇简《青箱堂诗集》卷9《中元过大佛寺亡妾厝所》诗："禅宫邃阒锁秋阴，孤榇萧条小院深。倘是清魂真有在，何堪夜月满空林。""荒烟澹霭冷斜晖，寂寞闲阶秋草肥。伫立欲归回首处，双双蛱蝶向人飞。"第139～140页。

黄氏（1636~1662），"家世良贾，姻亲多士绅"，是家中的长女，顺治十一年（1654）十九岁时被王崇简纳为妾。这年已五十二岁的王崇简生活面临很大的困境，妾田氏、周氏接连早逝，田氏留下年仅六岁之女，周氏遗下"一岁余、一甫生"的二子，需要年已垂暮的王崇简来抚育。① 黄氏以其美丽、聪慧、干练，很快让王崇简的生活发生了变化，王崇简纳黄氏为妾后，"不数月而予门内诸务井井在其胸中，子女无母而有母矣。亡何予复滥入仕路，朝暮出入衣服膳盥无不时具。而伏腊蘋蘩，姻族往来，细及米盐丝枲皆综理咸宜，而臧获循循有条理矣。间与之语，无不先获余心者。念昔夫人时，予不知有家务，自夫人亡后，垂十数年今复得如夫人时，心窃幸之"。② 妻子梁氏生前处理家中一切事务，在去世后家政无人掌管，生活无一如意。在纳黄氏为妾后，黄氏侍奉王崇简起居，处理家中柴米油盐、迎来送往的日常琐事，抚育年幼的子女，把家治理得井井有条，王崇简又过上了如妻子梁氏在世时一样不为家事操心的舒适生活。在黄氏去世后，王崇简忆起的多是黄氏无微不至的照顾："夜深愁唤茶汤饮，无复传催侍女声"，③ "出纳经营事，朝昏应接时"。④ 黄氏不仅有才，且有德，在王家处处办事妥帖、恭慧有礼：对去世的梁氏朔望必行祭拜；对王崇简的督责"八年来无一言之忤"；"处嫡子、冢妇以诚以礼，待众子无异所养子"，王崇简的子女无一是其所生，但对每一个都"恩勤备至"。黄氏在病后"不能饮食，勉强行立"，为了不让王崇简担忧，"言笑如平时"。到病殁之前，黄氏"深秋迷眩几绝复苏，入冬眩绝者再，而肢体浮肿不能起"，仍然"戒人勿使予（王崇简）知病之深"。⑤ 黄氏以自己的德行赢得了王崇简的钟爱，王崇简把她与妻子梁氏相比，称她"才而贤又宛如夫人矣"。⑥ 黄氏在与王崇简八年的共同生活中，在才能和德行上都如梁氏一般，虽然并没有为王崇简生育子女，但在王崇简的实际生活和情感世界里，她以自己的无私奉献，取得了仅次于梁氏的地位。和梁氏一样，她对

---

① （清）王崇简：《青箱堂文集》卷8《侧室黄氏墓志铭》，第480~481页。
② （清）王崇简：《青箱堂文集》卷8《侧室黄氏墓志铭》，第480~481页。
③ （清）王崇简：《青箱堂诗集》卷17《夜坐感怀和五弟见慰》，第201页。
④ （清）王崇简：《青箱堂诗集》卷18《新岁怀黄侧室》，第202页。
⑤ （清）王崇简：《青箱堂文集》卷8《侧室黄氏墓志铭》，第480~481页。
⑥ （清）王崇简：《青箱堂文集》卷8《侧室黄氏墓志铭》，第480~481页。

家庭的贡献被载于王崇简的年谱。王崇简还给她写了远多于田氏、周氏的悼亡诗，①并亲撰墓志铭详记其言行。王崇简在墓志铭中这样总结黄氏的一生："貌晰而妍，性慧而贤，子不失恃，阃职是专。克绍前徽，静好罔愆。日者昔言，厄三九年。何其不幸，其言卒然。尔亡我老，彼苍者天，夫人之侧，尔永安焉。"②在黄氏去世后，王崇简安排了妾田氏、周氏、黄氏安葬的次序，黄氏"与夫人墓联左下丈余。黄氏次周氏，周氏次田氏"。③古人事死如事生，妾死后离王崇简墓的远近反映了其在王崇简实际生活和情感世界里的实际地位次序。

郭松义先生认为，明清相当部分的官宦富家纳妾有一原因，"只是为了贪恋美色，满足肉欲"，在论述中郭先生把王崇简纳妾屠氏和蔡氏作为老翁纳少女，贪恋美色又虚伪忏悔的特例。④在现有文献中笔者能够找到的关于屠氏、蔡氏的记载只有王崇简在自撰年谱和《宛平王氏宗谱》中的内容，从中可知，李氏为大兴人，屠氏乃其母再嫁之姓，其本姓李。王崇简在黄氏去世后康熙二年（1663）纳李氏为妾，王崇简认为"以六十二岁尚纳少女，此晚年自咎之一端也"。在康熙三年四月生女，第二年女痘殇。⑤蔡氏为王崇简房中侍女，因和王崇简朝夕相处，于康熙八年三月十六日为六十八岁的王崇简生女，次年正月女痘殇。蔡氏生女时，王崇简解释说："平生房中侍女年长皆以处女嫁之，此以朝夕左右乃留之房中。岂老年所宜为者？是又晚年自咎之一端。"⑥王崇简六十多岁纳少女为妾，难脱"贪恋美色，满足肉欲"的责难。郭松义先生认为，王崇简"一方面是贪恋美色，不顾老年体弱，还要买妾玩婢女，可另一方面总觉得不光彩，怕人背后指责他，故又自己骂自己。王崇简的做法，反映了某些绅衿道学家的虚伪心态"。⑦王崇简不仅在纳李氏、蔡氏时认为老年纳少女不宜，在

---

① 在黄氏去世后一年里王崇简分别写了《月夜悼侧室黄氏》《夜坐感怀和五弟见慰》《除夕》《新岁怀黄侧室》《宵感》《夜雪感怀》《春感》《清明郊感》《午日》《夏日遣怀二首》《夏日感怀》《中元雨夕小饮》《中秋忆侧室黄氏》《独坐》《秋夜》等诗悼怀黄氏，远多于追悼田氏、周氏的诗。
② （清）王崇简：《青箱堂文集》卷 8《侧室黄氏墓志铭》，第 480～481 页。
③ （清）王崇简：《青箱堂文集》卷 8《侧室黄氏墓志铭》，第 480～481 页。
④ 郭松义：《伦理与生活——清代的婚姻关系》，第 362～370 页。
⑤ （清）王崇简：《青箱堂文集·年谱》，第 559 页。
⑥ （清）王崇简：《青箱堂文集·年谱》，第 560 页。
⑦ 郭松义：《伦理与生活——清代的婚姻关系》，第 370 页。

五十二岁纳黄氏为妾时也认为:"予年已五十有二矣,复纳女非所宜。或言黄氏女淑慎,年十九未适人,长女宜能抚幼子。予以年垂暮,迟回久之,始纳焉。"① 王崇简纳少女为妾、收纳房中侍女时的迟疑、自咎、忏悔,或许正记录了曾任礼部尚书的王崇简在家庭生活的现实需要、自己的情欲需求与他所恪守的儒家正统礼法观念之间的挣扎。王崇简一生一妻六妾,可以说是妻妾成群,但从王崇简娶妻纳妾的时间、每个妻妾与他共同生活的时间,我们会发现,王崇简不管是在明末作为普通士人时,还是到清初官位显赫时,与其同一时间一起生活的妻妾只有一人或两人。在1669年到1678年间王崇简虽然与三个妾赵氏、李氏、蔡氏共同生活,但1669年妾赵氏已经六十岁,因此1669年到1678年间侍奉在王崇简身边的应该只有年轻的妾李氏和蔡氏。入清后王崇简官至礼部尚书,身边侍奉起居的妾最多两人,并不比明末作为普通士人时多,相对来说应该是属于可以控制自我欲望而非贪恋美色、荒淫之人,其纳妾也不存在讲排场、显示自己的地位和权势之说。

在社会动荡的明清之际,作为士人群体中的一员,王崇简在诗文集中零碎地镶嵌了个人生活史中与妻妾的一些生活片段,将这些片段进行整理,连缀成线,可以描摹出王崇简夫妇生活的大概轮廓。王崇简与妻子梁氏门当户对,年齿相当。他们从小接受儒家正统的伦理道德教育,在家庭生活中,他们将儒家的礼法规范内化为自己的行为准则。在明清这个科举兴盛的社会,王崇简作为士人读书交友、科举仕进,梁氏处理家政,把家庭作为展示其生命意义的舞台,实践着中国传统社会儒家伦理中"男主外、女主内"的性别分工。夫妻两人在二十三年的共同生活中,共同承担生活的重负,根据自己在家庭中的角色定位,按儒家伦理道德的要求,规范行为,恪守本分,各尽自己的责任和义务,以平和的心态对待生活,共同构建起一个幸福温馨的家。生活是生命的展开过程与形式,人的生命展现于生活中,人的情感来自对自己生活的理解和体验。夫妻两人以相近的修养和才情在平淡的日常生活里相濡以沫。王崇简夫妇的夫妻相处之道,或许是现代社会所倡导的"平平淡淡才是真"的家庭生活模式的最好诠释。

---

① (清)王崇简:《青箱堂文集》卷8《侧室黄氏墓志铭》,第480~481页。

在传统的礼法社会之中，对饱受儒家道德思想浸淫的士人来说，在家庭生活中夫妻琴瑟和鸣、妻妾和美是理想的生活状态。但通过王崇简诗文中对其妻妾的记录，这样的生活需以女性单方面对丈夫家庭的无私奉献为代价，梁氏、黄氏两人就为此积劳成疾，生命短暂。妇顺夫义是传统儒家夫妻伦理关系的理想境界。王崇简在梁氏去世后以"誓不再娶"作为自己对妻子"义"的表现，但仅仅停留在为梁氏保留唯一妻子的空洞名分之上，可见在明清士人对名分的重视。王崇简与妻妾的生活只是明清之际千百万个士人家庭生活的沧海一粟，但通过对其进行探究我们可以窥见当时士人妻妾生活的具体风貌，也可加深对明清之际士人家庭观念的理解。

在中国传统社会，女性多无声地存在于历史中，更由于传统社会家庭生活的私密性，明清史学界多通过笔记小说研究士人与妻妾的生活。王崇简能留下如此之多的与妻妾日常生活的记录，在明清士人中难能可贵，而且他把与妻妾的情意写得克制含蓄，也留给了我们很大的想象空间。王崇简身为士大夫，虽然有着中国传统儒家礼法文化的基本立场，但也有自己的取舍。他记录下了夫妇之情及与妻妾生活的片段，虽然这些记录多有王崇简记忆选择的美化，但借此我们可看到明清之际士人夫妇生活比笔记小说更加符合历史实际的一面。将王崇简与妻妾的生活放归其个人生命历程中进行考察，我们也可看到实际的日常生活中明清士人的家庭生活态度。

* * *

夫妇乃人伦之始，正家之道始于谨夫妇。明代士人亦很重视作为人伦之始的夫妇关系。男女通过婚姻开始一起生活。明代讲究男女婚嫁以时，明代士人家庭男女结婚的最佳年龄在十五岁到二十四五岁之间。婚姻的缔结完全靠父母长辈来决定。明代科举政治完全在政坛上占据了主导地位，士人多在门第相当的阶层内部缔姻，同窗、同年、同僚的年谊也是士人缔结婚姻的重要考虑因素。士人为了在科举及第方面保持长久的优势，在积极督导自家子弟向学应举、在士人内部结亲的同时，家长们还将目光瞄向周围，才学优异、极具中式潜力的贫寒少年也被纳入缔结婚姻的范围。总之，在明代科举兴盛的社会背景下，士人缔结婚姻的首要标准是为官与科举成就，士人被重视的才德也以科第为旨归。经士人慎重选择而缔结的婚姻使得姻亲交往密切，这不仅扩大了士人家庭的活动范围，也增强了家庭抵御变故的能力。

明代士人在科举仕进生涯中，其妻子在家庭生活中扮演着重要角色，孝敬公婆，相夫教子，操持家政，和睦亲戚邻里，辅助士人科举仕进。在日常生活中士人夫妇建立起相扶以生的夫妻感情。为了士人家庭、家族的长远发展和根本利益，丧妻后，士人多根据自己的实际情况做出是否续娶、续娶什么样的人的选择。士人的妻子在丧夫后一般会守节抚孤，延续夫主宗祀命脉与一生事业，使家族世代传衍下去。明代士人多以承嗣为冠冕堂皇的理由，施行一妻多妾的婚姻。这种畸形而不健康的婚姻形式，以无视女性的利益和尊严为代价。为了在现实生活中维持士人齐家的状态，明代士人希望妻妾通过努力提高自身的品德素养，以女性的委屈隐忍和主动谦让达到妻妾的和谐相处，但在家庭生活中妻妾间发生矛盾是很难避免的。从王崇简夫妇生活的个案，我们也能看到明代士人婚姻生活的复杂性。

结　语

家庭研究并不是一个新颖的选题，关于明代家庭，学界已有的研究成果多是从不同的角度切入，研究其中的某一个问题或某个侧面。本书在借鉴已有研究成果的基础上，将明代京畿士人置于家中最重要的父子、兄弟、夫妇关系中，尽可能深入细致而全面地呈现科举仕进中明代京畿士人家庭生活面貌的阶层性特征。本书之所以选择明代京畿士人的家庭生活作为研究主题，乃是基于以下考虑。第一，人乃构成社会之本，而家庭是人无可逃避的生活空间。可以说家庭在中国传统社会处于真正的中心地位，家庭生活的研究是解读中国传统社会与文化的一把钥匙。第二，儒学是中国传统文化的主流。士人是中国历史上的知识阶层，向上可以影响统治者的决策，向下可以引导民众的生活，他们是传统社会最为活跃、举足轻重的一个阶层。士人是儒家文化的主要承担者和倡导者，更是传承儒学与实践儒家伦理道德的主体。宋以后随着科举制度的日益完善和普及，儒家的伦理教化实践也日渐下移，这也使家庭日益成为儒家伦理道德实践的试验田。明代科举处于鼎盛时期，在明代可以读书业举的人范围广泛，朝廷将儒家经典四书五经作为考试内容，这使得儒家修身、齐家、治国、平天下的思想在明代大为普及，并成为明代士人的人生理想。梁启超曾总结北学的精神称："北地苦寒硗瘠，谋生不易，其民族销磨精神，日力以奔走衣食，维持社会，犹恐不给，无余裕以驰骛于玄妙之哲理。故其学术思想，常务实际，切人事，贵力行，重经验，而修身齐家治国利群之道术最发达焉。"[①] 梁启超总结的北学精神正是中国信奉儒学的正统士人的精神。明成祖迁都北京后，北京成为国家都城，成为国家政治生活的中心，也成为全

---

① 梁启超：《饮冰室文集全编》卷1《中国学术思想变迁之大势》，广益书局，1948，第167页。

国各地士人的汇集之地。过去有关明代士人的研究，主要关注商品经济繁荣的南方地区，而对生活于北方的京畿士人却长期缺乏研究。笔者对明代京畿地区士人家庭生活进行研究，是希望为北方士人生活状态的研究提供例证。同时明代京畿地区为国家核心统治区，京畿士人伦理道德观念大多受社会主流意识形态主导，因此思想观念较为正统。所以京畿士人更具有明代士人的一般性特点，明代京畿士人的家庭生活在一定程度上能够反映明代士人家庭生活的基本状况。故本书以明代京畿士人的碑传资料为中心考察明代士人家庭生活的基本状貌。本书并没有较多关注士人家庭生活中那些为朝廷旌表的至孝、贞节等极端的现象，而是尽力着重于士人家庭日常生活的经营和维系，希望能呈现出明代士人具有普遍意义的家庭生活状态。

通过本书的梳理，我们可以看到明代京畿士人家庭生活具有以下几个方面的特征。

明代士人作为儒家文化的主要承担者和倡导者，在家庭生活中秉持着齐家的理想，希望在家庭生活中落实儒家的伦理思想以便达到"父子笃，兄弟睦，夫妇和"[①]的和谐生活状态。明代京畿士人以加强自身修养为起点，以调节和规范父子兄弟关系的孝悌之道为核心，在家庭生活中要求家庭成员间各守本分，通过"正伦理、笃恩义"，做到父慈子孝、兄友弟恭、夫义妇顺，从而过上"有亲""有别""有序"的家庭生活。明代京畿士人作为明代社会拥有知识文化的精英阶层，传承儒家文化，在家庭生活中落实儒家的伦理道德，他们还将这种齐家的文化通过家训传给子孙后代，以期家风不坠，家道昌隆，使家族世代绵延兴盛下去。

明代是中国科举的完善鼎盛时期，明代士人的社会地位不再是由出身决定的社会等级，而是基于自身在科举上取得的功名以及社会上取得的成就。明代士人要保持家道兴旺，实现治国、平天下的人生理想，没有太多选择的空间，科举入仕是唯一正途。明代士人自呱呱坠地那一刻起，就被父祖寄予科举中第、光耀门楣的期望。为了在科举考试的激烈竞争中脱颖而出，出人头地，士人需要所有家庭成员的配合和支持。明代京畿士人童

[①] （汉）郑玄注，（唐）孔颖达疏，李学勤主编《十三经注疏·礼记正义》卷22《礼运》，第711页。

蒙之时多由父祖辈督课训诲，发蒙读书。士人弱冠之后出外问学、参加科举，更是需要父母、兄弟、妻子等家人都参与进来，他们或是经营家业为士人提供物质上的资助，或是陪伴佐读、安慰鼓励，给科举应试漫漫征程中的士人以精神上的支持。士人一旦科举中第、入仕为官，也会为家人带来各种现实利益和荣耀。但是并不是每个士人都能在科举之路上成功，现实是绝大多数士人困顿场屋，或因现实生活的无奈放弃业举仕进。这些举业不得志的士人多把自己实现不了的理想寄托于下一代，让自己的子孙去实现。明代京畿士人让子孙承己志、兴家业的愿望，使其在生育观念上有浓厚的男嗣情节，在教育上重视子孙读书、治学、为人、处世的训导。

明代是一个缺乏个人社会保障的时代，个人很难脱离家人而独立存活。家庭是人与人相互依存生活的最基本的共同体。明代科举竞争激烈，在明代京畿士人的家庭生活中，家人之间相互依存、休戚与共。这使明代京畿士人认识到家庭生活中家人和睦同心的重要性。但是人和人秉性各异，德行修养不同，士人处于社会的上层，一般家业大、人口多、家庭关系复杂，在家庭生活中会牵涉各种各样的利益，其中也隐藏着无数的冲突和人情的复杂。多子多福的生育观念使得明代京畿士人家庭一般为多子女家庭，兄弟在各自成人分家时常会因争产而阋墙。明代京畿士人丧妻之后一般会再娶，继室与前妻子女间的矛盾也是士人在家庭生活中最为担心的。明代京畿士人纳妾成为风习，妻妾间的矛盾、嫡庶之间的纠纷也是士人家庭生活中的常事。家庭生活的复杂使得士人首先要身先垂范，注重自己及其子孙伦理道德品格的修养，积极主张修身为始，同时也要在家庭生活中建立起生活的秩序与规范。明代京畿士人家庭是传统的父权家长制家庭，因此儒家尊重长上的孝悌之道成为齐家之本，"正伦理、笃恩义"不仅使家庭成员间各守本分建立起生活的秩序，同时也使家庭成员间相处有度，从而在家庭生活中维系因血缘和姻缘形成的亲情。

明代社会保障制度的缺乏，使得单个家庭抗御风险的能力很弱，任何一场灾难、厄运、病痛等都可能导致一个家庭顷刻陷入危机。明代京畿士人不仅像同时代的其他阶层一样受到自然灾害的威胁，受到疾病、死亡的困扰，其命运还深受仕途中种种危险的威胁。因此明代京畿士人很重视父系血缘关系，强调兄弟同气一本、血脉相连，希望兄弟荣辱与共，即便兄弟分家各立门户，在遇到灾难、厄运、病痛、死亡时也要相互救恤、相互扶持，兄弟的这种互助还会向子孙后代延续，进而形成家族、宗族内的救助。士人还很注重姻亲的选择与往来，明代京畿士人往往通过婚姻把同学、同年、同僚友谊演变为姻亲之谊，这加强了士人家庭在科举仕途中互相支持、互相帮助的力量，使得士人父系血缘纵向的关系因不同的横向姻亲关系而形成复杂的互助网络。这种纵横交错的互助网络有利于士人家庭的传衍与兴旺。因此虽然明代京畿士人单个家庭起落沉浮难料，但因家庭间形成了纵横交错的互助网络，京畿士人作为一个群体能够一直维持着其在社会上的优势。

本书旨在描述和分析生活及情感意义上的明代京畿士人家庭，通过明代京畿士人的文集、年谱、碑传等资料，在明代士人的家庭关系中重构士人家庭日常生活的场景，希望从常态中把握明代士人的传统生活方式。从明代京畿士人的家庭生活中我们可看到，儒家的伦理道德文化观念引导着明代京畿士人以自身为原点，从齐家开始向外扩展，希望逐步构建一个和谐有秩序的、人人和睦相处的生活世界。明代京畿士人特别强调修身，希望通过读书为学而在德行上有所觉悟，并通过家庭生活的道德实践，希望成为君子甚而圣贤以化民导俗。但在明代那样物质生产匮乏的时期，这个修养与德行的要求太高，只能是处于社会上层的少数人的理想。通过对杨继盛、王崇简等京畿士人具体的家庭生活境遇的个案研究，我们可以看到，明代京畿士人齐家的家庭生活理想与复杂的现实生活之间的距离，看到儒家的伦理道德在现实的利益、个人的欲望、情感面前的无力感。

家庭始终是中国传统社会生活的中心。士人是儒家文化的传承者与倡导者，也是儒家道德的践行者。因此本书希望透过明代京畿士人家庭生活场景的重构，不仅呈现传统社会的生活方式，同时也希望能从中揭开中国传统文化的冰山一角，把握中国传统文化传衍的轨迹。当然由于笔者时间、精力与学识有限，并不能完全达到此研究目的，本书仍留有不少的问题有待于今后进一步深入研究。

参考文献

（按书中出现先后分类排序）

一 古籍类

（明）孙承泽：《天府广记》，北京古籍出版社，1983。
（清）孙奇逢等修《孝友堂家乘》，清初刻本。
（清）梁允植纂修《正定梁氏族谱》，清康熙十九年刻本。
（清）尹会一修《博陵尹氏家谱》，清乾隆三年刻本。
（清）张卿子等纂修《南皮张氏族谱》，清乾隆二十九年刻本。
（清）边方晋等纂修《任丘边氏族谱》，清乾隆三十七年笃叙堂刻本。
（清）冯珽纂修《涿州冯氏世谱》，清乾隆四十三年快雪堂刻本。
（清）孔兴禾等修《直隶保定府新城县孔氏族谱》，清乾隆四十四年刻本。
（清）鹿荃纂修《定兴鹿氏家谱》，清乾隆五十六年世德堂刻本。
（清）王惺等纂修《宛平王氏宗谱》，清乾隆六十年青箱堂刻本。
（清）鹿传霖编《定兴鹿氏二续谱》，清光绪二十三年刻本。
（清）戴问善纂修《沧州戴氏族谱》，清咸丰二年赐仙堂刻本。
傅思郁等纂修《（河北灵寿）傅氏家乘》，八修本，1927年抄本。
不著纂者《（河北高阳）孙氏家乘》，1931年刊本。
（汉）郑玄注，（唐）孔颖达疏，李学勤主编《十三经注疏·礼记正义》，北京大学出版社，1999。
（明）孙承宗：《高阳集》，《续修四库全书》集部第1370册，上海古籍出版社，1995年影印本。
（清）李道平：《周易集解纂疏》，潘雨廷点校，中华书局，1994。
（清）焦循注《孟子正义》，沈文倬点校，中华书局，1987。
（明）金铉：《金忠节公文集》，《四库未收书辑刊》陆辑第26册，北京出版社，2000。

（清）戴翊清：《治家格言绎义》，《丛书集成续编》第60册，台北：新文丰出版公司，1989。

（清）孙奇逢：《夏峰先生集》，《续修四库全书》集部1392册，上海古籍出版社，1995年影印本。

（清）张履祥：《杨园先生全集》，陈祖武点校，中华书局，2002。

张显清主编《孙奇逢集》，中州古籍出版社，2003。

（明）赵南星：《赵忠毅公诗文集》，《四库禁毁书丛刊》集部第68册，北京出版社，2000年影印本。

（宋）李邦献：《省心杂言》，中华书局，1991。

（明）鹿善继：《四书说约》，《续修四库全书》经部第162册，上海古籍出版社，1995年影印本。

（清）刁包：《潜室札记》，（清）王灏辑《畿辅丛书》，定州王氏谦德堂校刊本。

（宋）朱熹：《四书章句集注》，中华书局，1983。

（元）陈天祥：《四书辨疑》，《景印文渊阁四库全书》第202册，台北：台湾商务印书馆，1986年影印本。

（清）王余佑：《五公山人集》，张京华点校，华东师范大学出版社，2011。

（清）王先谦：《荀子集解》，中华书局，1988。

屈守元、常思春主编《韩愈全集校注》，四川大学出版社，1996。

（宋）朱熹编《近思录》，中华书局，1985。

（汉）孔安国传《古文孝经孔氏传》，《景印文渊阁四库全书》第182册，台北：台湾商务印书馆，1986年影印本。

（明）赵南星：《学庸正说》，《景印文渊阁四库全书》第207册，台北：台湾商务印书馆，1986年影印本。

（明）蔡清：《四书蒙引》，《景印文渊阁四库全书》第206册，台北：台湾商务印书馆，1986年影印本。

（明）吕坤：《呻吟语》，《四库全书存目丛书》子部第13册，齐鲁书社，1997年影印本。

《明太祖实录》，上海书店出版社，1982。

（清）张师载辑《课子随笔钞》，《丛书集成续编》第61册，台北：新文丰出版公司，1989。

（明）刘荣嗣：《简斋先生集》，《四库禁毁书丛刊》集部第46册，北京出版社，2000年影印本。

（明）杨继盛：《杨忠愍集》，《景印文渊阁四库全书》第1278册，台北：台湾商务印书馆，1986年影印本。

（清）杜越：《紫峰集》，《四库全书存目丛书补编》第52册，齐鲁书社，2001年影印本。

（明）杨继盛：《杨忠愍公集》，清光绪二十二年顺德龙氏知服斋刊本。

（清）刁包：《用六集》，《四库全书存目丛书》集部第196册，齐鲁书社，1997年影印本。

（明）刘乾：《鸡土集》，《四库全书存目丛书》集部第106册，齐鲁书社，1997年影印本。

（明）孟思：《孟龙川文集》，《四库未收书辑刊》陆辑第21册，北京出版社，2000年影印本。

（明）李化龙：《李于田诗集》，《四库全书存目丛书》集部第163册，齐鲁书社，1997年影印本。

（明）岳正：《类博稿》，《景印文渊阁四库全书》第1246册，台北：台湾商务印书馆，1986年影印本。

（明）穆文熙：《穆考功逍遥园集选》，《四库全书存目丛书》集部第137册，齐鲁书社，1997年影印本。

（明）王越：《黎阳王太傅诗文集》，《四库全书存目丛书》集部第36册，齐鲁书社，1997年影印本。

（明）张邦纪：《张文恧公遗集》，《四库禁毁书丛刊》集部第104册，北京出版社，2000年影印本。

（清）申涵光：《申端愍公年谱》，《北京图书馆藏珍本年谱丛刊》第63册，北京图书馆出版社，1999年影印本。

（明）蔡瑷：《淡滨蔡先生文集》，《四库全书存目丛书》集部第93册，齐鲁书社，1997年影印本。

（明）范景文：《文忠集》，《景印文渊阁四库全书》第1295册，台北：台湾商务印书馆，1986年影印本。

（明）余继登：《淡然轩集》，《景印文渊阁四库全书》第1291册，台北：

台湾商务印书馆，1986年影印本。

（明）李延兴：《一山文集》，《景印文渊阁四库全书》第1217册，台北：台湾商务印书馆，1986年影印本。

（清）王熙：《王文靖公集》，《四库全书存目丛书》集部第214册，齐鲁书社，1997年影印本。

（清）金镜：《金忠洁年谱》，《北京图书馆藏珍本年谱丛刊》第64册，北京图书馆出版社，1999年影印本。

（清）王崇简：《青箱堂文集》，《四库全书存目丛书》集部第203册，齐鲁书社，1997年影印本。

（清）戴明说：《定园文集》，《四库未收书辑刊》柒辑第18册，北京出版社，2000年影印本。

（明）李东阳：《怀麓堂集》，《景印文渊阁四库全书》第1250册，台北：台湾商务印书馆，1986年影印本。

（清）李塨：《颜习斋先生年谱》，《北京图书馆藏珍本年谱丛刊》第83册，北京图书馆出版社，1999年影印本。

（明）王世贞：《弇州四部稿》，《景印文渊阁四库全书》第1280册，台北：台湾商务印书馆，1986年影印本。

（明）宋诺：《宋金斋文集》，《四库全书存目丛书补编》第97册，齐鲁书社，2001年影印本。

（明）于慎行：《谷城山馆文集》，《四库全书存目丛书》集部第147册，齐鲁书社，1997年影印本。

（明）陈铉：《鹿忠节公年谱》，《北京图书馆藏珍本年谱丛刊》第57册，北京图书馆出版社，1999年影印本。

（清）申涵煜：《申凫盟先生年谱略》，《北京图书馆藏珍本年谱丛刊》第75册，北京图书馆出版社，1999年影印本。

（清）申涵盼：《鸥盟己史》，《北京图书馆藏珍本年谱丛刊》第84册，北京图书馆出版社，1999年影印本。

（明）孙绪：《沙溪集》，《景印文渊阁四库全书》第1264册，台北：台湾商务印书馆，1986年影印本。

（明）申时行：《赐闲堂集》，《四库全书存目丛书》集部第134册，齐鲁书社，1997年影印本。

（明）周世选：《卫阳先生集》，《四库全书存目丛书》集部第 136 册，齐鲁书社，1997 年影印本。

（明）茅元仪：《石民四十集》，《四库禁毁书丛刊》集部第 109 册，北京出版社，2000 年影印本。

《文安县志》，《稀见中国地方志汇刊》第 2 册，中国书店，1992 年影印本。

弘治《重修保定志》，《天一阁藏明代方志选刊》第 4 册，上海古籍出版社，1981 年影印本。

（明）鹿善继：《认真草》，（清）王灏辑《畿辅丛书》，定州王氏谦德堂校刊本。

（明）刘遵宪：《来鹤楼集》，《四库禁毁书丛刊》集部第 108 册，北京出版社，2000 年影印本。

（明）宋讷：《西隐集》，《景印文渊阁四库全书》第 1225 册，台北：台湾商务印书馆，1986 年影印本。

（清）陈梦雷等辑《古今图书集成·明伦汇编·家范典》，中华书局，1934。

《颜氏家训》，辽宁教育出版社，2001。

（明）石珤：《熊峰集》，《景印文渊阁四库全书》第 1259 册，台北：台湾商务印书馆，1986 年影印本。

（明）姚舜牧：《来恩堂草》，《四库禁毁书丛刊》集部第 107 册，北京出版社，2000 年影印本。

《大明律》，法律出版社，1999。

（明）徐溥等奉敕撰，（明）李东阳重修《明会典》，《景印文渊阁四库全书》第 617 册，台北：台湾商务印书馆，1986 年影印本。

（清）张廷玉等：《明史》，中华书局，1974。

（清）傅维鳞：《明书》，《丛书集成初编》，商务印书馆，1936。

（明）杨继盛：《椒山先生自著年谱》，《北京图书馆藏珍本年谱丛刊》第 49 册，北京图书馆出版社，1999 年影印本。

（明）申时行等纂《明会典》，中华书局，1989。

《明世宗实录》，上海书店出版社，1982。

（明）叶春及：《石洞集》，上海古籍出版社，1993。

（明）王兆吉：《王伯子自叙年谱》，《北京图书馆藏珍本年谱丛刊》第 64

册，北京图书馆出版社，1999年影印本。

（明）孙铨：《高阳太傅孙文正公年谱》，《北京图书馆藏珍本年谱丛刊》第55册，北京图书馆出版社，1999年影印本。

（清）魏象枢口授《寒松老人年谱》，《北京图书馆藏珍本年谱丛刊》第73册，北京图书馆出版社，1999年影印本。

（清）戴明说：《征君孙先生年谱》，《北京图书馆藏珍本年谱丛刊》第65~66册，北京图书馆出版社，1999年影印本。

（清）魏荔彤：《魏贞庵先生年谱》，《北京图书馆藏珍本年谱丛刊》第73册，北京图书馆出版社，1999年影印本。

（明）吴宽：《家藏集》，《景印文渊阁四库全书》第1255册，台北：台湾商务印书馆，1986年影印本。

（明）宋濂：《文宪集》，正德本。

（明）李贽：《焚书》，《四库禁毁书丛刊》集部第140册，北京出版社，2000年影印本。

（清）汪琬：《尧峰文钞》，《景印文渊阁四库全书》第1315册，台北：台湾商务印书馆，1986年影印本。

（清）徐乾学：《憺园文集》，《四库全书存目丛书》集部第243册，齐鲁书社，1997年影印本。

（清）王士禛：《香祖笔记》，《景印文渊阁四库全书》第870册，台北：台湾商务印书馆，1986年影印本。

二 学术专著类

张国刚主编《中国家庭史》第1~5卷，广东人民出版社，2007。

陈支平：《近500年来福建的家族社会与文化》，上海三联书店，1991。

阿风：《明清时代妇女的地位与权利——以明清契约文书、诉讼档案为中心》，社会科学文献出版社，2009。

Dorothy Ko, *Teachers of the Inner Chambers: Women and Culture in Seventeenth-Century China* (Stanford: Stanford University Press, 1994).

〔美〕高彦颐：《闺塾师——明末清初江南的才女文化》，李志生译，江苏人民出版社，2005。

费丝言：《从典范到规范：从明代贞节烈女的辨识与流传看贞节观念的严

格化》，台大出版委员会，1998 年 6 月。

熊秉真：《幼幼：传统中国的襁褓之道》，台北：联经出版事业股份有限公司，1995。

熊秉真：《安恙：近世中国儿童的疾病与健康》，台北：联经出版事业股份有限公司，1999。

熊秉真：《童年忆往：中国孩子的历史》，台北：麦田出版社，2000。

王建科：《元明家庭家族叙事文学研究》，中国社会科学出版社，2004。

段江丽：《礼法与人情：明清家庭小说的家庭主题研究》，中华书局，2006。

谢国桢：《史料学概论》，福建人民出版社，1985。

来新夏：《近三百年人物年谱知见录》，上海人民出版社，1983。

常建华：《社会生活的历史学：中国社会史研究新探》，北京师范大学出版社，2004。

中国科学院北京天文台主编《中国地方志联合目录》，中华书局，1985。

金恩辉、胡述兆主编《中国地方志总目提要》上册，台北：汉美图书有限公司，1996。

杨少山主编《涿州碑铭墓志》，河北教育出版社，1991。

石永士等：《河北金石辑录》，河北人民出版社，1993。

吴光田、李强编《邯郸碑刻》，天津人民出版社，2003。

邓文华编著《景州金石》，中国文史出版社，2004。

中国文物研究所、河北省文物研究所编《新中国出土墓志·河北》（壹），文物出版社，2004。

史云征、史磊主编《河北柏乡金石录》，文物出版社，2006。

沧州市文物局编《沧州出土墓志》，科学出版社，2007。

田国福：《河间金石遗录》，河北教育出版社，2008。

王耀宗、路军秋编《衡水出土墓志》，河北美术出版社，2010。

李晨阳：《道与西方的相遇》，中国人民大学出版社，2005。

冯友兰：《三松堂全集》第 4 卷，河南人民出版社，2000。

梁漱溟：《中国文化要义》，徐洪兴主编《二十世纪哲学经典文本·中国哲学卷》，复旦大学出版社，1999。

张显清：《严嵩传》，黄山书社，1992。

Kenneth J. Hammond, *Pepper Mountain*: *The Life*, *Death and Posthumous Ca-*

reer of Yang Jisheng（London, New York and Bahrain: Kegan Paul, 2007）.

冯尔康：《古人社会生活琐谈》，湖南出版社，1991。

徐梓：《中华文化通志·教化与礼仪典·家范志》，上海人民出版社，1998。

〔日〕滋贺秀三：《中国家族法原理》，张建国、李力译，法律出版社，2003。

徐梓编注《家训——父祖的叮咛》，中央民族大学出版社，1996。

刘海鸥：《从传统到启蒙：中国传统家庭伦理的近代嬗变》，中国社会科学出版社，2005。

陈宝良：《中国妇女通史·明代卷》，杭州出版社，2010。

潘光旦：《明清两代嘉兴的望族》，《民国丛书》第3编第13册，上海书店出版社，1989。

《马克思恩格斯选集》第4卷，人民出版社，1972。

陈宝良：《明代儒学生员与地方社会》，中国社会科学出版社，2005。

〔俄〕彼得罗夫斯基：《普通心理学》，龚浩然等译，人民教育出版社，1991。

于安澜编《画史丛书》第2册《图绘宝鉴续纂》，上海人民美术出版社，1963。

郭松义：《伦理与生活——清代的婚姻关系》，商务印书馆，2000。

梁启超：《饮冰室文集全编》，广益书局，1948。

王跃生：《十八世纪中国婚姻家庭研究》，法律出版社，2000。

王跃生：《清代中期婚姻冲突透析》，社会科学文献出版社，2003。

三　研究论文类

常建华：《从社会生活到日常生活——中国社会史研究再出发》，《人民日报》2011年3月31日，第7版。

常建华：《中国社会生活史上生活的意义》，《历史教学》（下半月刊）2012年第1期。

常建华：《日常生活与社会文化史："新文化史"观照下的中国社会文化史研究》，《史学理论研究》2012年第1期。

常建华：《生活史给史学研究带来新视角》，《北京日报》2012年6月18日，第23版。

常建华：《中国社会史研究十年》，《历史研究》1997年第1期。

黄正建：《韩愈日常生活研究——唐贞元长庆间文人型官员日常生活研究

之一》,《唐研究》第 4 卷,北京大学出版社,1998。

黄正建:《关于唐代日常生活史研究现状的思考》,《中国社会科学院院报》2004 年 9 月 14 日,第 3 版。

刘新成:《日常生活史:一个新的研究领域》,《光明日报》2006 年 2 月 24 日,第 12 版。

常利兵:《日常生活研究的理论与方法——对一种社会史研究的再思考》,《山西大学学报》2009 年第 2 期。

胡悦晗、谢永栋:《中国日常生活史研究述评》,《史林》2010 年第 5 期。

王玉波:《启动·中断·复兴——中国家庭、家族史研究述评》,《历史研究》1993 年第 2 期。

郭松义:《八十年代以来中国大陆婚姻、家庭史研究概述》,《中国史学》第 6 卷,1996 年 12 月。

王玉波:《中国家庭史研究刍议》,《历史研究》2000 年第 3 期。

胡中生、戴洪亮:《20 世纪 80 年代以来中国家庭史研究综述》,李卓编《家族文化与传统文化——中日比较研究》,天津人民出版社,2000。

毛立平:《百年来清代婚姻家庭史研究述评》,《安徽师范大学学报》(人文社会科学版) 2002 年第 1 期。

邢铁:《二十世纪国内中国家庭史研究述评》,《中国史研究动态》2003 年第 4 期。

余华林:《近 20 年来中国近代家庭史研究评析》,《中州学刊》2005 年第 2 期。

马雪、吉成名:《1991 年以来宋代家族史研究述略》,《中国史研究动态》2007 年第 4 期。

潘大礼:《三十年来民国婚姻家庭史研究述评》,《湖北师范学院学报》(哲学社会科学版) 2011 年第 1 期。

徐扬杰:《宋明以来的封建家族制度述论》,《中国社会科学》1980 年第 4 期。

郑振满:《明清福建的家庭结构及其演变趋势》,《中国社会经济史研究》1988 年第 4 期。

唐力行:《明清徽州的家庭与宗族结构》,《历史研究》1991 年第 1 期。

周绍泉:《透过明初徽州一桩讼案窥探三个家庭的内部结构及其相互关

系》,《徽学》2000 年卷,安徽大学出版社,2001。

周绍泉等:《明代黄册底籍中的人口与家庭——以万历徽州黄册底籍为中心》,张国刚主编《家庭史研究的新视野》,三联书店,2004。

栾成显:《明清庶民地主经济形态剖析》,《中国社会科学》1996 年第 4 期。

范红军、贺军妙:《明代析产合户的家庭结构》,《河北师范大学学报》(哲学社会科学版) 2006 年第 4 期。

彭勇:《明代军户家庭规模和结构分析——以陕西、河南地区为中心的考察》,"明代的国家与社会"学术讨论会论文,天津,2012 年 6 月 13 ~ 16 日。

王明霞:《从明律看封建家庭的夫妻关系》,《松辽学刊》(社会科学版) 1992 年第 4 期。

徐泓:《明代家庭的权利结构及其成员间的关系》,《辅仁历史学报》第 5 期,1993 年。

熊秉真:《明清家庭中的母子关系——情别、感情及其他》,李小江等主编《性别与中国》,三联书店,1994。

熊秉真:《书写异性谱系:明清士人笔下的母女联系》,熊秉真、张寿安编《情欲明清——达情篇》,台北:麦田出版社,2004。

赵毅、赵轶峰:《悍妻与十七世纪前后的中国社会》,《明史研究》第 4 辑,黄山书社,1994。

赵轶峰:《儒家思想与十七世纪中国北方下层社会的家庭伦理实践》,《明史研究》第 7 辑,黄山书社,2001。

赵世瑜:《冰山解冻的第一滴水——明清时期家庭与社会中的男女两性》,《清史研究》1995 年 4 期。

陈宝良:《从"义夫"看明代夫妇情感伦理关系的新转向》,《西南大学学报》(人文社会科学版) 2007 年第 1 期。

陈宝良:《正侧之别:明代家庭生活伦理中之妻妾关系》,《中国史研究》2008 年第 3 期。

王雪萍:《明代婢女婚姻特殊性的历史解读》,《社会科学辑刊》2010 年第 3 期。

王雪萍:《明代婢妾婚姻实态探微》,《济南大学学报》(社会科学版)

2010 年第 4 期。

杨绍猷：《明代蒙古族婚姻和家庭的特点》，《民族研究》1984 年第 4 期。

徐泓：《明代的婚姻制度》，《大陆杂志》第 78 卷第 1 期，1989 年。

许敏：《西方传教士对明清之际中国婚姻的论述》，《中国史研究》1994 年第 3 期。

阿风：《试论明清徽州的"接脚夫"》，朱诚如、王天有主编《明清论丛》第 1 辑，紫禁城出版社，1999。

那晓凌：《娶失节者如己失节——试析明清"不娶再醮之妇"的深层原因》，《辽宁师范大学学报》（社会科学版）2010 年第 3 期。

奇文瑛：《碑铭所见明代达官婚姻关系》，《中国史研究》2011 年第 3 期。

周绍泉：《明后期祁门胡姓农民家族生活状况剖析》，《东方学报》（京都）第 67 册，1995 年 3 月。

栾成显：《明末典业徽商一例——〈崇祯二年休宁程虚宇立分书〉研究》，《徽州社会科学》1996 年第 3 期。

栾成显：《〈成化二十三年休宁李氏阄书〉研究》，朱诚如、王天有主编《明清论丛》第 2 辑，紫禁城出版社，2001。

〔日〕臼井佐知子：《论徽州的家产分割》，周天游主编《地域社会与传统中国》，西北大学出版社，1995。

〔日〕臼井佐知子：《徽州家族的"承继"问题》，《95 国际徽学学术讨论会论文集》，安徽大学出版社，1997。

〔日〕中岛乐章：《明代中期徽州农民的家产分割——以祁门县三都凌氏为例》，栾成显译，《徽学》第 5 卷，安徽大学出版社，2008。

刘道胜等：《明清徽州分家阄书与民间继承关系》，《安徽师范大学学报》（人文社会科学版）2010 年第 2 期。

〔日〕滨岛敦俊：《明末江南乡绅的家庭经济——关于南浔庄氏的家规》，《明史研究》第 2 辑，黄山书社，1992。

李伯重：《"人耕十亩"与明清江南农民的经营规模》，《中国农史》1996 年第 3 期。

李伯重：《从"夫妇并作"到"男耕女织"》，《中国经济史研究》1996 年第 3 期。

李伯重：《"男耕女织"与"妇女半边天"角色的形成》，《中国经济史研究》1997 年第 3 期。

刘晓东:《明代塾师"生计"刍议——以江南地区为中心》,《中国社会经济史研究》2008 年第 2 期。

李媛珍:《明代的命妇生活》,硕士学位论文,台湾中正大学,1997。

许敏华:《明清时代金门传统妇女家庭生活研究》,硕士学位论文,台湾铭传大学,2002。

林丝婷:《妇道:明清士人家庭生活中的主妇角色》,硕士学位论文,台湾暨南国际大学,2012。

陈超:《明代女性碑传文与品官命妇研究》,博士学位论文,东北大学,2007。

赵敏:《从〈新中国出土墓志〉中再现明代女子的婚姻家庭生活》,硕士学位论文,陕西师范大学,2007。

李丙阳:《从"相夫"看明代士大夫阶层妇女的家庭角色》,硕士学位论文,西南大学,2009。

张翔凤:《从苏州碑刻看女性的家庭与社会生活》,《史林》1999 年第 3 期。

王昌宜等:《明清时期徽州妇女在家庭中的作用》,《合肥教育学院学报》2000 年第 3 期。

陈宝良:《明代妇女的家庭角色及其地位》,《福建论坛》(人文社会科学版)2009 年第 7 期。

安碧莲:《明代妇女贞节观的强化与实践》,博士学位论文,台北:文化大学,1995。

林丽月:《孝道与妇道:明代孝妇的文化史考察》,《近代中国妇女史研究》第 6 期,1998 年。

衣若兰:《史学与性别:〈明史·列女传〉与明代女性史之建构》,博士学位论文,台湾师范大学,2003。

邱仲麟:《不孝之孝——唐以来割股疗亲现象的社会史初探》,《新史学》第 6 卷第 1 期,1995 年。

邱仲麟:《诞日称觞——明清社会的庆寿文化》,《新史学》第 11 卷第 3 期,2000 年。

余新忠:《明清时期孝行的文本解读——以江南方志记载为中心》,常建华主编《中国社会历史评论》第 7 卷，天津古籍出版社，2006。

骆芬美：《明代官员的丁忧与夺情》，博士学位论文，台北：文化大学，1997。

赵克生：《略论明代文官的夺情起复》，《西南大学学报》（人文社会科学版）2006 年第 5 期。

赵克生：《明代丁忧制度述论》，《中国史研究》2007 年第 2 期。

萧琪：《父母等恩：〈孝慈录〉与明代母服的理念及其实践》，硕士学位论文，台湾师范大学，2011。

林谦如：《明人的奉亲怡养——孝道社会生活实践的一个历史侧面》，硕士学位论文，台北：文化大学，2004。

赵克生：《老吾之老：明代官吏养亲问题探论》，《史学月刊》2008 年第 2 期。

吕丽萍：《明代家庭养老研究》，硕士学位论文，东北师范大学，2011。

李伯重：《堕胎、避孕与绝育：宋元明清时期江浙地区的节育方法及其运用与传播》，李中清等主编《婚姻家庭与人口行为》，北京大学出版社，2000。

常建华：《明代溺婴问题初探》，《中国社会历史评论》第 4 卷，商务印书馆，2002。

吴静芳：《积善与用药：明代求子方法的传播与应用》，博士学位论文，台湾成功大学，2012。

赵克生：《童子习礼：明代社会中的蒙养礼教》，《社会科学辑刊》2011 年第 4 期。

许淑媛：《明代寡母教子之研究》，硕士学位论文，台湾"中央"大学，2012。

郭英德：《学而不厌：明清成年女子的家庭文学教育》，《社会科学研究》2009 年第 2 期。

〔日〕野村鲇子：《明清散文中的女性与家庭暴力书写》，《近代中国妇女史研究》第 16 期，2008 年。

陈梧桐：《明人文集的史学价值》，《明代研究通讯》2000 年第 3 期。

常建华：《试论中国族谱的社会史资料价值》，《社会生活的历史学：中国社会史研究新探》，北京师范大学出版社，2004。

冯尔康：《略述清代人"家谱犹国史"说——释放出"民间有史书"的信

息》,《南开学报》(哲学社会科学版)2009年第4期。

常建华:《试论中国地方志的社会史资料价值》,常建华主编《中国社会历史评论》第7卷,天津古籍出版社,2006。

陈延斌:《中国古代家训论要》,《徐州师范学院学报》1995年第3期。

陈延斌:《试论明清家训的发展及其教化实践》,《齐鲁学刊》2003年第1期。

钟艳攸:《明代家训类文献简介》,《明代研究通讯》(台北)第2期,1999年。

陈捷先:《清代族谱家训与儒家伦理》,联合报文化基金会国学文献馆主编《第二届亚洲族谱学术研讨会会议记录》,台北:联经出版事业股份有限公司,1985。

宋光宇:《试论明清家训所蕴含的成就评价与经济伦理》,《汉学研究》第7卷第1期,1989年。

陈隽如:《杨忠愍公劾仇鸾严嵩始末》,《国学月刊》第1卷第4期,1937年。

王树民:《铁肩担道义 辣手著文章——明代名臣杨继盛小记》,《文史知识》1998年第3期。

王效勤:《简论杨继盛对临洮的贡献》,《甘肃高师学报》2001年第1期。

陆九皋:《介绍明杨继盛、周宗建墨迹手卷》,《文物》1963年第3期。

王英智、赵河清:《〈杨忠愍公墨刻〉的源流与价值》,《保定师范专科学校学报》2006年第1期。

陈智超:《杨继盛〈请诛严嵩疏〉稿本考》,《紫禁城》2007年第8期。

高朝英、张金栋:《杨继盛〈自书年谱〉卷考略》(上)、(中)、(下),《文物春秋》2011年第2、3、4期。

陈瑛珣:《由明代家训探讨当代家庭教育的重振之道——以〈杨忠愍公遗书〉和〈庞氏家训〉为对象》,杜英贤主编《当前社会之道德重整与心灵改革论文集》,高雄:财团法人亚太综合研究院,1999。

杨三寿:《杨继盛及其〈杨忠愍公遗笔〉》,《云南师范大学学报》(哲学社会科学版)1999年第5期。

杨联陞:《报——中国社会关系的一个基础》,《中国思想与制度论集》,台北:联经出版事业股份有限公司,1981。

张国刚:《"立家之道,闺室为重"——论唐代家庭生活中的夫妻关系》,

《清华大学学报》（哲学社会科学版）2008年第1期。

刘仲华：《明清之际一个普通士人的人生际遇——王崇简生平与出处》，《石家庄学院学报》2007年第5期。

刘丽：《王崇简其人其诗》，《闽江学刊》2009年第3期。

后 记

本书是笔者 2018 年主持的河北省社会科学基金项目"明代京畿士人家庭研究"（项目编号：HB18LS007）的结项成果，由笔者 2015 年在南开大学通过答辩的博士学位论文《明代士人家庭生活研究——以京畿为中心》修订而成。

自 2015 年博士毕业答辩至今已有六年，时光倏忽而逝，在南开园读书的日子犹如昨天，南开园遇到的人、发生的事仍历历在目，感恩之情时时萦绕心间。

2009 年 9 月，我来到南开大学，师从常建华教授攻读中国古代史博士学位。恩师以渊博的学识、广阔的视野指导我在社会史、明清史领域汲取知识的养分。在读博的六年中恩师更以严谨、求实的学风引领我步入史学研究的学术殿堂。我读博期间发表的每篇论文均得到恩师的悉心指导与热心推荐。博士论文更是倾注了恩师大量心血，从最初的论文选题、史料的搜集、各种学术信息的提供到论文的架构、写作乃至最终定稿，每走一步我总能及时地得到恩师的帮助与指导。特别是在 2014 年初，我的博士论文写作一度陷入困境，老师的耐心开导、启发和鼓励使我重拾完成论文的信心。每当遇到问题，我发邮件向老师求教，老师总能高效地以最快速度回复。每每读到老师深夜或凌晨回复的邮件，我都心怀感激，心中更多的是对老师为学勤勉的敬意。常建华教授还是我生活中极好的导师，他以谦和儒雅的举止、温润淡泊的心性、宽厚博大的胸襟、积极乐观的态度深深影响着我。老师的言传身教不仅使我能静下心来潜心于史学研究、完成论文，更让我在这个浮躁繁华的时代从清苦平淡的生活中找到了生活的意义与幸福。光阴荏苒，从南开园毕业后六年时光又匆匆而逝，谨以在博士论文基础上修改完善后的本书报答老师六年的培育之恩，在此向恩师表达我最诚挚的敬意和感谢！

我在南开园还得到不少师长的帮助和支持。杜家骥、余新忠、许檀三位教授的课程不仅让我学到了清代制度史、医疗社会史与明清经济史的专业知识，三位教授严谨的治学态度、渊博的学识、谦逊的品德更使我在求学的路上受益良多。杜家骥教授、余新忠教授、张传勇副教授在我的博士论文开题报告会上热情、中肯地提出了诸多宝贵建议，对本书的写作助益颇多。在此对诸位老师表示我衷心的感谢。这里还要感谢莅临我博士论文答辩会的王跃生教授、赵世瑜教授以及在百忙之中匿名评审我论文的各位专家。各位先生鞭辟入里的点评与宝贵的修改建议为我指明了博士论文修改的方向，对本书的定稿提供了莫大的帮助，在此向各位先生表达我诚挚的谢意！

在南开六年的求学路上我还有幸结识了一群志趣相投的同门和好友与我同行。在我报考南开大学博士之初，中学同学周勇进博士在搜集南开历年考题与考前住宿等方面给我提供了诸多便利与帮助，谨此向他表示感谢！2009年9月与我同投常师门下的赵永翔、孙宜强师弟和杜水莲师妹，我们共学三年，相处融洽，情同兄弟姐妹，由于我在2010年、2011年结婚、生子，全靠他们热心地帮我处理学校中的各种事务。赵永翔、孙宜强两位师弟为学勤奋、扎实，一直鞭策我在求学的路上努力前行。在常师门下共学最久的是范莉莉师妹，她晚我一年入师门，我们却很有缘分地住对门宿舍，地理上的优势使她成了我在师门里交流最多的师妹。她是个热情、开朗、可爱的江南才女，当我生活、学习上烦闷不顺之时，多找她倾谈，她独到的见解往往使我茅塞顿开。尤其2015年初在我博士论文写作的最后阶段，是她的鼓励和支持让我按时完成了论文的写作。李军师弟博学热情，我们一起组织、参加同门的读书会，偶尔食堂共餐时的私聊都令我受益匪浅。其他的同门兄弟姐妹也对我多有帮助，与他们的快乐相处是我终生难忘的美好记忆。在六年的博士生活中我有幸遇到了两位好室友。刘洁是我河北大学的同事，2009年我们一同来到南开园成为舍友，在紧张的学习之余，我们卧谈学术之道、生活之路，让三年的博士生活平添了不少亮色。我的第二位舍友向珊是位颇具生活情趣的女孩，她种的各种花草、养的小鱼、兔子让我在宿舍体会到了小时候家的感觉。她更是一个自信乐观、思维缜密、识见不凡的学霸，每当我把论文写作过程中一些浅薄、不成熟的想法说出来与她分享探讨，她的话语很多时候能刺激我迸出灵感的火花。每当我一篇习作成稿,她总会耐心地阅读,并指出其中的失误,提出使我文章更加完善的意见。在南开园,万银红、曹金娜、梁丽辉、张璐、田晓红、王静、曹志红等同窗好友对我生活上的关照和学业上的帮助都令我终生难忘。2009年暑假因全国社会史研究生暑期学校而在南开园结缘的日本关西大学的杨蕾博士,对我博士论文的开题报告提出了很多宝贵建议。2013年上半年我曾先后前往河北省高阳县的西庄村、庞口镇,任丘市的陈王庄、边各庄,容城县的北城村、北河照村等地开展田野调查,有缘结识了一批热情的朋友,孙强、孙德斋、李大林、李忠甫、李文平、孙居超诸位先生生动讲述家族历史,慷慨提供文集、族谱、墓志等宝贵资料,让我受益匪浅。博士生涯中能有如此多的友人一路同行,这是我人生里弥足珍贵的一笔财富!真心地感谢同门、友人在生活、学业上给予我的诸多支持和帮助!

　　本书的很多写作灵感源于我生活中不可或缺的家人们。父母不仅给了我生命,含辛茹苦地养育我成人,更在我漫长的求学路上以及生活和工作中给予我无尽的物质和精神支持。我的父母是中国最普通的农民,勤劳踏实、正直善良。父母虽已年近古稀,但仍然辛勤地劳作于田间,只为尽己所能地来减轻我们姐妹的负担,甚而还要贴补我们。身为长女,我非但不能陪伴照顾父母、分担他们生活的压力,反而长年离家,工作求学在外,要父母牵挂、接济,这令我时时感到愧疚和不安。其实他们不需要我的愧疚和不安,越来越年老的父母最需要的是我的陪伴和照顾,我会尽己所能地回报他们,让他们安享晚年。在南开求学的日子里,两个妹妹不仅替我照顾父母,还在我无助困难之时及时地给予我鼓励和支持。父母妹妹永恒的血脉亲情一直是我不断前行的动力。我爱人刘浩是个质朴善良的好人,与他的相遇结合,让我完成了生命历程里从女儿到妻子再到母亲这些家庭角色的转换。结婚十多年我们聚少离多,他承担着家庭生活的重重压力和各种艰辛,尤其在我博士延期的三年,我没有一点收入,生活的重担都由他一人来扛,但他一直义无反顾地支持和守望着我和儿子。为了我能安心于学业,作为独生子的他,婚后学会了洗衣做饭、扫地刷碗,有了儿子后还成了超级奶爸,不停地忙里忙外。在博士论文撰写的过程中,他还陪同我去做田野调查,开车、问路、寻找村里的访谈对象,样样都比我在行。虽然生活中我们也有争吵,偶尔会出现矛盾,虽然我们的生活平淡清苦,但我们彼此信任、相守、相依的心始终如一。2011年儿子的诞生是上天赐给我今生最好的礼物，在今年他十岁生日时，我俩一起翻看他出生以来的视频、照片，我一会儿眼里充满泪水，一会儿又满心欢喜。在他不到一岁时，我就把他送到老家由公婆照看，我一人返津撰写博士论文。儿子是在和我一次又一次分离的痛苦与相聚的欢乐中渐渐长大的。看着儿子从襁褓里五十多厘米的小小婴儿成长为个头将要超过我的壮小伙儿，我深深体悟到了代际传衍之于人生的意义。

本书能顺利出版，离不开我工作的河北大学历史学院的各位领导与同事的关怀、帮助、理解与支持，感谢学院领导把本书列入学院科研经费支持的出版计划。特别感谢肖红松院长在我申请2018年河北省社会科学基金项目"明代京畿士人家庭研究"时提出指导意见，使项目顺利立项。同时感谢本项目的团队成员张春国、顾乃武、史小建、刘俊霞在项目研究过程中在搜集资料、翻译外文文献、校对书稿等方面付出的辛苦劳作。特别感谢社会科学文献出版社编辑赵晨先生、徐花女士为本书出版付出的努力！

人生如白驹过隙，忽然而已。人生旅程中如有他人一路同行，便会处处有风景，时时有回忆。特别感谢十多年来与我同行、给我帮助、给我支持、给我理解的师长、领导、同事、朋友、家人们！

范喜茹

2021年9月3日于河大一区陋室

图书在版编目(CIP)数据

明代京畿士人家庭研究 / 范喜茹著. -- 北京：社会科学文献出版社，2022.5
(河北大学历史学丛书)
ISBN 978-7-5201-9993-3

Ⅰ.①明… Ⅱ.①范… Ⅲ.①知识分子-家庭生活-研究-北京-明代 Ⅳ.①D691.71

中国版本图书馆 CIP 数据核字 (2022) 第 057199 号

河北大学历史学丛书
明代京畿士人家庭研究

著　　者 / 范喜茹

出 版 人 / 王利民
责任编辑 / 赵　晨
文稿编辑 / 徐　花
责任印制 / 王京美

出　　版 / 社会科学文献出版社·历史学分社 (010) 59367256
　　　　　地址：北京市北三环中路甲29号院华龙大厦　邮编：100029
　　　　　网址：www.ssap.com.cn

发　　行 / 社会科学文献出版社 (010) 59367028
印　　装 / 三河市龙林印务有限公司

规　　格 / 开　本：787mm×1092mm　1/16
　　　　　印　张：15　字　数：243千字
版　　次 / 2022年5月第1版　2022年5月第1次印刷
书　　号 / ISBN 978-7-5201-9993-3
定　　价 / 128.00元

读者服务电话：4008918866

版权所有 翻印必究